일본의 이해

이 저서는 2017년 정부(교육부)의 재원으로 한국연구재단 대학인문역
량강화사업(CORE)의 지원을 받아 수행된 저서임

일본의 이해

8

김상규 지음

한국학술정보

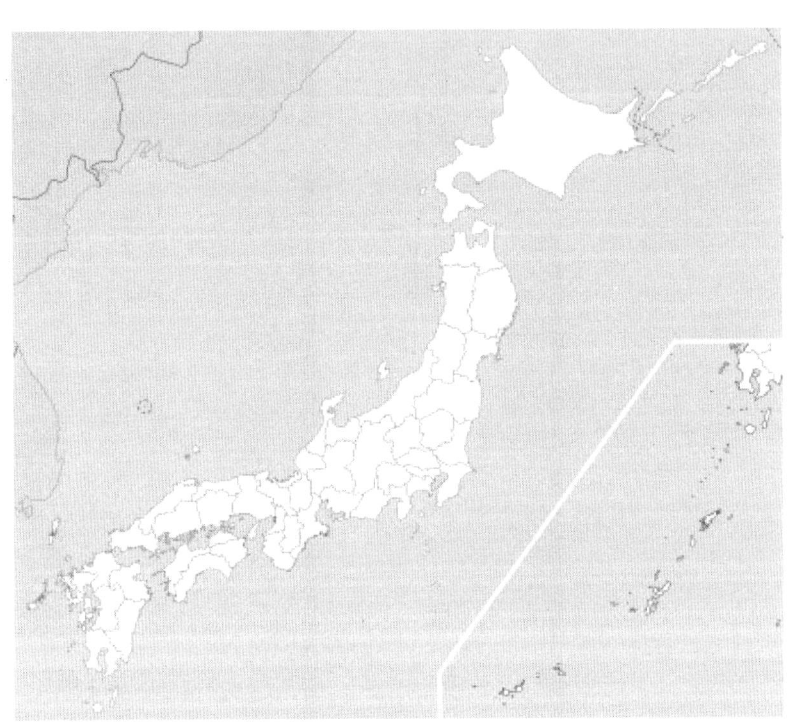

머리말

　본서는 일본을 이해하기 위한 입문서로 만든 것이다. 따라서 일본어에 대한 전문지식이 없는 대학생 혹은 일반인도 읽고 쉽게 파악할 수 있도록 서술하였다. 이를 위해 크게 세 장으로 나누었는데, 각 장에서는 다음과 같은 주제로서 구성해 두었다.

　먼저, 제1장에서는 일본열도의 제반 상황을 비롯한 행정제도와 공휴일의 배경, 한일관계와 현대일본어 등, 국가로서의 일본을 이해하기 위한 기본적인 분야에 대해 풀이하였다. 이어서 제2장에서는 각 시대별로 일본의 역사와 문화 및 민속 등을 해설해 두었으며, 마지막으로 제3장에서는 일본의 문학과 삼대 종교의 내력 및 교리를 알 수 있도록 서술하였다. 참고로, 일본의 문학에서는 장르별로 나누어서 해설하였는데, 특히 대표적인 작품에 대해서는 상세하게 작자와 함께 원문을 번역하거나 줄거리를 소개하고, 또한 해석도 곁들여서 이해를 돕도록 하였다. 이와 같이 해당 작품과 그 배경에 얽힌 이모저모를 파악함으로써 자연스레 일본의 정서도 알 수 있으며, 나아가 문학의 묘미까지 느낄 수 있을 것이다.

　본서에서 인용한 일본어는 국립국어원의 외래어표기법을 원칙으로 하였으나, 오해의 우려가 있거나 발음과 동떨어진 경우는 원음에 가깝게 표기했다. 특히 우리말과 다른 일본어의 장음과 단음, 청음과 탁음 등은 전혀 다른 뜻임에도 불구하고 외래어표기법에 따르자면 같은 표기를 해야 하는 오류가 생기기 때문에, 필요에 따라 변경하였다. 그리고 한자어처럼 우리말로서도 통용되는 경우에는 그대로 쓰고, 또한 작품이나 인물 등의 읽는 방법이 현재와 다르거나 불분명한 경우에는 한글 음으로 표기하였다. 따라서 본문 표기 중에는 우리말과 일본어 표현이 섞여 있는 것도 있어서 본래의 그것과는 상이한 부분도 있다. 모두 일본을 이해하는데 초점을 두었기 때문에 발생한 일이며, 이는 본서의 취지를 살리기 위한 방법으로 일본어학습에도 도움이 될 것이다. 그 밖의 고유명사 등에서 혼란의 우려가 있는 부분에는 괄호로서 처리하였고, 작품명 등은 특별한 경우를 제외하고 일반적인 관례에 따랐다.

덧붙여, 일본에서는 인물이나 사건 등에 관련된 연도를 대개 서력(西曆)보다는 왕실의 연호(年號)로서 설명할 때가 많은데, 본서에서는 서기로 바꾸어 표기하는 것을 원칙으로 하였다.

목 차

머리말 _ 5

제1장 일본이란 무엇인가

1. 일본열도 이모저모 _ 11
2. 현대일본 이모저모 _ 32
3. 일본어 이모저모 _ 62

제2장 일본의 역사와 민속

1. 일본의 역사와 문화 _ 75
2. 일본의 신화와 민속 _ 108

제3장 일본의 문학과 종교

1. 일본문학의 세계 _ 149
2. 전통연극과 현대 _ 270
3. 일본의 3대 종교 _ 291

맺는 말 _ 320

【참고 및 인용문헌】 _ 322

일본이란 무엇인가

1. 일본열도 이모저모

1) 한국과 일본열도

유라시아 대륙의 끝자락에 위치한 일본은 원래 한반도와 연결되어 있었으나, 지각변동과 함께 기후변화에 의해 약 12,000년 전쯤 완전히 섬으로 남게 되었다고 한다. 인종적으로 아시아의 다른 민족에 비해 한국인과 닮았다거나 동식물의 분포도 한반도와 유사한 점은 양국 사이의 거리가 도보로 이동할 수 있었거나 가깝기 때문이었을 것이다. 남북으로 길게 뻗어 활처럼 휘어진 모양새인 일본열도는 홋카이도(北海道)를 비롯하여, 혼슈(本州)와 규슈(九州), 시코쿠(四国), 홋카이도(北海道)라는 4개의 큰 섬과 6천800여 개의 크고 작은 섬들로 이루어져 있다. 이와 같이 수많은 도서(島嶼)로 이루어진 일본은 전체 국토의 약 70%가 산악지대로, 생활이 가능한 평지는 대부분 바닷가이서나 인접한 곳에 자리하고 있다. 도쿄를 비롯한 일본의 주요도시가 항만을 낀 도시라는 점은 이러한 지형적인 특징을 잘 나타내고 있다.

 유라시아대륙과 대양의 플레이트가 일본열도를 두르고 있는 지정학적 영향으로 잦은 지진과 함께 활동 중인 화산을 포함하여 활화산도 백열여 개에 달한다. 또한, 해발 3천 미터 이상인 산도 23개나 솟아있고, 최고봉인 후지산(富士山)은 3,776미터에 이른다. 특히 혼슈 중부 지역인 나가노 현의 남쪽과 북쪽을 둘러싸고 있는 산악지대는 3천 미터 급의 산맥을 형성하고 있어서 북 알프스 및 남 알프스라고 각각 불리고 있다.

 종래 한반도와 일본 사이를 일의대수(一衣帶水)라고 비유하고 있는 것처럼, 국경의 섬인 쓰시마(対馬)는 부산에서 불과 50㎞정도 밖에 안 되는 거리에 자리하고 있어서, 맑은 날에는 육안으로도 관찰이 가능하다. 따라서 한국에서 가장 짧은 거리에 위치한 외국이라고 할 수 있지만, 흔히 '가깝고도 먼 나라'라고 비유하고 있는 것처럼, 유사 이래 한일관계는 우호와 갈등이 함께 존재했던 이웃나라이기도 하다.

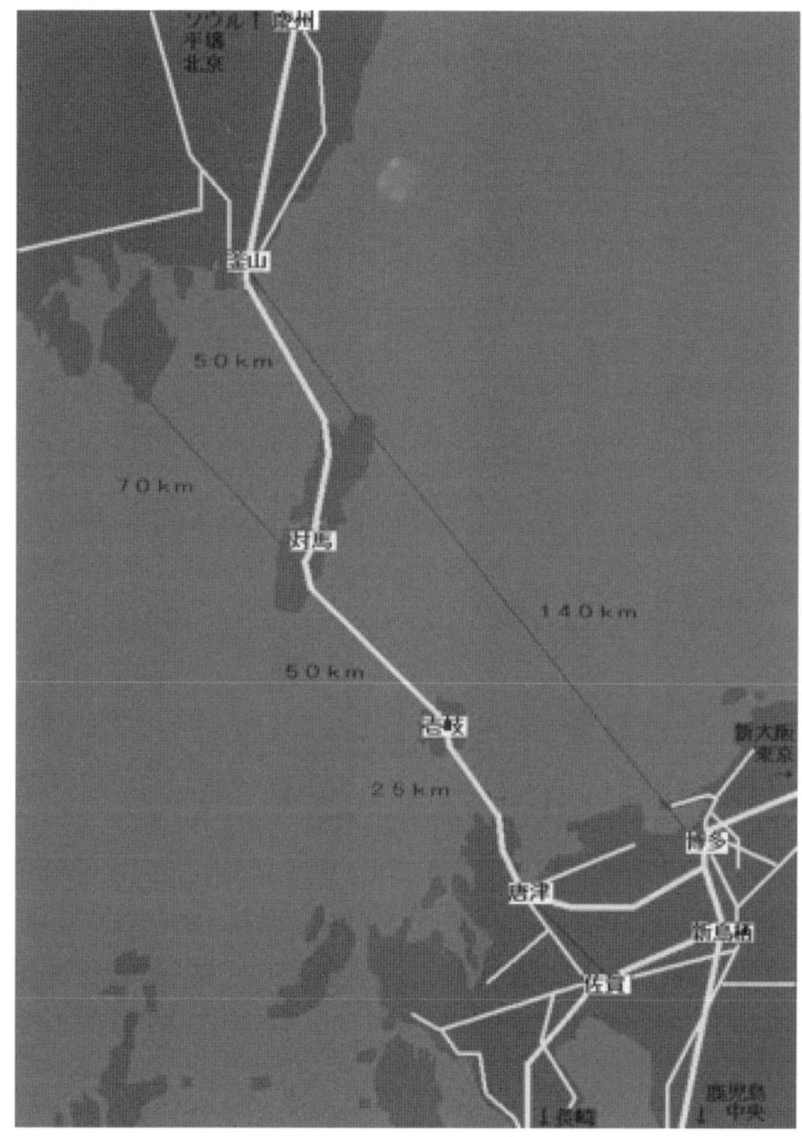

ソウル
平壌
北京
慶州
釜山
50km
70km
140km
50km
25km
金海
唐津
博多
新大阪
東京
広島市
鹿児島
山口県
熊本
鹿児島県

2) 일본 열도와 해류

　일본인들의 정서적 특징을 흔히 시마쿠니(島國)라는 데서 찾고 있다. 유사 이래 고립된 섬이라는 환경은 대륙으로부터 다양한 문물이 바다를 통해 전래되었지만, 태평양을 비롯한 대양에 둘러싸인 극동지역에 위치한 지리적 조건 때문에 들어오기만 할 뿐으로 다른 곳으로 나갈 수가 없었다. 따라서 마치 흐르던 물이 한 곳에 고여 있는 것처럼 잡다한 문물이 서로 섞여서 또 다른 문화를 탄생시켜 왔던 것이다. 일본의 기저 문화를 분석해 보면 이러한 요소가 깔려있음을 알 수 있는데, 이는 비단 민속이나 문화의 영역만이 아니라 주민의 집단이동에도 해당되는 현상으로, 일본의 고대문화는 중국과 한반도에서 건너간 사람들에 의해 형성되었다. 종래 이들을 귀화(歸化)인 혹은 도래(渡來)인이라 하는데, 전자는 독립된 주권 국가가 존재하는 경우의 명칭이고, 후자는 일본을 주체로 한 용어이므로, 국내 연구자들은 한반도에서 옮겨 간 사람들로서 이주민(移住民)으로 불러야 된다고도 하고 있다. 여하튼 오늘날 일본 전국각지에 산재한 지명이나 유물 등에는 이러한 고대로부터 집단의 이동에 의해 생성된 다양한 흔적들을 찾아 볼 수가 있다. 또한, 일찍이 민속학자 야나기타 구니오(柳田国男)는 시코쿠(四國)의 바닷가에서 우연히 발견한 야자열매를 예로 들어, 일본의 다양한 문화 현상 중에서 적도지방의 그것과 닮은 배경으로써 해석하고, 나아가 그들의 선조가 먼 남쪽 나라에서 건너왔을 가능성에 대해 언급하였다. 그러나 인류학적 분석에 따르면 남방계의 유전자 비율이 낮아서 혈연적 관련성은 희박하다고 보이지만, 여하튼 일본문화가 매우 복잡한 뿌리를 가지고 있음은 추정할 수 있을 것이다.

앞서 야나기타(柳田)가 발견하였다는 야자열매는 해류에 의해 일본까지 흘러온 것이다. 이와 같이 열도의 환경에 절대적인 영향을 미치고 있는 일본근해의 대표적인 해류는 구로시오(黑潮)라는 난류(暖流)이다. 적도 부근의 태평양에서 북서쪽으로 올라와서 동 중국해에서 두 갈래로 분류되면서 일본열도의 남안에서 동쪽 태평양으로 가는 흐름이 있고, 한 쪽은 규슈(九州) 서쪽에서 쓰시마 해협을 거쳐서 쓰시마난류가 되어 동해(東海)—일본에서는 '니혼카이(日本海)'라 부르고 있다—로 유입된다. 그리고 북에서 남으로 흐르는 한류(寒流)로는 러시아 캄차카 반도와 북태평양에서 홋카이도 서쪽으로 내려오는 리만 해류와 태평양 쪽으로 흐르는 오야시오(親潮)가 각각 있다. 일본의 해양성 기후는 이러한 주변 해류에서 비롯된 것으로, 혼슈 지방에는 구로시오의 영향이 절대적이다. 특히 북서 계절풍이 불어오는 겨울날씨는 동서에 따라 뚜렷한 차이를 보인다. 예를 들면, 동쪽의 태평양 연안 지역에서는 영향이 적은데 반해, 쓰시마 해류가 흐르는 혼슈의 북서쪽에 위치한 동해안 지역에서는 강수 및 강설량이 많아서, 니이가타(新潟) 등의 서쪽 지방은 세계굴지의 폭설(暴雪)지대로 알려져 있다. 그러나 여름철에는 남동 계절풍이 강하지만, 고온다습한 북서 태평양 기단이 우세하기 때문에 구로시오의 영향은 그다지 크지 않다.

덧붙여서, 동해안에는 계절에 따라 해류의 방향이 바뀌면서 발해와 일본 조정의 외교 사절이 오가는 교류 루트가 되었고, 현대에 들어서는 일본과 북한과의 해상통로로서 이용되었으며, 최근에는 북한 어선이 표류하여 일본연안에 떠내려 오기도 한다.

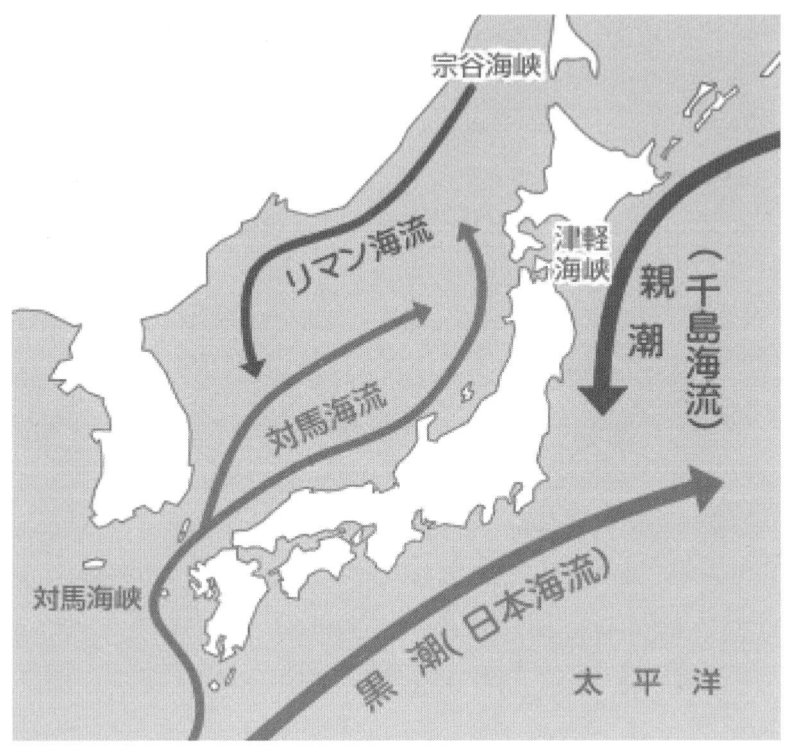

3) 일본인의 원류와 현대 일본인

일반적으로 소위 왜인(倭人)이라 불리던 집단이 일본열도에 정착한 이래로 일본인의 전형이 되었지만, 고대 후기까지는 혼슈의 중부 이북에는 오늘날 아이누 인이라고 일컫는 다른 인종이 살고 있었다. 고대 조정에서는 에조(蝦夷)인이라고도 했는데, 그들은 오랜 동안 독립적인 삶과 생활영역을 가지고 있었다. 그리고 근세까지 류큐(琉球)라 하여 독립왕국을 유지하고 있었던 오키나와(沖縄)에는 본토의 일본인들과는 다른 풍속과 언어—일본어와 유사하지만, 단어나 쓰임새가 다른 부분이 많다—가 있었지만, 현재는 일본의 최남단에 위치한 일개 지방인 현(縣)으로서 분류되어 있다.

일본의 인구에 관한 통설에 따르면, 일본열도가 생성되었을 무렵부터 원시시대까지는 수만 명이 살았고, 또한 수렵채취로 식량을 조달하던 조몬(繩文)시대에도 10만 단위로만 추정되던 인구는 대륙으로부터 들어온 농경문화와 도래한 이주민들에 의해 비약적으로 증가했다고 한다. 특히 벼농사에 따른 수확량의 증가는 식량문제를 해결함과 동시에 대규모 농경 작업에 따른 인력확보 면에서 인구증가를 가져와, 기원 후 100년경에는 60만까지 늘어났다. 이윽고 부족국가를 거쳐 고대왕조가 안정기에 들어선 8세기 무렵에는 7백만 가까이 폭증했다. 이후 중세 후반경의 전국(戰國)시대를 지나 16세기말의 기록에 따르면, 대략 1800만 명 정도였다고 하며, 근대정부가 들어선 19세기말에는 약 4천만 명에 달할 정도로 급격하게 올라갔다. 그러나 전쟁 수행 등으로 증가폭이 주춤하다가, 패전 이후인 1950년대와 70년대의 소위 단카이(団塊)세대 및 단카이 주니어 세대라 일컫는 두 번의 베이비붐 시대를 각각 거치면서 1970년에는 드디어 1억 명을 돌파했고, 2017년 현재는 1억 2686만 명에 이르고 있다. 하지만, 전체 인구 중에서 노인이 차지하는 비율이 매우 높아서 여러 가지 사회문제를 야기하고 있다. 게다가 저 출산이 지속되고 있어서 2050년경에 이르면 다시 1억 아래로 줄어들 것으로 예상하고 있다—일본국립 사회보장인구문제연구소—.

일본과 비슷한 경로를 밟고 있으면서 보다 급격하게 진행되고 있는 인구감소에 대한 우려가 현실화 된 한국사회도, 이 문제에 관해서는 이미 타산지석을 넘어서 심각한 고민거리로 대두되고 있다. 인구가 줄어든다는 것은 사회적 이슈이자 토픽뉴스로 삼을 만큼 가벼운 주제는 아니다. 국가로서 유지해야 할 기본 틀이 바뀌고 있다는 의미이고, 나아가 국가의 존립까지 위협하는 문제이기 때문에 경각심을 가져야 할 사안이다.

4) 일본의 화산과 지진

일본열도는 불의 고리라 불리는 환태평양 조산대에 속하며, 유라시아대륙과 겹치는 태평양 플레이트와 필리핀 플레이트 등 네 개의 해저 암반이 근접해 있어서, 유사 이래 잦은 지진과 함께 전 세계 화산의 1/10이 넘는 111개—2017년 6월 현재—의 활화산이 있다. 화산 분화로 인한 재해도 많아서 일본정부에서는 이에 대한 법적인 대비와 함께 예방활동도 강화하고 있다. 근년에 일어난 사례로서, 화산 폭발과 전후의 경과 과정에 대해 살펴보면 다음과 같다.

먼저, 최북단인 홋카이도의 남쪽에 솟은 우스산(有珠山)이 1977년 8월에 폭발하였는데, 분연(噴煙)의 높이가 12,000미터에 달했으며, 쏟아지는 화산경석과 화산재로 주변의 산림과 목장을 폐허로 만들었다. 화산활동은 이듬해까지 이어지고, 이에 연동된 지진은 1982년까지 지속되어 주변의 지형마저 바꾸었다고 한다.

도쿄(東京) 동쪽 태평양에 위치한 이즈오시마(伊豆大島)는 해저로부터 솟은 활화산으로, 섬 중심부에 솟은 미하라산(三原山)이 분화한 기록은 열도의 형성시기부터 이어지고 있으며, 근대에 들어서도 잦은 화산활동을 기록하고 있다. 특히 1986년 11월에 일어난 분화는 높이가 1,000미터에 이르는 용암이 분출하고, 화산에서 뿜어져 나오는 연기(噴煙)도 1만 미터를 넘는 등, 상황이 심각해지자 전체 도민을 한 달 동안이나 도쿄로 대피시킨 일도 있었다. 또한, 이즈오시마의 동쪽에 자리한 미야케지마(三宅島)에서도 2000년 8월에 분화를 일으켰는데, 대규모 화산가스와 화산재로 인해 앞서와 마찬가지로 도민에게 피난지시를 내렸다. 그런데, 화산활동에 따른 유황분출이 멈출 때까지의 기간이 너무 길어져서, 4년 5개월이라는 장기간에 걸쳐 섬으로 돌아가지 못한 사람들은 결국 도쿄 주변에 이주하여 생활 터전을 바꾼 경우도 많았다.

규슈 서쪽 끝에 위치한 시마바라(島原)반도의 중앙에 솟은 운젠다케(雲仙岳)는 1990년 12월부터 이듬해에 걸쳐 화산의 분화 활동을 거듭하였다. 그런데, 이를 조사하고 취재하기 위해 모였던 보도진과 세계적인 화산 전문가를 포함한 43명이 1991년 6월 3일에 갑자기 쏟아져 내려오는 화산가스와 토사가 뒤섞인 대규모 화산이류—일본에서는 화쇄류(火碎流)라고 한다—에 휘말려 사망하기도 했다.

2014년 9월에 발생한 나가노(長野)현 북서쪽 끝에 솟은 온타케산(御嶽山)의 분화는 고열의 수증기로 인해 발생한 것이다. 폭발음도 들리지 않을 정도로 규모가 크지 않았고, 화산재 분출량도 적었지만 화산 폭발에 따른 경계와 경보기의 관리 등이 소홀해서, 사전 예보도 없었기 때문에 등산객을 비롯한 58명이라는 패전 이후 최대의 희생자가 발생하였으며, 이에 따른 국가대상 손해배상소송까지 있었다.

규슈 남부 가고시마 현(鹿児島県)의 북쪽 산악지대에 솟은 신모에다케(新燃岳)도 2011년 1월과 2월에 걸쳐 대규모 폭발을 일으켰다. 화산의 분연(噴煙)이 2,500미터 상공까지 치솟는 바람에 항공기 운항에 지장을 초래하기도 했는데, 2017년에 또다시 분화하여 2,300미터까지 분연이 솟았지만 이번에는 7일 만에 종료되었다.

일본에서의 활화산은 이상과 같이 가끔씩 분화하여 피난권고가 발령되거나 심각한 피해도 발생하지만, 평소에는 특이한 지질이나 지형 등, 지질학적인 가치도 많아서 화산 관광의 명소가 되기도 한다. 또한, 규슈 중부에 위치한 아소산(阿蘇山)처럼 칼데라를 직접 체감할 수 있는 견학시설도 마련되어 있어서 연중 많은 관광객이 찾아오기도 하는데, 산중의 호수처럼 분화구 가까이에 담겨있는 푸른색 물에서 수증기가 나오는 모습은 마치 온천 같다는 착각을 일으키게 만든다. 그리고 여전히 화구로부터 흰 연기(噴煙)가 솟아나는 모습을 볼 수 있는 사쿠라지마(櫻島)화산은 가고시마 시(鹿児島市)에 가까운 가고시마 만(灣)에 위치하여, 분화할 때는 화산재가 떨어져 온 시가지를 회색으로 뒤덮는다. 특히 2013년 8월에 분화한 때는 분연이 상공 5천 미터까지 달한 적도 있지만, 평소에는 관광객을 위한 화산 전망대가 있어서 화구를 볼 수도 있다. 그리고 덧붙여서 원래 섬이었지만 화산활동으로 인해 오스미(大隅) 반도와 연결되었다고 한다.

참고로, 일본에서 가장 높은 후지산(富士山)도 활화산으로 여름철에는 수많은 등산객이 등정하고 있지만, 기록에 따르면 800년, 864년, 1707년에 각각 대규모 분화를 일으켰던 만큼 학자들은 폭발할 가능성도 있다고 한다. 또한, 일본기상청에서는 전국 111개의 활화산 중에서 분화할 우려가 있는 경우를 대비해, 피난 및 방재활동이 필요한 50개—1973년도 기준, 2016년 12월에는 38개로 축소—를 선정하여 법적인 대책을 마련하여 감시와 예보활동을 강화하고 있다.

일본의 자연재해 중에서 가장 많이 언급되는 부분은 지진(地震)이다. 유사 이래 겪어온 자연현상의 하나로서 피할 수 없는 운명과도 같은 재난이지만, 강도가 매그니튜드 7.0을 넘어가는 초대형 지진도 간혹 발생하고 있다. 수많은 인명과 막대한 재산 피해를 입히고 있는 사례로서, 20세기 이후에 발생한 대표적인 지진과 피해상황을 살펴보면 다음과 같다.

먼저, 1923년 9월 1일 오전 11시 58분경에 간토(関東) 지방을 강타한 매그니튜드 7.9의 강진이 일어났다. 관동대진재(關東大震災)라 명명된 재해로, 진앙에 가까운 도쿄와 가나가와(神奈川)를 중심으로 관동 주변의 광범위한 지역에 걸쳐 심각한 피해를 입혔다. 행방불명을 포함한 사망자만 10만 5천여 명에 이르고, 32만여 채의 건물이 붕괴되거나 타버렸다고 한다. 특히 당시 태풍의 여파로 강풍이 불었고, 게다가 중식을 준비하던 시간과도 겹쳐서 곳곳에 화재가 발생하여 건물 붕괴로 인한 압사보다는 불에 타 죽은 사람이 훨씬 더 많았다고 한다. 참고로 일본정부에서는 잦은 태풍피해와 함께 지진이 일어났던 이날을 1960년부터 방재의 날(防災の日)로 정해 전국적으로 화재와 재난에 대비한 훈련을 실시하고 있다.

그리고 20세기말인 1995년 1월17일, 오사카와 이웃한 효고(兵庫) 남부지방에서 일어난 '한신·아와지' 대진재(阪神·淡路大震災)라 명명된 대지진으로, 매그니튜드 7.3의 강도였다. 지진으로 인한 사망자는 6400여 명 정도였지만, 붕괴 등 주택 피해만 약 25만 채에 46만 세대가 피난생활을 겪어야했고, 또한 피해지역내에 대도시가 많았기 때문에 전기, 가스, 수도, 도로 등 생활에 필수적인 소위 '라이프라인'이 모두 망가져서 고통이 배가되었다. 평소 매스컴을 통해 지진이 빈번한 일본의 건축물은 안전할 것이라는 잘못된 인식으로

사전대비가 철저하지 못하였고, 특히 도시부의 지하에서 일어난 직하(直下)형 지진이었기 때문에 고가도로와 건물의 대부분이 무너지거나 파괴되어 복구까지 상당한 시간이 걸렸다고 한다.

　2011년 3월 11일에 일어난 동일본대진재(東日本大震災)는 주지와 같이 TV방송국의 보도나 인터넷 영상 등을 통해 한국에도 자세하게 알려졌다. 혼슈 동북지방인 미야기 현(宮城県)의 동쪽 130㎞해저에서 발생한 진도 9.0이라는 일본의 지진관측으로서도 역사상 최대 규모 강진이었다. 지진으로 인해 파고가 14~5m에 달하는 거대한 쓰나미(津波)가 발생하여 관동과 동북지방의 태평양 연안부에 속한 어촌마을에 심각한 피해를 가져왔는데, 15,000여 명에 달하는 사망자 중에서 90%이상이 익사한 사람이었다고 한다. 또한, 전기와 가스, 도로 등 주민 생활에 필수적인 소위 라이프라인의 파괴는 물론이고, 쓰나미로 인해 후쿠시마 원전의 시설내부까지 물이 차는 바람에 노심이 녹는 소위 멜트다운이라는 원자력사고까지 발생했다. 일본 원자력발전에 있어서 사상 초유의 사태로 현재도 여전히 고향으로 돌아가지 못하는 사람들이 많다. 지진에 따른 피해는 건물붕괴보다도 진앙지가 바다 속이어서 대규모 쓰나미가 들이닥쳐 바닷가에 자리한 마을

이 파도에 휩쓸려가던 모습은 국내에서도 보도되어 피해자들을 위한 모금운동도 전개되었다. 참고로 과거기록에 따르면, 1896년 6월에도 이번과 같은 동북지방인 산리쿠(三陸)해안에 지진이 일어나, 당시 무려 38m를 넘어가는 높이의 초대형 쓰나미가 발생하였고, 거의 2만 2천명에 달하는 사람들이 죽거나 행방불명이 되었다고 한다.

2016년 4월에 규슈 중부지방인 구마모토(熊本)와 오이타(大分)현에 걸쳐서 진도 7.0 규모의 지진이 일어났다. 규슈지역에서는 처음이자 전국적으로도 네다섯 사례뿐인 아주 드문 강진이었다. 주택 붕괴 및 토사의 대량 유출에 따른 인명피해가 커서 구마모토에서만 50명이 사망했고, 지진에 따른 피난 주민도 한때 18만 명을 넘어섰다고 한다. 재산피해도 막심하여 사회기반시설과 농지 및 수산관련 피해액만 2천 7백억 엔에 달했는데, 가토 기요마사(加藤清正)가 축성한 성곽으로 유명한 구마모토 성(熊本城)을 비롯한 국가에서 보호하는 유적지도 상당 부분 붕괴되거나 훼손되고 말았다.

이상과 같이 빈번하게 일어나는 화산이나 지진과 같은 지각운동은 양질의 온천도 뿜어내고 있어서, 전국각지에는 휴식과 치료를 겸한 휴양시설이 수없이 널려 있다. 지역마다 유황이나 탄산수소염, 염화나트륨 등 다양하고 독특한 성분이 들어있어서 관광객들이 찾아오는데, 대개 옛날부터 온천마을로 유명한 지역이 많다. 예를 들면, 규슈의 벳푸와 운젠(雲仙)온천, 시고쿠의 도고(道後)온천이 있으며, 혼슈에는 하코네(箱根), 아리마(有馬), 기노사키(城崎), 시라하마(白浜), 홋카이도의 노보리베쓰(登別)온천 등은 그야말로 지역사회의 주요 홍보대상이 되어 있기도 하다. 온천에 따라서는 매우 뜨거운 지열을 이용하여 온천계란처럼 식품을 가공하거나 파생상품도 개발하여 해당 지역의 소득에 일조한다.

5) 기후와 명승지

북동아시아에 위치한 일본은 태평양과 동해 및 중국해라는 큰 바다를 끼고 있어서 사계절이 뚜렷한 해양성 기후라는 특징을 가지고 있다. 또한, 활화산이나 고산지대가 곳곳에 자리하고 있으며, 태풍이나 폭설이 잦은 등, 열도가 남북으로 길게 이어진 만큼 위치에 따라 전혀 다른 자연 환경을 드러내고 있다. 예를 들어, 최북단의 홋카이도에는 장마가 없고 긴 겨울이 있는가 하면, 남쪽의 오키나와는 열대성 기후에 속해서 맹그로브나 야자수와 같은 열대 식물들이 자란다. 특히 태풍이 발생하는 해역에 가까워 해마다 이곳을 지나서 북상하는 태풍의 길목이 되기도 한다.

아시아 대륙의 차가운 바람이 혼슈의 중북부 지역의 산악지대에서 태평양으로 불어오는 바람과 마주치는 관계로, 혼슈 서북쪽 지역에서는 자주 폭설이 내려 많은 피해를 일으킨다. 강설량으로는 혼슈 중부의 산간지방에 2~3미터가 내리고 평지에도 1~2m정도로 쌓이는데, 적설량이 5미터가 넘는 경우도 있다고 한다. 따라서 도로의 제설작업과 아울러 주택의 지붕에 덮인 눈을 치우지 않으면 붕괴사고가 일어날 수 있으므로, 이를 제거하기 위한 작업은 필수이다. 국내 대학생들이 농촌봉사활동을 하듯이 일본에서도 동계행사로서 산촌마을에 제설지원을 나가기도 한다.

적도부근이나 필리핀 근해 등 서태평양 지역에는 연평균 스물대여섯 개의 태풍이 발생하지만, 이 중의 1/3 정도는 구로시오 해류처럼 일본근해로 접근하며, 그 중에서 몇 개는 일본열도에 상륙하여 큰 피해를 입히고 있다. 특히 늦여름부터 발생하는 태풍은 주로 오키나와를 거쳐서 일본열도로 불어와, 하천이 범람하거나 산사태를 일으켜, 주거지 침수뿐만 아니라 주택붕괴로까지 이어져 인명피해도 발생하기 때문에, 매년 이에 대한 대비책으로 기후 예보시스템이나 하천의 정비 등, 문제점을 지속적으로 보완하고 있다. 그러나 규슈와 시코쿠 등지에서는 피해복구가 아직 이루어지지 않은 상태인데도 불구하고 연달아 닥치는 바람에, 사전 대비나 원상 복귀가 어려운 경우도 있다.

앞서 언급한 것처럼, 일본열도는 대양에 둘러싸인 섬이라는 환경 때문에 습도가 높은 기후이지만, 혼슈의 동북부 지방은 중간에 자리한 산맥으로 인해 겨울날씨는 동서에 따라 전혀 다른 양상을 띤다. 즉, 수도권이 자리한 관동지방은 태평양의 영향을 받아 건조하지만, 서북쪽 지방은 동해로 통해 들어오는 시베리아대륙의 찬 기운과 따뜻한 태평양 기류가 섞이면서 구름이 많거나 눈이 내리는 일이 잦아, 폭설로 인한 교통 두절 등 해마다 기후로 인한 피해가 많다. 가와바타 야스나리의 소설 "설국(雪國)"의 무대가 되었던 니이가타 현(新潟縣) 남쪽의 에치고유자와(越後湯沢)도 그러한 계절적 요인으로 인해, 겨우내 눈으로 뒤덮인 풍경인 것이다.

이상과 같이, 일본열도는 각지마다 특이한 풍광을 볼 수 있지만, 예부터 최고의 절경으로서 소위 3대 명승지(日本三景)라 일컫는 곳은 다음과 같다. 먼저, 히로시마(広島)시의 서쪽 히로시마 만(廣島灣)의 북서부에 자리한 미야지마(宮島)라는 섬으로, 흔히 바다위의 신사(神社)라 일컫는 이츠쿠시마진자(厳島神社)가 있다. 이곳의 역사를 살펴보면, 귀족시대 말기에 권력을 쟁취한 다이라노 기요모리(平清盛)가 특별히 비호하여, 현재와 같은 규모로 신전을 새로이 조영한 이후로 헤이케(平家)의 수호신인 우지가미(氏神)가 되었고, 이후 가마쿠라 막부의 겐지(源氏)쇼군 등 당대의 권력자들이 숭경하였다는 것처럼, 무

가(武家)의 성지로 자리매김 되었음을 알 수 있다. 그리고 교토 부
(府)의 북쪽 동해 바닷가에 자리한 미야즈 만(宮津灣)과 아소카이(阿
蘇海)의 내해를 가로지르는 모래섬인 아마노하시다테(天橋立)가 있다.
활모양의 형태로 마치 하늘에 오르는 다리와 같다고 하여 붙여진 이
름으로, 소나무 숲이 띠처럼 이어진 절경은 예부터 와카(和歌)의 배
경으로 읊었던 명소로서도 유명하다. 마지막으로 혼슈 동북지방인
미야기 현(宮城県)의 센다이 시(仙台市)의 외곽에 위치한 마츠시마(松
島)가 있다. 마츠시마 해안에 형성된 다도해로, 리아스식 해안에 자
리한 수많은 섬들이 한데 어우러져 한 폭의 동양화처럼 절경을 자랑
하고 있다. 이상과 같은 3대 절경은 관광객들이 찾을 뿐만 아니라
예부터 문인의 작품 속에서도 등장하여 많은 사랑을 받았음을 알 수
있다.

6) 일본인의 정신세계와 일본문화론

유사 이래 일본열도에 정착한 일본인들은 화산과 지진, 태풍과 쓰나미 등 빈번하게 발생하는 자연재해를 겪게 되고, 게다가 연이은 전란과 격변하는 정세 속에서 화재와 전염병까지 돌아 극복하기 힘든 재난을 자주 경험하였다. 그때마다 부서지거나 무너진 곳을 복구했지만, 쉴 새 없이 또다시 같은 재해가 엄습하는 일도 반복되었다. 이러한 경험 때문인지 세상을 살아가는 인생관이나 정신세계도 변했다고 보인다. 즉, 허무와 체념, 인내와 순종 등으로 감내하기 힘든 일들은 쉽게 포기하고 다가오는 일에 대한 대처를 우선시하는 자세로 바뀌었다. 요컨대, 어쩔 수 없는 일에 대한 체험적 인자가 정신세계를 형성하는 밑바탕에 깔려, 속담의 표현처럼 지나간 일은 흐르는 물에 떠내려 보내듯 잊어버리자고 말하거나, 애당초 없었던 일처럼 합리화시키려 했던 것 같다. 이러한 경향은 일본의 불교사상과도 무관하지 않다. 고대 한반도로부터 들어온 불교는 일반 민중들에게도 친숙한 종교가 되었는데, 그 영향은 승려뿐만이 아니라 지식인들까지 불교적인 무상관(無常觀)을 기조로 하는 인생관을 문학작품을 통해 설파하였다. 오랜 세월에 걸쳐 숙명처럼 반복되는 재해를 겪었던 경험은 자연스럽게 옛날 일에 대해 잊거나 없었던 것처럼 처리하는 애매한 상황인식으로 변했다. 작금의 한국과 일본의 과거사에 대한 인식이 달라서 매번 마찰을 일으키고 있는 것도, 배경에는 오랫동안 자리잡아왔던 이러한 전통적인 일본인의 정신세계와도 관련이 있을 것이다. 과거사에 대해 반성을 요구하는 것을 이해하지 못하는 이유로서, 일본의 지리와 환경적 요인이 있었던 것은 아닐까 생각된다.

일본의 문화와 의식세계에 대한 분석은 근대 이후에 활발하게 진

행되어 왔다. 흔히 애매함으로 대표되는 문화적 특징에 대해서, 당시 도쿄대학 교수였던 도이 다케오(土居健郎)는 "아마에의 구조(甘え의構造)"를 통해서, 일본인은 본디 어리광 혹은 응석으로 풀이되는 '아마에'의 문화였다고 분석한다. 그리고 미국의 문화인류학자인 루스 베네딕트는 "국화와 칼(菊と刀)"에서, 일본고유의 가치는 은혜와 의리로 요약할 수 있다고 분석했으며, 외적인 비판을 의식하고 창피를 두려워하는 부끄러움의 문화라고 정의하였다. 일본에 가본 적도 없으면서 일본문화의 독자성을 강조한 그녀의 저서는 일본국내에서 크게 주목받았지만, 일본문화가 서양문화의 반대쪽에 존재한다는 주장이나 일방적인 문화 분석에 대해서는 비판도 많다. 또한, 1982년 6월에 "축소지향의 일본인(「縮み」志向の日本人)"이라는 제목으로 일본문화론을 펴낸 이어령 박사는 일본에서 큰 반향이 일어나자, 한국어판으로도 같은 해 9월에 출판하여 주목을 받았다. 그는 워크맨이나 계산기, 전통 인형이나 부채, 그리고 작은 상자 안에 짜임새 있게 채워놓은 전철역내 판매용 도시락 등, 자그만 물건을 정교하게 만드는 비결은 일본인들의 문화적 속성에서 비롯된 것이라고 분석했다. 이는 동화 속의 잇슨보시나 일본식 정원 등에서 볼 수 있는 것으로, 결코 확대해서는 나올 수 없는 문화라고도 풀이한다. 그런데, 일본 극우계 정치인이자 소설가인 이시하라 신타로(石原慎太郎)는 모리타 아키오(森田昭夫)소니 회장과 함께 1989년에 "'NO'라고 말할 수 있는 일본"이라는 에세이를 내어 큰 반향을 불러 일으켰다. 이 책의 부제가 '신 미일관계의 방책'이라고 붙인 것에서 알 수 있듯이, 당시 일본인들이 좀체 내지 않았던 절대적 대국인 미국에 대한 정면비판을 과감하게 시도한 것이었다. 미일관계에 있어서 오늘날까지 문제로 지적받고 있는 방위비 문제에 대해서도 거침없이 반론하고 있는

데, 한 가지 흥미로운 것은 미국을 견제하기 위해서는 중국 등 아시아가 함께 협력해야 한다고도 주장한다. 얼핏 제국주의가 팽창할 때 부르짖은 대동아공영권의 현대판이 아닌가 하는 의구심이 들기도 하는 부분이다.

2. 현대일본 이모저모

1) 일본의 행정과 지역구분

지방자치의 기본단위인 행정구역으로서 특별자치령으로 지정된 곳이 네 군데 있다. 먼저 수도인 도쿄도(東京都)를 비롯하여 최북단의 홋카이도(北海道)와 관서지방의 중심지에 자리한 오사카(大阪) 및 교토(京都)는 각각 부(府)로서 독립되어 있다. 나머지는 모두 현(県)으로서 43개가 있으며, 도합 47개의 행정구역으로 나뉘어져 있다. 수도권 이외에 특별구역으로 지정된 네 곳은 역사적으로 각기 다른 배경을 갖고 있다. 즉, 홋카이도는 근대 이후에 수도권의 인구가 이주하여 본격적으로 개발되었던 곳이며, 혼슈의 서쪽에 위치한 교토 및 오사카는 근세에 이르기까지 역사의 중심지였을 뿐만 아니라 인구밀집도도 여타 지역에 비해 월등히 높다. 그리고 혼슈의 중간인 나고야와 시즈오카를 경계로 하여 도쿄를 중심으로 한 수도권과 이에 가까운 동북쪽을 간토(關東)지방이라 일컫고, 근세이전의 중심지였던 오사카와 교토 등지를 가리켜 간사이(關西)지방이라 지칭하기도 하지만, 공식적인 기준으로서는 남단의 오키나와로부터 홋카이도까지 모두 9개의 지방으로 구분하고 있다.

즉, 최북단의 홋카이도 지방을 비롯하여, 도호쿠(東北), 간토(關東), 추부(中部), 긴키(近畿), 추코쿠(中國), 시코쿠(四國), 규슈(九州), 오키나와(沖繩)지방이 그것으로, 혼슈의 허리부분에 해당하는 추부 지방은 남북으로 길게 차지하고 있는 지역 특성상 호쿠리쿠(北陸), 도잔(東山), 도카이(東海)지방으로 각각 세분하기도 한다.

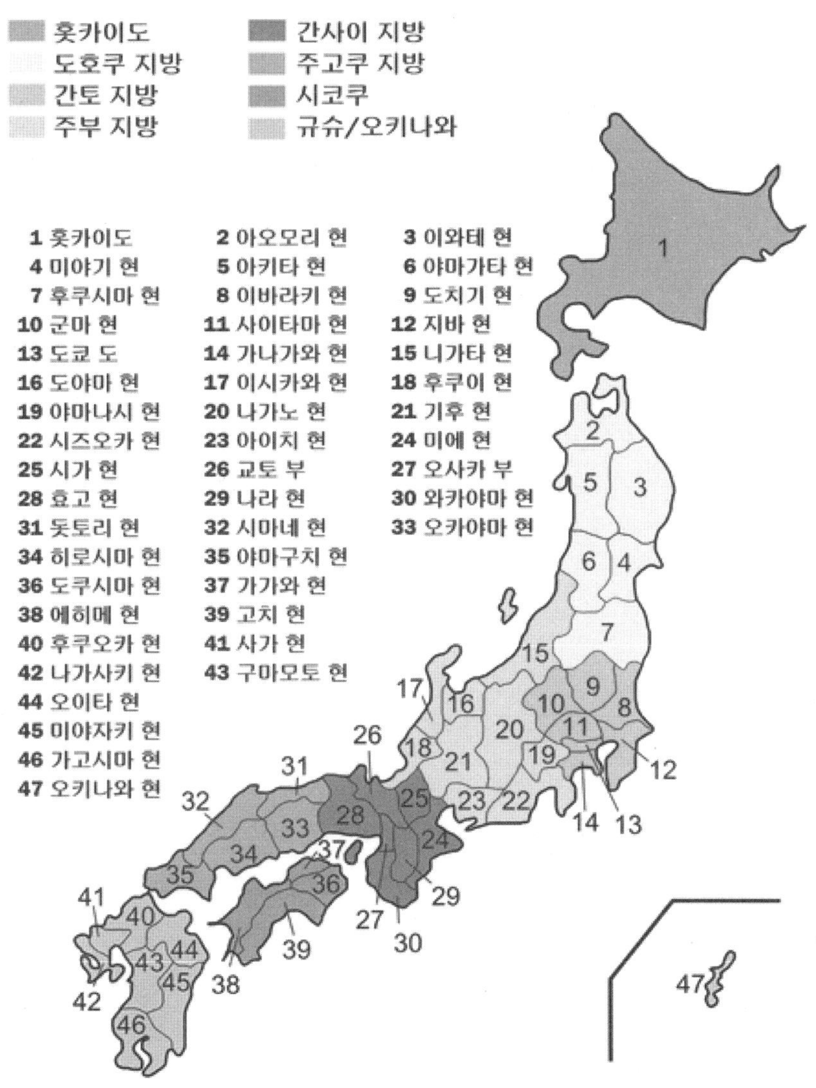

홋카이도
도호쿠 지방
간토 지방
주부 지방
간사이 지방
주고쿠 지방
시코쿠
규슈/오키나와

1 홋카이도
2 아오모리 현
3 이와테 현
4 미야기 현
5 아키타 현
6 야마가타 현
7 후쿠시마 현
8 이바라키 현
9 도치기 현
10 군마 현
11 사이타마 현
12 지바 현
13 도쿄 도
14 가나가와 현
15 니가타 현
16 도야마 현
17 이시카와 현
18 후쿠이 현
19 야마나시 현
20 나가노 현
21 기후 현
22 시즈오카 현
23 아이치 현
24 미에 현
25 시가 현
26 교토 부
27 오사카 부
28 효고 현
29 나라 현
30 와카야마 현
31 돗토리 현
32 시마네 현
33 오카야마 현
34 히로시마 현
35 야마구치 현
36 도쿠시마 현
37 가가와 현
38 에히메 현
39 고치 현
40 후쿠오카 현
41 사가 현
42 나가사키 현
43 구마모토 현
44 오이타 현
45 미야자키 현
46 가고시마 현
47 오키나와 현

2) 일본 자위대와 일본의 정치

일본 헌법에는 민주주의에 입각한 '자유' '국민' '평화'라는 세 가지를 기본으로 내걸고 있다. 특히 평화라는 항목에서는 전쟁의 영구 포기와 함께 전력(戰力)으로서의 군대를 가지지 않는다는 조항을 두고 있으나, 현재 자위대(自衛隊)라는 일반군대와 똑같은 조직이 있어서 논란이 많다.

책임내각을 내세운 일본의 정치체제는 원래 메이지시대에 제정된 제국헌법에서 시작된 것이지만, 전쟁을 도모했던 제국주의 문제를 수정하기 위해, 1946년에 제정 공포하여 47년부터 시행된 신헌법에 따른 것이다. 통치기구로서 국회와 사법 및 행정이라는 3권 분립체재를 유지하고 있으나, 1950년대부터 정당정치로 이행된 내각이 가장 큰 영향력을 가지고 있다.

내각은 국회의 신임을 얻어 행정권을 수행하는 의원내각제로, 수반인 총리는 각료를 임명하는 권한을 가지고 있다. 한편, 국권의 최고기관이자 유일한 입법기관으로 규정된 국회는 국민의 투표로 선출되는 중의원(衆議院) 및 참의원(參議院)이라는 양원제(兩院制)를 채택하고 있으나, 법률과 예산, 조약의결권, 내각총리의 지명과 내각불신임 등에 있어서 중의원의 권한이 강하다. 그리고 중의원의 해산권은 내각에서 낼 수 있으나, 실제로는 각료 임명권을 가진 총리의 전권처럼 행사되고 있으며, 해산한 경우 40일 이내에 총선거를 실시해야 한다. 그리고 선거일로부터 30일 이내에 국회를 소집해야 하고, 이에 맞추어 내각도 모두 사직해야 한다. 덧붙여서, 현재 천황은 신헌법에 따라 통치권은 없으나 공식 의례나 외국사절의 접견 등의 소위 국사(國事)행위에 속하는 임명권이 있어서, 총리를 포함한 3부의 장(長)에 대해서는 임명장을 직접 수여하고 있다.

앞서 거론한 바와 같이, 오늘날 일본에서 뿐만 아니라 주변국에서도 예의주시하고 있는 존재인 일본 자위대에 대해 살펴보면, 다음과 같은 역사와 현재가 있음을 알 수 있다. 먼저, 1954년 7월에 설치될 때는 방위청(防衛庁)으로 내각과 총리부의 외곽부서로 존재하다가, 2007년 1월에 독립된 행정부서로서 방위성(防衛省)으로 승격되었던 것이다. 원래 신헌법의 규정상 문제도 있어서 전력 그 자체가 위헌에 해당할 여지가 있었지만, 한국전쟁이 발발하자 전후의 일본을 관리하던 연합군사령부에서 1950년 8월10일 경찰예비대(警察豫備隊)를 발족시켰는데, 이 조직은 1952년 10월에 경찰예비대와 해상보안청 등을 통합하기 위해 보안대(保安隊)로 바꾸었고, 이어서 1954년의 보안청(保安庁)을 거쳐서 1954년 7월1일부터 방위청이라는 명칭으로 변경되었던 셈이다. 결국 그동안의 국제정세와 일본국내의 정치적 배경 등을 반영한 조직으로 거듭난 것이 현재의 자위대인 것이다. 현재 육해공의 각 자위대 조직과 대원들은 방위성에 소속되어 총리와 장관이 지휘하도록 되어 있으며, 산하 기관으로서 고위 간부를 양성하기 위한 사관학교에 해당하는 방위대학교와 함께 방위의과대학교 및 방위연구소를 운영하고 있다. 방위비는 연간 약 4조9천억엔(2014년)정도로, 군사비 지출규모로서는 2015년 세계 제8위―한국은 10위―에 해당되며, 자위대원은 약 24만 명―여군 12,300명 포함―에 달한다. 군대는 위계질서가 중요한 만큼 계급에 따른 명령체계를 만들어두지만, 헌법조문의 해석과 부딪힐 수가 있으므로 구 일본군에서의 계급 명칭은 모두 새로이 바뀌었다. 예를 들면, 일본군에서 이등병을 시작으로 일등병과 상등병으로 불리던 것은, 2사(士)와 1사, 그리고 조장(士長)이라는 방식으로 대체되었다. 그밖에 하사관

과 위관 및 영관, 그리고 장군에 해당하는 계급체계는 명칭은 다르
지만 한국군과 비슷하게 규정되어 있다. 여하튼 일본의 자위대는 거
듭 인용한 바와 같이 일본국헌법 제9조 제2항의 명문상 위헌적인
존재일 가능성이 높다. 실제 일본 헌법학자들의 견해도 41%가 위헌
이라는 결과—2015년 6월 아사히신문 조사—가 나오고 있어서, 일본
정치권의 해석과는 괴리가 있는 것도 사실이다. 따라서 내각총리와
여당인 자민당은 개헌을 통해 바꾸려고 하지만, 여전히 국민적인 동
의까지는 거리가 있어 보인다.

3) 일본의 상징물

대외적으로 일본국을 상징하는 것으로서 국기(國旗)와 국가(國歌)가 있다. 현재 세계 모든 국가의 국기 중에서 가장 간단한 방식이라고 일컫는 소위 일장기(日章旗)는 주지와 같이, 흰 바탕에 태양을 뜻하는 붉은 원만이 그려져 있다. 태양이 솟아오르는 곳이라는 일본(日本)의 국호를 배경에 둔 문양으로, 근세 이전에는 선박에 장식한 깃발의 표시에 쓰였다고 한다. 근대 이후에는 군함의 선미 깃발로서 방사선 모양의 줄을 중앙의 원을 향해 그려놓은 것을 볼 수 있다. 이에 따라 일반적으로 군국주의를 상징하는 깃발로 인식되고 있으며, 오늘날에는 일본 우익단체의 행사나 차량 등에 대형 일장기를 장식하여 달고 다니는 것을 볼 수 있다. 그렇기 때문에 과거 식민지를 겪은 아시아인들에게는 침략전쟁을 떠올리게 하는 정치적 의미로 해석되기도 한다. 이와 같은 군국주의 논란과 함께 패전 이후 국기로서 인정하기 힘들다는 견해도 있어서, 정식적인 국기 제정은 1999년에 이르러 '국기국가법'에 의해 법제화 되었다.

한편, 올림픽이나 관공서 등의 공식행사에서 국기와 함께 제창하는 '기미가요(君が代)'라 일컫는 일본의 국가(國歌)는 19세기후반 메이지정부에 의해 제정되어 오늘에 이른다. 가사는 고전시가인 와카(和歌)에서 빌려온 것으로서 다음과 같은 노래이다. '임금님이 다스리는 세상은 작은 돌이 모여 바위가 되고, 거기에 이끼가 끼는 날까지 번영하소서!'(君が代は、千代に八千代に、さざれ石の、巌となりて、苔のむすまで) 인용문에서 알 수 있듯이, 통치자인 천황의 치세와 국가의 번영을 기원하는 내용으로서, 905년에 성립된 "고킨와카슈(古今和歌集)"에 실린 작자미상의 와카에서 초구(初句)만 바꾼 가사이다.

　이상과 같이, 국기와 국가는 앞서 인용한 것처럼 1999년에 이르러 법적인 효력을 가지게 되었지만, 일본국내의 전국교직원조합 등의 단체나 지역에서는 오랫동안 거부감을 드러내는 일도 종종 있었다. 특히 오키나와에서는 제2차 세계대전 말기에 미군과의 전쟁에 동원된 일이나, 삶의 터전이자 고향인 섬 전체가 처절한 전쟁터로 변한 것과 함께, 일본군에 의해 미군의 상륙에 대비한 강제 옥쇄로 많은 도민들까지 죽어가야만 했었다. 전후에는 또다시 미국령으로 방치된 일과 현재까지 섬의 상당부분이 여전히 미군기지로서 남아 있는 점 등으로, 피해와 희생이 막심하였기 때문에 여전히 제국주의 시절의 상징인 국기와 국가에 대한 거부감을 느끼고 있었던 것이다. 또한, 법률로 제정되기 이전에는 교사가 공식 석상에서 국기에 대한 의례와 국가 제창을 따르지 않아서 처벌받았다는 뉴스가 간간이 나오기도 하였다. 그만큼 뜨거운 이슈가 되었던 일로서, 사회적인 공감대가 일치하지 않았던 시점에서 정치권의 법제화가 우선되었다고도 보인다. 이미 고정사실로 만들었기 때문인지 현재는 이와 관련된 사건 보도는 들리지 않는다.

　흔히 일본을 상징하는 것으로 벚꽃을 드는 경우가 많다. 봄이 되면 전국 어디에서 언제쯤 개화하는 가를 일기예보에서 다루고 있을 정도로 일본인의 기호와도 연결되어 있는데, 벚꽃을 좋아한 일은 고대로부터 시작된 것 같다. 왜냐하면, 8세기 초의 조정에서 엮은 신화에서도 등장하는데, 천황의 조상신이라는 천손의 첫 번째 결혼 상대였던 여성이 벚꽃의 여신으로 묘사되어 있는 것이다. 또한, 귀족시대의 문학에서도 와카의 어구로 꽃을 의미하는 '하나'는 곧 벚꽃을 의미했다. 필 때와 질 때의 모습이 한 순간이고, 특히 벚꽃이 일제히 떨어지는 모양은 마치 눈보라 같다는 '하나후부키(桜吹雪)'라는 꽃말도 있다. 그리고 이러한 찰나에 벌어지는 벚꽃의 미학은 중세에 발현한 사무라이라는 무사들의 인생관에 비유되기도 하였다.

일본문화의 하나로 벚꽃을 감상하는 '하나미(花見)'는 예부터 있었다고 한다. 일본 각지에는 벚꽃 명소가 많아서 상춘객을 모으고 있는데, 고대로부터 나라(奈良)의 남쪽에 자리한 요시노산(吉野山)이 유명하지만, 수도인 도쿄에서도 근대 이후 명소가 된 우에노 (上野公園)에는 만개하는 시기에 맞추어 진기한 풍경이 펼쳐지기도 한다. 즉, 신입사원들이 아침 일찍 회사가 아닌 공원으로 출근하여 화사한 벚꽃아래 자리를 잡아 지키고 있는 풍경이다. 저녁나절 퇴근 무렵이 되면 직장의 동료 선배들이 그곳으로 찾아와서 밤 벚꽃의 향연을 벌이는 것이다. 일반적으로 일본의 초중등학교를 비롯한 교육기관의 졸업과 입학 시기는 3월말에서 4월초에 이루어지는 데, 이때는 벚꽃의 개화시기도 일치하기 때문에 축제 분위기를 한껏 돋우고 있다. 참고로, 일본의 왕실 문양은 국화로서 여권 표지에는 벚꽃이 아닌 국화를 그려놓았다.

그런데 벚꽃은 주지와 같이 한국에서도 비슷한 유행을 볼 수 있다. 원래 식민지 시절에 의도적으로 들여왔다는 지적도 있지만, 벚꽃 단지가 전국각지에 걸쳐 있거나, 해군기지가 있는 진해는 해마다 대형축제를 개최하고 있어서 일본에까지 알려져 있다. 이와 같이, 이미 벚꽃은 국민적인 사랑을 받고 있는 것이라고도 생각된다. 덧붙여서, 본디 일본의 벚꽃도 원산지는 제주도였다는 주장이 있어서, 제국주의의 상징과는 별개의 기호로 보아야 할지도 모르겠다. 여하튼 공해에 강하다는 점에서 도시의 가로수로 벚꽃을 식재하는 지자체가 많기 때문에, 오히려 실용적인 측면에서 유용한 나무로 보아야 하지 않을까 생각된다.

그밖에, 일본을 상징하는 것으로서 꿩과 까마귀가 있다. 일본 국조(國鳥)로 정해진 꿩은 벚꽃처럼 고대의 신화에 등장하는 동물로서 인가에 가까이 서식하고, 또한 식용으로서도 이용되고 있다. 그리고 까마귀는 고대일본의 건국전설에 따르면, 초대 천황인 신무에게 길을 안내한 길조로 등장한다. 현재는 일본 자위대의 상징문양으로도 쓰이고 있다.

4) 일본의 공휴일

일반적으로 휴일에 해당하는 일요일을 제외하고, 국가에서 정한 공식적인 휴무일인 국가 공휴일로 일본의 경우, 현재 15일이 지정되어 있어서 한국의 11일보다 많다. 또한, 공휴일이 휴일과 겹치는 경우는 그 다음 평일을 지정하여 쉬도록 한 대체 공휴일 제도가 2013

년부터 시행되고 있으며, 이러한 국가공휴일 제도는 1912년 '국민의 축일(祝日)에 관한 법률'에서 처음으로 법제화되었다. 이후 1948년에 종전의 제국헌법을 폐기하고 개정된 헌법과 더불어 새로이 조정하여 공포하였는데, 기본 이념으로서 '국민이 축하하고 감사하거나 기념하는 날'이라는 설명이 들어갔으며, 휴일규정 외에 대체휴일(振替休日)에 관한 예외조항도 들어갔다.

이와 같이 재개정한 배경에는, 메이지유신 이후 근대국가로서 출법할 당시부터 국가적인 행사로서 만들었던 공휴일을 해당 사안이 없어져도 그대로 살려서 추가했기 때문이기도 하다. 공휴일 제정에 관한 역사를 살펴보면, 원래 일본에서 공휴일이라는 개념이 발생했던 메이지시대로부터 여러 번의 개정과 폐지가 있었는데, 그 배경과 이유를 살펴보면 일본의 정체성을 알 수 있는 부분도 많다.

공휴일 기준을 설정하는데 있어서, 귀족시대로부터 내려오는 궁중의 연중행사―'세치에(節会)'라 하여 계절에 따라 특정일을 축하하는 행사―와 함께, 근세이후 일반 민중들에게도 널리 퍼진 세시풍속에서 유래한 날(曆)도 있다. 참고로, 원래 1872년 12월 2일까지는 음력이었던 것을 이튿날부터 태양력으로 바꾸어서, 1873년의 정월초하루가 되었다. 메이지정부의 정책 결정에 의한 것으로서 모든 기준을 이에 맞추게 되었고, 따라서 이전까지의 절기(節期)에 관련된 행사도 이후로는 양력에 맞추어 전환하였다.

다음은 현대의 기념일―축일(祝日)―로서 공휴일로 제정된 배경에 담긴 민속과 함께 일본의 달력에 표시되는 세시 풍속에 대해 살펴본다.

먼저, 정월―전통적인 음력 명칭은 '무츠키(睦月)'라고 한다. 이하, 달의 우측 표기는 이와 같다―의 초하룻날인 '간지츠(元日)'는 한국의 설날 세시풍속과 마찬가지로 특별한 음식을 먹으며, 가족과 친지들이 새해인사를 나눈다. 또한 자녀들에게는 세뱃돈—오토시타마(御年玉)—을 나눠주기도 하는데, 다만 큰 절을 올리지는 않고 가벼운 인사만 손윗사람에게 한다. 그리고 근대이후의 유행이라는 '하츠모우데(初詣)' 행사는 근처의 신사나 절을 방문하여 한해의 소원을 빈다. 그리고 국가공휴일로서 제정된 성인(成人)의 날은 원래 15일이었으나, 법률개정 후부터 두 번째 월요일로 바뀌었다.

2월—기사라기(如月)—에는 '세츠분(節分)'이라 하여 '귀신은 밖으로, 복은 안으로'라 외치며 콩을 뿌리고, 나이만큼 콩을 먹으며 액운을 막는 행사가 있다. 원래 섣달그믐의 행사였지만, 시대변천과 함께 근세 이후로는 입춘 전날에 시행한다. 국가공휴일로서는 11일에 건국기념일(建国記念日)을 두고 있는데, 초대 왕인 신무천황이 즉위한 날이라는 일본서기의 기록을 기준으로 설정되었다.

3월—야요이(弥生)—의 초사흘날(上巳)에는 '히나마츠리(雛祭)'라 하여, 계단식 선반 위에 왕과 왕비, 궁인 등 귀족시대의 의상을 재현한 인형(雛人形)과 복사꽃을 장식해 둔다. 여아의 성장을 축하하며 행복한 미래를 바라는 의미로 근세부터 유행했다고 한다. 원래 음력에 맞춘 행사였지만, 메이지시대이후로는 양력으로 바뀌었으며, 2월 중순부터는 백화점 등에 화려하게 장식한 히나마츠리 인형들을 볼 수 있다. 3월 21일경이 되는 춘분은 국가공휴일로 지정되어 있는데, 불교행사인 히간에(彼岸会)의 중간 날(中日)로 전후의 7일간은 성묘할 수 있는 기간이기 때문에 조상의 무덤을 찾는 경우가 많다. 참고로, 일본 속담에 '더위도 추위도 히간까지' 라는 말이 있는데, 대개 춘분과 추분을 기점으로 사람이 느끼는 체감온도가 바뀐다는 속설이지만, 일반적으로도 이 시기 이후는 동복이 필요 없어서 장롱에서 겨울잠을 자야 한다.

4월—우즈키(卯月)—의 행사로 초파일의 관불회(灌仏会)가 있다. 석가탄신일(釈迦降誕会)로서 한국에서는 공휴일로 지정되어 있지만, 일본에서는 불교신자들만 사찰을 찾는다. 국가공휴일로는 쇼와(昭和)의 날이라 하여 쇼와천황의 탄생일이었던 29일이 있다. 원래 식물애호가였던 히로히토(裕仁)천황이 주도한 전국적인 식수제(植樹祭)를 1950년부터 개최해왔고, 헤이세이(平成)로 연호가 바뀌었던 1989년에는 미도리의 날(緑の日)이라고 하였으나, 5월 4일로 이동한 2007년부터 이전 연호(年號)로 명칭이 변경됐다.

5월—사츠키(皐月)—의 5일에는 단오절 세치에(節会)가 있다. 국가공휴일로서 새로 제정한 일본국헌법이 시행된 1947년에 맞추어, 헌법기념일인 3일과 미도리의 날인 4일에 이어지는 5일을 아동의 날로 만들어, 소위 골든 위크(Golden Week)라는 연휴가 되었다. 4일은 앞서 설명한 바와 같이 날짜를 조정하였기 때문이며, 아동의 날은 단오(端午)절기에 맞추어서 제정하였다. 참고로, 전통적인 단오절 행사는 '고이노보리(鯉のぼり)'라 하여 잉어모양의 깃발을 매다는 남자아이들의 축제이다. 잉어 깃발을 높이 올리는 이유는 중국의 고사에 나오는 등용문(登龍門)에서 유래한 것으로, 자식의 입신양명을 바라는 뜻이 담긴 행사이기도 하다. 덧붙여서, 전통축제로서 '가모마츠리(賀茂祭)'가 15일에 열린다. 교토의 가모신사—가미카모(上賀茂)와 시모가모(下鴨) 공동개최—의 제례행사로, 교토 3대축제의 하나이자 예부터 마츠리(祭)를 대표하는 말이었다는 것처럼, 귀족시대의 화려한 복장으로 접시꽃을 장식한 가마 모양의 수레(牛車)를 끌면서 거리를 누볐기 때문에 아오이마츠리(葵祭)라고도 한다.

6월—미나즈키(水無月)—에는 8월과 함께 국가공휴일이 없는 달이다. 참고로, 원래 음력 6월에는 전통축제가 많았다. 대표적인 예로

서, 일본 3대 축제의 하나이기도 한 '기온에(祇園会)'가 있다. 음력 6
월 7일부터 14일까지 이어지는 행사였으나, 메이지 이후 7월 하순으
로 옮겨진 축제로 교토 야사카(八坂)신사에서 행하는 제례의 하나이
다. 야마보코 순행(山鉾巡行)이라 하여 기다란 창처럼 생긴 뾰족한
지붕 장식을 한 수레에 앞뒤로 여러 사람이 올라타서, 구호를 외치
며 교토 시내를 누비고 다니는 축제로 유명하다. 그 밖의 전통축제
로서는 도쿄 히에(日枝)신사의 '산노마츠리(山王祭)'가 중순에 열린다.
원래 음력 6월 15일이었으나, 양력의 같은 시기로 바꾸었으며, '간다
마츠리(神田祭)'와 겹치기 때문에 격년제로 시행한다.

　7월―후즈키(文月)―의 7일은 '다나바타(七夕)'라 일컫는 칠석이 있
다. 제3 월요일이 바다의 날로 정해져 있는데, 이는 메이지천황이 동
북지방 순행을 마치고 기선 메이지마루(明治丸)로 요코하마에 귀착
한 날을 기념하여 1941에 국경일로 제정했다고 하며, 현행 축일은
1996년부터 시행되었다.

　8월―하즈키(葉月)―의 초순에는 교토 기타노덴만구(北野天満宮)의 제
례행사인 '기타노마츠리(北野祭)'가 있으며, 음력의 15일 밤에는 우리
의 추석(中秋)에 해당하는 보름달을 바라보는 관월(観月)행사가 귀족
시대부터 있었다. 한편, 한여름의 전래민속인 '오봉'이라 일컫는 불
교의 우란분회(盂蘭盆会)에서 유래한 행사가 15일에 있다. 조상의 명
복을 비는 행사로, 각 가정에서는 위패를 안치한 쇼료다나(精霊棚) 라
는 선반에 계절 야채나 과일을 올려두고, 대개 13일과 16일에 조상을
맞이하고 보낸다는 행사―迎火・送火―를 각각 치른다. 그리고 15일은
도교에서 유래한 삼원(三元)의 중간에 해당하는 '추겐(中元)'이라 하여
평소 신세를 졌던 사람들에게 선물을 보내기도 하는데, 이를 '오추겐'
이라 일컫는다. 또한, 정규 휴일은 아니지만 일반 기업체에서는 대개

1주일 정도 휴업하기 때문에 귀성인파가 몰리는데, 반대로 도시는 한산해져 우리의 추석명절을 떠올리게 한다. 덧붙여서, 정령을 맞이하기 위한 축제의 일환에서 비롯된 행사로, '오봉' 전후에는 '본오도리(盆踊り)'라 하여 남녀노소가 어울려 광장에 나와 춤을 추기도 한다.

9월―나가츠키(長月)―의 9일은 중양(重陽)절로서, 일본에서는 국화의 절기(菊の節句)라고 하여 국화전시회를 열기도 한다. 그리고 공휴일로는 경노(敬老)의 날이 있는데, 원래 15일이었던 것을 제3 월요일로 변경되었다. 효고 현(兵庫県)의 '노마다니무라(野間谷村)'라는 곳에서 1947년 9월 15일에 개최한 경로회(敬老會)가 계기로, 법제화된 것은 1966년부터이다. 경로의 유래에 대해서는 성덕태자가 사천왕사(四天王寺)에 부처의 자비를 베푸는 비전원(悲田院)을 건립한 것이 593년의 이날이었다고 한다. 또한, 경로에 관한 전설로서, 효행심이 지극한 자식이 부모의 병을 치유하기 위해 발견한 약주가 폭포에 쏟아져서, 717년 9월에 당시 원정(元正)천황이 직접 그곳을 찾아가 요로노타키(養老の滝)라 명명한 데서 비롯되었다고도 한다. 크게 기뻐한 천황은 이를 기념해서 연호(年號)도 '요로(養老)'로 바꾸었다. 한편, 23일경에 들어있는 추분의 날은 국경일로서, 3월의 히간에(彼岸会)와 마찬가지로 전후 7일간은 성묘를 할 수 있다.

10월―간나즈키(神無月)―에 들어서면, 에도시대부터 시작된 것으로 도쿄에서는 소위 7복신(七福神)의 하나로 어업과 장사(商売)의 신이라고도 하는 '에비스'― '恵比須'나 '恵比壽' 등으로 표기―에 참배하여 풍요와 번영을 기원하기도 한다. 공휴일로는 체육의 날이 있으며, 앞서와 마찬가지로 날짜를 조정하여 제2 월요일로 제정했는데, 이는 1964년 10월10일에 있었던 도쿄올림픽 개회식을 기념한 것이다.

11월―시모츠키(霜月)―의 공휴일로는 문화(文化)의 날로 지정된 3

일이 있다. 1948년에 제정된 신헌법의 이념인 평화와 함께 문화를 중시한 것인데, 원래 메이지천황의 탄생일이었던 천장절(天長節)에서 유래한다. 그리고 근로감사절(勤労感謝の日)이 23일에 제정되어 있는데, 이는 왕실의 신곡에 대한 감사제 격인 '니이나메마츠리(新嘗祭)'가 열렸던 1872년－이듬해부터 태양력으로 전환되었기 때문에, 1873년 11월23일－에서 비롯된 것이다. 한편, 전통행사로서 15일은 시치고산(七五三)이라 하여 아이의 나이에 맞추어 신사를 찾아 신의 축복을 받는 날이 들어있다. 원래 도쿠가와(德川) 제5대 쇼군 츠나요시(綱吉)가 장남의 건강을 기원한 것이 유래라고 하며, 일반적으로 남녀의 나이에 따라 다르게 신사를 찾는다. 즉, 여아는 3세와 7세－만으로는 2세와 4세－이고, 남자아이는 5세 때에 참배한다.

12월－시와스(師走)－의 국경일은 23일로, 헤이세이(平成)천황인 아키히토(明仁)의 탄생일(天皇誕生日)로서 제정되어 있다. 전통행사로는 앞서 2월의 춘분전날에 행하는 '세츠분(節分)'의 유래가 된 것으로, 그믐날의 쯔이나(追儺)가 있다. 귀족시대의 궁중행사로서 귀신을 쫓아내기 위해 활을 당기고 북을 쳤다고 한다. 덧붙여서, 일본인의 세시풍속으로 새해를 맞이하기 위해 대개 대문이나 현관 앞에 소나무와 대나무로 장식한 '가도마츠(門松)'를 둔다. 나뭇가지에는 신이 깃들기 때문이라는 민속신앙에서 온 것이며, 집안의 신전에는 '가가미모치(鏡餅)'라는 고분시대의 동경(銅鏡)과 닮은 둥근 떡을 28일경에 올려두고, '가가미비라키(鏡開き)'라 하여 정월 중순경에 내려서 먹는다. 그리고 섣달그믐날 밤에는 '도시코시소바(年越蕎麦)'라 하여 해넘이 국수를 먹는데, 국수는 끊어지기 쉽기 때문에 액운을 끊는다는 뜻을 담고 있다. 또한, 설날에 해당하는 새해 첫날은 떡국과 닮은 조니(雜煮)－구어로는 '오조니'－와 '오세치(御節)'요리라 하여 새우나 도미 등의 길운을 부르는 음식으로 장만한 설날 음식을 먹으면서 새해를 축하한다.

이상과 같이 매달마다 다양한 행사가 있지만, 일본의 달력에는 '로쿠요(六曜)'라 하여 우리의 음력표시처럼 작은 글씨로 각 요일에 따라 달라지는 길흉(吉凶)에 대해 표기해 두고 있다. 일본인의 일상 생활에 영향을 미치고 있는 것으로서, 각 명칭과 내용에 대해 살펴보면 다음과 같다.

먼저, '센쇼(先勝)'라 하여 오전은 '길'이고 오후는 '흉'으로, 만사 서두는 편이 좋다고 하는 날이다. 이어서 '도모비키(友引)'가 오는데, 명칭은 서로 당김으로써 승부가 나지 않는다는 뜻이라 한다. 아침저녁은 길이고, 낮 동안은 흉이며, 속신에 한자(漢字)의 뜻을 곡해하여 친구를 끌기 때문에 장례식―망자를 조문하는 고별식―은 피하는 날이기도 하다. 다음 날은 '센부(先負)'로, 음양가(陰陽家)에서는 평정을 지킴으로서 길이 된다고 하며, 오후는 길로서 급한 용무나 공무와 관청에 관계있는 공사(公事)는 피한다. 다음은 '부츠메츠(仏滅)'로 석가가 입멸(入滅)한 날이라고 쓰지만, 본디 불멸(物滅)이라는 말로서 모든 것이 공허하다는 것을 해석한 말로, '物'이 '佛'로 바뀌었다고 한다. 속설에 만사가 흉이어서, 혼례처럼 축의(祝儀)에 해당하는 일은 삼가는 습관이 생겨서 이날에 결혼식을 올리는 사람은 드물다. 이어지는 날은 '타이안(大安)'으로 '로쿠요'에서 가장 좋은 길일(吉日)이다. 만사가 좋기 때문에 흔히 결혼식에 가장 적합한 날로 여긴다. 여섯 번째에 해당하는 날은 '샷코(赤口)'라 하여 가장 흉한 날(大凶日)로서 정오 때만 길이다. 이날은 붉은색에 해당하는 화재를 일으키는 불씨나 칼을 조심해야한다는 속설이 있다. 매일 달라지는 이와 같은 '로쿠요'는 원래 중국에서 무로마치시대에 전래된 숙요(宿曜)라는 것을 바탕으로, 일본적인 내용으로 변화하여 에도(江戸)시대 중반부터 쓰였다고 한다.

5) 일본의 국호(國號)

일본(日本)이라는 국명표기는 7세기후반의 야마토(大和)조정에서 자신들을 일컫는 왜(倭)라는 한자를 기피하고, 해가 떠오르는 동쪽에 자리하고 있다는 의미를 담았다. 명명배경에 대한 통설에 따르면, 당시 중국이 붙인 '왜노국(倭奴國)'이라는 말이 중화(中華)사상에 의거하여 주변국을 멸시한 명칭일 뿐만 아니라 한자의 뜻도 좋지 않아서 스스로 만든 것이었다고 한다. 중국기록인 원사(元史) 일본전(日本傳)에 의하면, '日本國在(中略)東海東, 古稱, <u>倭奴國</u>, 或云, 惡其舊名。故, <u>改名日本, 以其國近日所出也</u>'라고 하고 있다. 즉, 자신들의 나라가 해가 떠오르는 동쪽에 자리하고 있다는 의미가 담긴 것으로, 학자들은 소위 소중화(小中華)라 일컫는 사상에 입각하여 대외용으로 만든 한자이었다는 것이다. 당시 수나라에 파견한 사신의 국서(國書)에, '해가 떠오르

는 곳의 천자가 해가 지는 곳의 천자에게 글을 보낸다. 별고 없는가?'
―日出處天子, 致書日沒處天子。無疆云云(『隋書』倭国)―라고 하였다. 인용
한 국서의 표현은 스스로를 황제국가와 동등한 존재로 주장했다는
것으로, 여기서 일본(日本)이라는 어원의 유래를 찾을 수가 있겠다.

　학자들은 여기서 중화사상을 모방한 소위 소중화(小中華)라 일컫
는 주체의식에 입각하여 대외용으로 만든 명칭이었다고도 분석한다.
또한, 국호로서의 한자 명칭을 일본이라 정한 배경으로 대략 다음과
같이 해석되고 있다. 즉, 고대중국의 전설에 동방의 끝에 거목이 나
는 토지로서, 동쪽바다 끝에 존재하며 거기서 태양이 떠오른다고 해
석했던 부상국(扶桑国)이 자신들의 나라로 보았고, 이러한 배경에 덧
붙여서 도교의 세계관에 등장하는 북극성을 다스리는 존재인 천황
(天皇)이라는 칭호를 그때까지의 오키미(大王)를 대신하여 쓰기 시작
하여 오늘에 이르고 있다. 다만, 현재와 같이 한자를 음독(音讀)하지
않고 이전부터 불러온 명칭인 Yamato(大和)라 읽었으며, 현재의 명
칭은 중세 무렵부터 쓰였다고 한다. Japan이라는 영문명은 이러한
'일본(日本)'의 음에서 유래되었다고 하나, 마르코 폴로의 동방견문록
에 나오는 '황금광산이 있는 곳'이라는 뜻인 Zipangu(Cipangu)가 어
원이라는 주장도 있어서, 과연 어느 쪽이 맞는지는 확실하지 않다.
게다가 지금도 Nihon 혹은 Nippon을 혼용하고 있어서, 영문 국호에
대한 어원 논란은 이어지고 있는 것이다.

　한편, 일본을 왜(倭)라고 한 것은 중국이 붙인 호칭으로, 동쪽은
동이(東夷)와 남이(倭夷), 남쪽은 남만(南蠻), 북쪽은 선비(鮮卑)라는
중화사상에 의거한 주변국에 대한 하대의식에서 비롯된 명칭이다.
고대일본의 조정에서도 이와 같은 구도를 사서에 반영하고 있는데,
일본서기(日本書紀)에 따르면, 한반도 삼국을 조공(朝貢)국으로, '에미

시(蝦夷)'라 일컫던 혼슈 북쪽지역의 아이누 족을 오랑캐로 빗대어 서술하고 있다. 덧붙여서, 일본국내에서는 일본의 약자를 '和'로 표기하여 쓰고도 있다. 예를 들면, 중국어 사전을 '漢和辭典'이라 하는 경우로, 여기서의 '和'는 고대 명칭인 '倭'와 같은 음으로, 고대 이후 일본을 나타내는 약칭으로서 널리 쓰이고 있는 것이다. 다만, 단독으로 쓸 경우에는 접두 수식어를 붙인 '大和'로 표기하며, 이 또한 앞서 인용한 Yamato와 같이 훈으로 읽고 있다.

6) 일본의 주식과 음식 문화

우리의 주식(主食)은 쌀이다. 요즘은 밀을 많이 소비하고 있다지만, 전통적으로 쌀이 농업의 주요 생산품으로 국가적인 정책도 이를 바탕으로 계획되어 왔다. 이는 일본에서도 마찬가지로, 식단의 중심은 일반적으로 쌀밥과 국에 반찬 한두 가지를 곁들인 차림새이다. 그런데, 이러한 주식에 관한 우리의 관습을 살펴보면 과연 쌀이 주식인가 하는 의문이 들 때가 있다. 예를 들어, 식당에서 자주 접하는 풍경으로서 추가되는 반찬은 무료인 경우가 많지만, 공기 밥에는 대개 가격을 매겨서 요금을 받고 있다. 그러나 일본에서는 이와 반대로 하고 있으며, 그 이유를 물어보면 쌀은 주식이기 때문이라고 대답하는 경우가 많다. 현재 쌀은 과잉생산으로 저렴한 원가인데도 불구하고, 여전히 관례처럼 바뀌지 않고 있다. 아마도 보릿고개 시절의 습관으로서, 쌀밥은 특별한 날에만 먹을 수 있는 것으로 여겼던 가치관이 그대로 이어지고 있다고도 보이는데, 쌀의 생산원가가 대폭 하락한 지금부터는 바뀌어야 할 문화라고도 생각된다.

한편, 음식을 먹는 방식에서 보자면, 숟가락과 젓가락을 사용하는 우리와 달리 일본인은 카레 등의 특수한 경우를 제외하고 기본적으로 젓가락 문화이다. 일본의 고대 신화에서도 등장할 정도로 오랜 역사를 가지고 있기 때문에 식사예절에서도 이러한 문화에 기반을 둔 여러 가지 현상을 볼 수가 있다. 예를 들면, 그릇을 바닥에 두고 집어먹는 행위에 대해 교양이 없다고 지적받는 경우가 있는데, 이는 우리와 정반대인 식습관에서 비롯된 것이다. 일본에서는 카레와 죽과 같이 젓가락으로 들 수 없는 음식을 제외하고는 대부분 나무젓가락을 사용한다. 숟가락은 19세기 이전의 생활 속에서는 주로 한방약을 먹을 때 썼기 때문에, 속담에서도 병세가 회복 불가능한 경우의 비유로서 숟가락을 던진다고 표현한다. 그리고 들고 먹는 식습관이어서 놋그릇과 같은 금속제품은 없고, 대개 목재와 도자기로 된 그릇을 쓰고 있다. 참고로, 식탁에서 젓가락으로 장난을 치거나 음식을 마주 드는 행위는 금기(禁忌)로 여기고 있는데, 이는 장례 풍습에서 유래한 것으로, 망자의 유골을 젓가락으로 수습하는 일과 겹치기 때문에 보는 사람으로 하여금 대단히 불쾌하게 만드는 일이다.

7) 한일관계의 어제와 오늘

한국과 일본은 지리만큼이나 가깝지만 심정적으로는 멀다고 느낄 만큼 유사 이래 수많은 역사적 사건에 휘말려 왔다. 마치 소용돌이 속에 두 나라가 있는 것처럼, 양국관계는 긍정과 부정이라는 양면이 번갈아 존재하였다. 고대에는 선진 문화의 전파자로서, 특히 나당연합군과 싸운 백제와 고대일본의 예처럼 피를 나눈 형제와도 같은 끈끈한 관계이었다. 하지만, 16세기 말의 두 번에 걸쳐 침략했던 임진왜란이나 예고도 없이 바다에 가까운 마을을 유린했던 왜구들처럼, 무력으로 한반도를 침략하여 약탈을 일삼았던 깡패나 원수 같은 나라로, 또한 근대에는 식민지로 삼아 오늘날까지 제대로 된 반성도 없이 상처를 주고 있는 것처럼, 역사에 생채기를 남긴 일도 많았다. 그러나 한편으로는 일본고대문화의 원류가 된 한반도 출신의 지식인들이나, 임진왜란 때 끌려갔던 도공의 후예로서 매스컴에도 소개된 적이 있는 가고시마(鹿児島)의 심수관처럼, 양국의 역사가 낳은 인물도 존재하는 것이다.

이와 같이 한일관계는 매우 복잡하지만, 2002년 한일 월드컵대회처럼 이슈에 따라서는 협력의 관계도 가능하다. 지정학적으로 가장 가까운 거리에 위치한 양국은 이웃처럼 살아야만 하는 관계로, 지난 과거를 거울삼아 미래 지향으로 나아가야만 상생할 것은 분명하다. 싫다고 이사를 갈 수도 없는 지근거리라서 공생하지 않으면 밝은 미래는 볼 수가 없을 것이다.

8) 도래 인과 일본고대문화

고대에 중국대륙 혹은 한반도로부터 일본열도로 건너와 정착한 사람을 일본에서는 도래인(渡來人)이라고 하거나 귀화인(歸化人)으로 부른다. 그런데 이는 일본을 중심으로 보는 경우이고, 당사자들의 입장에서는 거주지로서 일본열도로 선택해서 건너간 사람들이기 때문에 이주민(移住民)이라 해야 한다는 학자도 있다. 여하튼 주민의 이동문제가 정치적인 이슈로 이용된 경우도 많기 때문에 어느 쪽이 알맞은 표현인지는 가려야 하겠지만, 바다를 건너서 일본에 들어왔다는 사실자체는 변함이 없으므로, 다음은 이를 중심으로 한반도에서 일본으로 전래된 문화와 사람에 대해 살펴보기로 한다.

한일관계가 처음으로 등장하는 것은 초기왕조의 문헌신화에서부터 찾아볼 수 있다. 소위 신대(神代)로 분류된 신화 속에 가라카미(韓神) 등의 한반도와 관련된 여러 신들이 등장한다. 이어서 인적인 교류라 볼 수 있는 첫 번째 사례는 '아메노히보코(天之日矛)'라는 인물로, 그는 신라의 왕자로 묘사되어 일본에 건너왔다는 전설이 야마토 왕조의 사서(史書)인 기기(記紀)에 실려 있다. 당시의 지지(地誌)격인 지방의 풍토기(風土記)에서도 그 이름을 볼 수 있는데, 토지신과 경쟁하는 신화가 실려 있어서 도래한 사람들이 정착하는 과정에서 벌인 기존 세력과의 대립을 배경으로 나온 것이라 생각된다. 여하튼 이러한 전승은 신화와 전설로서 설화문학에 속하지만, 논어와 천자문을 전했다는 왕인(王仁)과 같이 실존 인물로 보이는 사람들도 있다. 즉, 그들은 일찍이 백제와 신라 등 한반도에서 건너와, 도래 당시 가져온 선진문물은 일본고대문화를 일으키는 계기가 되었다. 게다가 그들은 당시 사회지도층으로 자리매김 되었던 사람들로 왕조를 지탱한 버팀목과 같았다고도 할 수 있다. 또한 그들이 전래한 문물은 신문화로서 유행을 일으켜, 고대문화의 패러다임을 정립하는 계기가 되었다. 문화론자들은 이때의 붐이 한류의 효시라고도 한다. 고대문헌기록에 따르면, 대표적인 문화적 유물로서 붓과 벼루, 종이, 천자문과 유교의 경전, 의복과 주택 등 거의 전 분야에 걸쳐서 신문화를 일으킨 계기가 되었음을 알 수 있다.

앞서 거론한 바와 같이, 도래 혹은 귀화인이라 칭하는 수많은 사람들이 일본에 건너왔던 것으로 보여서, 815년에 엮어진 신찬성씨록(新撰姓氏錄)에 따르면, 도래 계통인 '번(蕃)'으로 분류된 씨족이 전체의 1/3가량이나 된다. 이는 당시 조정이 자리한 기내(畿內)지역에 거주하는 사람들에만 한정된 것으로 규슈를 비롯한 각 지방의 호족들까지 합치면 과연 얼마나 있었을지 가늠조차 힘들다. 덧붙여서, 앞서의 '蕃' 계통에 분류된 호족인 고마 약광(高麗若光)이라는 인물은, 원래 고구려 왕족으로 추정되는 인물로서, 도쿄 북쪽근교에 위치한

사이타마 현(埼玉県)의 고마 군(高麗郡)에 정착하였다고 한다. 그는 무사시노(武蔵野)라는 이곳에 조영된 고마 신사(高麗神社)의 제신이 되어, 후손들—高麗家—은 지금까지도 지역과 신사를 지키고 있다고 한다. 그밖에, 고대 왕도였던 나라(奈良)지방에는 옛 정취가 물씬한 사찰이 많이 남아 있는데, 여기에는 한반도에서 건너간 사람들이 건설한 흔적도 많이 볼 수 있다.

9) 재일교포의 역사적 배경과 동포 사회

일본에 거주하는 재일(在日)한국인들은 중국의 조선족이나 구 소련시절의 고려인처럼 고국이 식민지라는 과거 역사에 의해 형성된 해외동포이다. 게다가 해방된 지 얼마 되지 않은 때에 일어난 한국전쟁—6.25전쟁—과 그 결과로서, 고착화된 남북 분단이라는 이질적인 이념과 정치체재로 인해, 같은 민족이지만 대립된 관계가 재일동포 사이에 형성되었다.

국외로 이주하여 사는 해외동포들은 여러 가지 이유로 고국을 떠나서 살아왔겠지만, 역사적으로 다음과 같이 설명되고 있다. 먼저, 근대 이후 일본의 식민지와 고국의 분단과 독재, 이민에 의해 한반도를 빠져 나간 해외동포는 약 500만 명에 이른다. 그 분포를 보면, 한반도와 연결된 중국대륙으로 이주한 사람들로서, 연변의 조선족 자치주에 약 200만이 있고, 러시아에는 약 40만, 미국에는 100만이 훨씬 넘으며, 일본에도 100만 명에 근접하고 있다. 이들은 자신의 조국과 현지 국을 사이에 두고 정체성 확립에 갈등을 느끼며, 소위 '코리안 디아스포라'를 형성하고 있는 것이다.

재일한국인은 식민지시절에는 모두 일본국적으로 취급하였다. 나라를 빼앗겨 국가로 인정된 조국이 없었기 때문이기도 하겠지만, 소위 '내선일체(內鮮一體)'라는 식민지 통치정책과도 무관하지 않았다. 그러나 일본이 패망한 1945년 이후에는 조선 국적으로 분류하였는데, 한국전쟁을 치룬 이후에는 동포사회가 남한과 북한 국적으로 갈라지게 되었다.

이리하여 남한을 지지한 사람들은 '민단(재일본조선인거류민단)'에 속하게 되었고, 북한 지지자는 '조총련(재일본조선인총연합회)'에 들어가게 된다. 민단은 민생안정과 교양향상, 국제친선에 힘을 쏟았고, 조총련은 일본각지에 2세들을 위한 교육기관인 민족학교를 설립하여, 북한식 이념과 언어를 비롯한 민족교육에 힘을 썼다. 예전에는 출신지역에 따라 재일한국인 혹은 재일조선인이라 불렀으나, 요즘은 양쪽을 포괄한 '재일코리안'이 많고, 교포 사이에서는 '자이니치(在日)'라는 호칭이 보편적으로 쓰이고 있다.

재일한국인의 역사는 일반적인 이민사나 소수민족 사회의 형성과는 달리, 피할 수 없었던 외적인 강제에 따라 형성된 측면이 강하다. 즉, 재일한국인은 일본의 식민지 지배에서 비롯된 산물이라는 특징이 있는 것이다.

먼저, 한국인이 일본으로 건너가 살게 된 것은 일본이 한반도를 강제로 합병한 1910년을 기점으로 시작된다. 합병 전에는 불과 수백 명 정도의 조선인들이 일본에 거주했으며, 대부분 유학생들이었다. 그러나 식민지가 된 이후부터 조선총독부의 토지 사업 등에 따라 소작농으로 전락한 농민들이 직업과 돈벌이를 위해 일본으로 건너가기 시작하였고, 1930년대 초기에 30만 명이던 것이 피폐해진 고국을 떠나 풍요를 찾아 도항을 거듭하여 말기에는 약 80만 명에까지 달했는데, 바다를 건너간 이들은 주로 일본에 가까운 경상도와 전라도 지역의 주민들이었다고 한다.

그런데 이때까지의 상황은 경제적 이유 등으로 스스로 건너간 사람들이었지만, 1937년 7월에 시작된 중일전쟁을 계기로 전선이 확대되어 가자 일본 국내에서의 부족한 노동력을 보충하기 위해, 70여만 명을 강제로 동원하여 광산이나 토목공사 등에 배치하였다. 결국 일본이 패전한 1945년까지 일본에 남아있었던 재일한국인의 수는 2백 30만 명이 넘었다고 한다.

이들은 해방이 되자 귀국을 시도했으나, 재산 반출의 제한과 식민지지배와 한국전쟁에 의해 폐허가 된 조국의 실정 등에 의해, 귀국을 단념하고 약 60만 명의 재일한국인들이 일본에 남아 살게 되면서 오늘날의 동포사회를 형성하게 되었던 것이다.

재일한국인으로서 일본사회에서 살아가기 위해서는 외국인이기 때문에 겪어야 되는 장애가 많다. 특히 인종적으로는 동일한 부류에 속하지만, 다른 방식으로 부르는 한국식 이름은 이해관계가 없는 방문자이거나 뜨내기인 '요소모노(余所者)'처럼 외국인이라는 인상을 주기 때문에, 대개 일본인의 성(姓)과 유사하거나 같은 방식의 통명(通名)을 쓰는 경우가 일반적이다.

원래 일본어도 한자에서 유래한 것이지만, 발음이 다르고 읽는 방법도 달라서, 재일한국인의 본명(本名)으로는 매우 이질적인 느낌이 들기 때문에 차별이나 멸시를 피하고, 따돌림 당할 우려도 있어서 부모는 자녀가 어릴 때부터 이러한 통명을 지어서 부르는 것이다. 그러나 성인이 되어 자신의 국적에 따라 외국인등록을 해야 할 때, 처음으로 자신의 호적상의 본명과 국적을 알게 되어 큰 혼란에 빠지는 경우도 있다고 한다.

여하튼 현재 재일한국인의 이름에 대해 분류해 보면, 본명과 통명이 다른 경우가 대부분이며, 본명을 그대로 쓰는 사람도 있다. 예를 들어 외국인으로서는 최초로 아쿠타가와 상(芥川賞)을 받은 작가인 이회성(李恢成)이나 재일한국인 2세로 태어나 역경 끝에 국립 도쿄대학(東京大學)의 정교수가 되었던 강상중(姜尙中)은 유소년 시절의 일본식 이름을 버리고 한국식 이름을 사용하고 있는 경우이다. 다만 이회성은 '리 카이세이', 강상중은 '쿄 쇼추'라는 식으로 한자(漢字)의 일본식 발음으로 부르고 있으며, 국내에서도 인기가 많은 유미리(柳美里)씨의 경우는 본명과 일본식 이름의 발음이 같기 때문에 차이가 없는 경우도 있다. 그리고 본명을 쓰되 이름은 일본식으로 하는 방식과 드물게 통명은 쓰되 이름은 한국적인 것도 있어서, 한글 이름으로도 부를 수가 있다. 후자의 경우는 다나카(田中) 아무개라는 것처럼, 성은 일본식이지만, 이름은 한국식으로 부르는데 그다지 많지는 않다.

　이상과 같이, 일본식 성씨인 통명을 쓰는 것은 재일한국인들의 정체성 문제이기도 하며, 각자 개인의 성향이나 집안의 정서에 따라 다르겠지만, 외국인으로서 일본에 살아야 하는 숙명적인 문제이기도 하다.

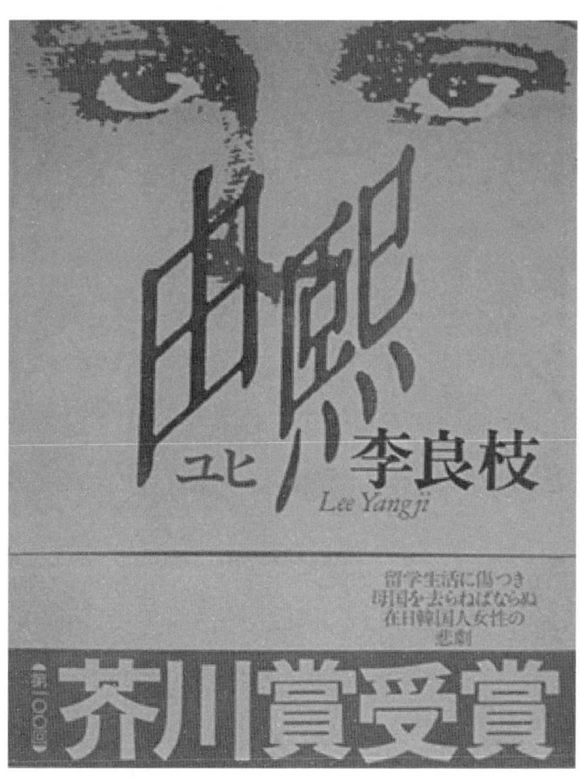

10) 한류와 한일관계의 전망

오늘날 한국의 음악이나 대중문화를 '한류'라고 일컫게 된 것은 대만에서 '韓流熱風(한류열풍)'이라 한데서 비롯되었다고 한다. 하지만, 일본에서의 붐은 TV드라마가 견인차 역할을 했다. 주지와 같이, 2002년에 방영했던 KBS 드라마인 '겨울연가'—일본에서는 '후유노소나타(冬のソナタ)'라 한다—를 이듬해 일본 공영방송인 NHK의 위성방송에서 처음으로 소개하였는데, 반응이 너무 커서 재방송까지 되었다. 첫사랑에 관한 단순한 내용이었지만, 지나간 청춘에 대한 향수를 느끼고 있던 일본여성들의 감성을 자극하여, 열성 팬들에 의한 한국여행 붐까지 일어나기도 했고, 주연을 맡았던 배용준은 '욘사마'라는 존칭으로 불리게 될 정도로 폭발적인 인기를 얻었다. 일본에서의 한류를 일으킨 계기가 된 작품으로서, 한일 축구월드컵 대회와 맞물려 역사상 가장 양호한 한일관계가 구축되기도 하였다.

그런데, 이와 같이 뜨거웠던 한류의 전파와 유행은 점차 일본 우익들에 의해 조직적이고 치밀하게 차단되기 시작했다. TV드라마나 영화와 같은 영상물을 공영방송에서 퇴출시킨다든지, 반한(反韓)—혐한(嫌韓)이라고도 한다—데모나 한류와 연관된 행사에 대한 방해와 같은 물리적인 방법뿐 만아니라, 소셜미디어 등의 온라인상으로도 부정적인 시각을 조장하는 다양한 글이나 사진들을 실어서 전파시키고 있다. 그러나 사람들의 기호까지 바꿀 수는 없기에, K-pop으로 대변되는 대중음악이나 불고기를 비롯하여 김치와 비빔밥 등의 한국식 음식처럼, 여전히 일본인들에게 사랑받고 있는 분야도 있다. 앞으로 허심탄회하게 서로의 속내를 터놓을 수 있는 개인이나 민간단체 등을 주축으로 하는 인적인 교류가 지속되는 한, 양국은 가깝고도 가까운 나라로 가게 될 것은 틀림없다.

참고로 이전에 일어났던 사회현상으로, 당시 우익들의 정치공세가 매우 심각하게 진행되고 있는 가운데, 도쿄의 대학생들이 거리로 나와, 기존 정치에 대해 이의를 제기한 일이 있었다. 소위 실즈(SEALDs)— '자유와 민주주의를 위한 학생 긴급행동'이라는 슬로건의 영어 약칭—라 일컫는 대학생들이 결성한 정치단체로, 2015년 5월부터 이듬해 8월까지 활동하였다. 그들은 아베 내각이 추진한 자위대에 의한 집단 자위권 행사를 법으로 제정하는 일에 대해 평화헌법을 훼손한다는 위기감을 느꼈고, 게다가 안전보장에 관련된 정보를 외부로 유출시키지 못하도록 막겠다는 이유를 들어서 만든 '특정비밀보호법'이 참의원을 통과하자, 동법의 위험성을 연구하던 수도권 학생들이 거리로 나서서 이를 반대하는 데모를 일으킨 것이다.

하지만, 결국 관련법이 통과되어 시행하게 되자, 수상관저 앞에서의 데모를 끝으로 해산했다고 한다. 그러나 이와 같은 학생단체의 활동은 소셜미디어를 통해 전국으로 퍼지면서 지방도시에서도 유사한 그룹이 결성되었고, 오키나와에서는 지역 명을 덧붙인 '실즈 유구(SEALDs, 琉球)'라는 단체로 계속 활동하고 있다. 또한, 그들의 활동을 두고 일본의 매스컴에서는 역사 반성을 주제로 내세워 격론을 벌인 적도 있었다. 참가 멤버는 거의 대부분이 10대와 20대 전반의 젊은이들로서, 일반적인 조직과 달리 단체를 대표하는 사람은 없고, 부사령관이라는 멤버가 약간 존재할 뿐인데, 이는 개인의 의견을 존중하기 위한 것이라고도 한다.

이상과 같이, 그들의 활동이 사회를 변혁시킬 정도로 이어지지는 않았지만, 일본의 장래를 스스로 생각해 보겠다는 젊은이들의 열기가 느껴짐과 동시에, 정치권과 편향된 보도에 의존하던 기존의 방식

에 새로운 바람을 일으킨 계기가 된 것은 매우 고무적인 현상이라고
생각된다. 단체로서의 활동은 약했지만, 그 울림은 일본인들의 양심
과 바른 목소리를 키워주는 촉매제가 되었음은 틀림없다.

3. 일본어 이모저모

1) 일본어의 기원과 한국어

일본어는 어디로부터 왔는지 그 유래에 관해서는 여전히 풀리지
않은 채로 학자들에 따라 다양하게 논의되어 왔다. 지금까지의 주요
학설을 분류해보면, 알타이어족과 남도어족(南島語族) 및 두 가지가
섞여있는 복합어족이라는 크게 세 가지 기원설로 나눌 수가 있다.
먼저, 알타이족은 모음조화(母音調和)나 교착어(膠着語)—의미를 가진
독립단어와 함께 조사 및 조동사처럼 이를 보조하며 관계나 문법적

인 의미를 나타내는 형식어가 결합되는 언어¬, 탁음과 어두가 R음으로 된 단어가 없는 특징을 가진 북방계통의 기원설로 고대한국어도 여기에 속한다. 그리고 한 단어 안에서 모음이 이어지는 것을 피하며, 자음으로 끝나지 않는 개음절(開音節)구조인 남도(南島)어족으로, 말레이와 폴리네시아 등의 남방계 언어의 특징이다. 특정지역을 기원으로 보자면 이와 같이 남북으로 나눠볼 수 있지만, 일본어의 경우 두 가지 특징이 모두 나타나기 때문에 복합어족이라고 판단하는 것이다. 현재 이러한 복합어로 보는 학자가 많은데, 이는 일본인의 형성과정과도 밀접한 관계를 가지고 있다. 즉, 일본의 역사에서 조몬(繩文)이라는 일컫는 석기시대에는 남방계통의 사람들이 일본열도에 들어와 살았는데, 여기에 북방계통의 농경문화를 가진 한반도에서 들어온 사람들이 일으킨 야요이(弥生)시대는 다른 언어를 쓰고 있었기 때문에, 두 가지가 혼합되었을 가능성이 크다는 설명이다. 여하튼 일본어는 일반적인 분류에서도 결론을 내기 어려울 만큼 복잡한 양상을 띠고 있는 언어로서, 단순히 하나의 계통만으로는 설명할 수 없을 것 같다. 이러한 같은 일본어가 중국의 한자(漢字)가 들어온 이후, 그 영향을 크게 받았다. 후술과 같이, 가나(仮名)문자의 뿌리인 문자뿐만 아니라 고유일본어의 발음까지도 크게 바꿔놓았음을 알 수 있다. 현대일본어는 5개의 모음을 포함한 46개의 문자(음절)가 있는데, 학설에 다르면, 8세기 이전에는 지금보다 12개나 많은 음절이 있었으며, 모음도 8개였다고 한다. 따라서 전래 이후에 음절이 줄어들거나 없어졌다는 것도 알 수 있다.

　참고로, 지리적인 요건뿐 만아니라 언어적으로도 일본어와 가장 가까운 언어가 한국어이기 때문에 일찍이 일본어의 기원으로서 주목받아 왔다. 메이지시대 이래 일본의 언어학자들도 알타이어 계통에 속하는 같은 뿌리의 언어일 것이라고 추정하였는데, 점차 다른 언어로 판단하고 있다. 무엇보다도 비교언어학에서 근거로 삼는 기초 어휘가 거의 일치하지 않기 때문이며, 현재는 앞서 설명한 교착어로서의 특징이나 경어(敬語)체계 등에서만 주목할 뿐이다. 따라서 유사한 외국어이기는 하지만, 같은 계통의 언어로서는 취급되지 않고 있는 것이다.

유사사례로 본 경어는 연령이나 신분 등 대화 상대에 따라 어휘나 용언을 달리하여 그에 알맞게 가려 쓰는 것으로, 한국과 일본에서 특별히 발달한 언어표현의 특징이기는 하다. 그러나 특별한 문법 표현이나 어휘 등, 경어가 같은 범주에 들어갈지라도 쓰임새가 상하관계에 따라 고정되어 있는 절대(絶對)경어인 한국어에 비해, 일본어는 친소(親疎)관계 등 경우에 따라 바뀌는 상대(相對)경어체계로서 다르다. 학자들은 이를 대우(待遇)경어라 부르기도 하는데, 예를 들어, 부모나 직장 상사 등에 대한 경어 사용법은 같으나, 대화하는 상대가 타인인 경우는 앞의 손윗사람에 관한 표현이 경어가 아니라 낮추어서 표현해야 한다는 차이도 있다. 다만, 이는 양국의 문화적 차이로 근본적인 차이가 아니라는 견해도 있기 때문에, 여전히 일본어의 기원 문제는 미제로 남아있다고도 생각된다.

2) 가나의 형성과정과 현대 일본어

일본어의 표기문자가 된 가나(仮名)는 원래 한자(漢字)를 변형한 글자로부터 생성되었다. 고유문자가 없었던 시대에는 음성으로서만 의사소통을 하였겠지만, 중국과 한반도로부터 들어온 한자는 고분 등에서 나온 금석문을 통해 유추해 보건대, 대략 5세기말부터 의미

전달의 도구로써 쓰이기 시작하였던 같다. 이후 고대 왕조가 기틀을 잡아가기 시작하면서, 천황가(天皇家)를 비롯해 호족들은 자신들의 계보와 유래를 만들었을 것이고, 7세기 후반에 들어서서 천무(天武) 천황은 통치를 위해 필요한 기록들을 하나로 통일하면서 체계적인 역사서 편찬으로 이어졌다.

한편, 고전 운문인 와카(和歌)의 발생은 민중들의 구전 가요에서 비롯된 노랫말을 한자를 이용해서 만든 것이 계기였다. 문자로서 한자를 이용하여 고유어를 표기하는 방법은 이미 신라의 이두(향찰)에서 시도되었던 것으로, 일본에서도 이러한 신라의 표기법을 받아들여 노랫말을 나타내는 수단으로써 한자의 음을 이용한 것이다.

이와 같이 노랫말의 문자로 쓰던 한자는 점차 일본어 낱말을 표기하는 문자로서 통용되면서, 9세기에는 통일된 하나의 표기체로서 히라가나(平仮名)가 탄생한 것이다. 다만, 근대에 이르기까지 여전히 한자의 초서(草書)형태인 문자가 가나—변체 가나(變體仮名)라고도 한다—로서 쓰였고, 근대이후 인쇄 문자로서 고정된 글씨체가 현재의 가나 문자로 통용되고 있다.

한편, 음가(音價)는 같지만 형태가 다른 가타카나(片仮名)는 히라가나의 역사와는 다르게 형성되었다. 한자의 일부분에서 따온 가타카나는 승려들이 사용했던 문자이다. 기록에 따르면, 6세기 중반에 들어온 불교는 왕실과 귀족들에게 뿌리를 내리면서 수많은 승려들을 배출하였지만, 그들의 가장 큰 고민은 불교의 경전(經典)이 계통이나 음운 등에서 전혀 다른 중국어가 기반인 한문이었다는 점이다. 이러한 경전을 일본어로 읽을 수 있도록 궁리하여 만든 것이 가타카나였다. 당시의 독경 방식을 추정할 수 있는 자료에 의하면, 한문으로 된 경전(經典)의 모서리에 점을 찍거나, 본문보다 작은 한자(漢字)로 조사 혹은 조동사 등을 표기해 두어서 한문을 읽을 수 있도록 고안하였다. 당시의 승려들은 이를 통해 경전을 읽고 이해하였다고 생각된다.

이러한 배경에서 탄생한 가타카나는 주로 승려들이나 불교설화의 표기문자로써 사용하였는데, 특히 설화 작품에는 한자와 가타카나를 섞어놓은 방식이어서 현대일본어와 유사한 표기법으로 되어 있음을 알 수 있다. 참고로, 가타카나는 근대 이후 서양 문물의 도래와 함께 기존의 히라가나와 함께 쓰였으며, 현재 일본 내각에서 고시한 국어 표기법에 따르면, 외래어와 의성어 및 의태어 등의 표기문자로서 지정되어 있다.

참고로, 현대일본어는 일반적으로 가나와 함께 한자를 섞어서 쓰는 방식으로 표기하며, 또한 한자의 음(音)만 이용하는 한국어와 달리, 음과 훈(訓), 혹은 두 가지를 섞어서 혼용하는 방식으로서 활용되고 있다. 그리고 덧말의 형태로 가나를 한자 위에 붙여놓아 해당 단어의 음훈을 표시하기도 한다.

일본어문자로서 가나(仮名)의 발명이 가져온 문화적 현상은 무수히 많으나, 글자를 모르던 부녀자들에게 알맞은 학습교재로서 널리 퍼진 노래가 있다. 즉, 중고시대 후반에 승려가 만들어서 유포시켰다는 소위 '이로하우타'― '伊呂波歌' 혹은 '色葉歌'라고도 표기―가 그것으로, 다음과 같이 읊고 있다.

'꽃은 향기가 나지만, 금방 떨어져버리듯이, 내가 사는 이 세상도, 언제까지나 있는 것은 아니요. 인연으로 얽힌 유위의 깊은 산, 오늘 넘어서, 짧은 꿈도 보지를 못하네, 취하지도 않았는데 말이야!' (色は匂へど、散りぬるを、我が世誰ぞ、常ならむ、有爲の奧山、今日越えて、淺き夢見じ、醉ひもせず。)

위와 같은 '이로하우타'는 대략 11세기경에 성립된 것으로, 불교 교리를 민중에게 전파하기 위해 열반경(涅槃経)의 법문구절인 '諸行無常, 是生滅法, 生滅々已, 寂滅為楽'이라는 가타(偈)의 뜻을 알기 쉽게 풀어 설명하기 위해서, 당시의 유행가인 '이마요(今様)' 형식으로 47음절에 맞추어 만든 것이라고 한다. 무상(無常)한 현세를 꽃에 비유함으로써 서정성을 높이고 있으며, 또한 노래의 문자가 반복 없이 이루어진 점을 이용해 가나의 습자(習字)용으로 활용하거나, 오늘날까지 순서를 정하는 말로서도 쓰이고 있다.

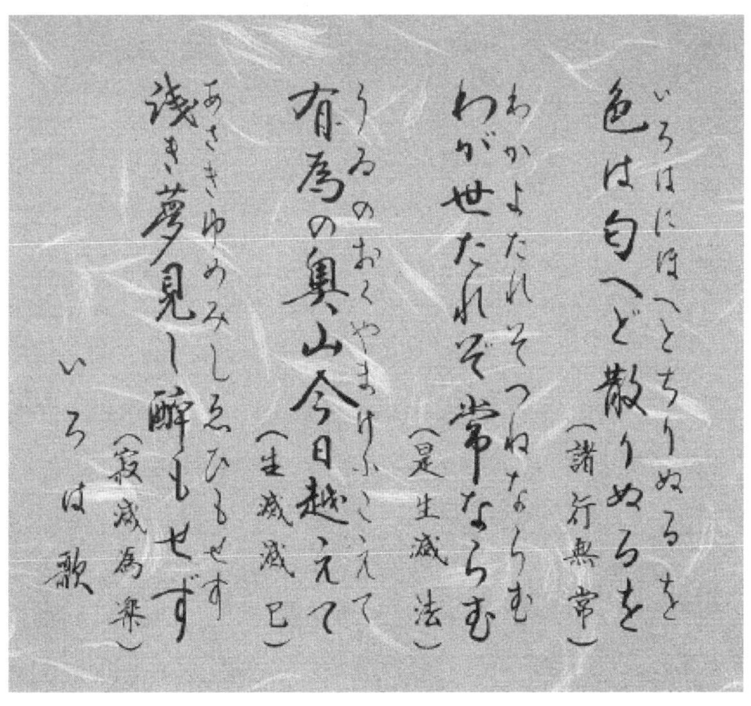

3) 일본어와 상용한자

앞서 설명한 바와 같이, 일본어는 한자로부터 유래하였기 때문에 한자를 뺀 오로지 가나만으로는 읽기와 쓰기가 불편하여, 기본적으로 한자와 가나를 섞어서 표현하는 방식이다. 따라서 한자는 일본어의 필수적인 요소로서 사용되고 있지만, 전래된 한자가 워낙 많기 때문에 생활에서 쓰는 한자를 제한하여 사용하고 있다. 현재 이를 상용한자(常用漢字)라 하는데, 관공서의 표준이자 법령 등에 제한적으로 사용할 수 있는 법적인 기준이자 공적인 효력을 가진 한자이어서, 정부에서 제정하여 관보로 알린다. 상용한자의 정의로 내각고시의 서두문에 설명에 따르면, '법령, 공용문서, 신문, 잡지, 방송 등, 일반 사회생활에 있어서 현대 국어를 써서 나타내는 기준'이라고 하는 것처럼, 공용한자를 위한 기준임을 알 수 있다. 이러한 상용한자의 제정은 1923년부터 시작되었는데, 패전 이후 지금까지의 상황을 살펴보면 다음과 같다. 먼저 1946년에 제정된 1840자로부터 시작하여 1981년에는 1945자로 수정하였고, 다시 2010년에 개정되어 현재는 2136자로 늘어났다. 하지만, 제정된 한자수로는 실제 생활에 쓰이는 수요를 충족하지 못하는 부분도 많다. 특히 조상 대대로 내려오는 성씨나 이름에 사용되는 한자가 선정되지 않은 점은 법률 운용상 문제가 될 수 있기 때문에, 이를 보완하기 위해 인명용 한자는 별표로서, 1981년 기준으로 166자—인명용 한자어로서 伊, 允, 圭 등이 보인다—를 추가해 놓고 있다. 이와 같은 상용한자는 의무교육기관에서 읽고 쓰기를 할 수 있도록 지도해야하기 때문에, 기초 교육한자로서 881자를 정하여 초중등 교육기관에서는 익히도록 하고 있다. 1980년 문부성고시에서는 교육용 한자를 996자로 지정하여, 소학교에서 학년별로 배워야 하는 자수까지를 지정해 두었다. 참고로, 일본에서의 한자는 쓰기의 간편화를 위해 획수가 줄어든 약자(略字)를 기준으로 하고 있다. 덧붙여서, 짐(朕)이나 조(詔) 등과 같이 사용빈도가 극히 제한된 문자도 상용한자에 들어있다. 아마도 헌법의 규정상 천황의 직위와 발언에 대한 배려로 보이지만, 제정 배경에 의도적인 계산이 들어있는 것은 아닌지 의문이 들기도 한다.

원래 문자가 없었던 시대와는 달리 한자가 일본어 속에 들어옴으로써 어휘력이 비약적으로 향상되었겠지만, 한자로 표기하지 않으면 구별이 어려운 말도 상당수 생겨났다. 그중에서도 일본어의 음운이 줄어들었기 때문에 글자의 뜻으로만 파악해야 하는 경우가 많아졌고, 특히 동음이의어(同音異義語)에 해당하는 낱말은 한자가 필수적이다. 예를 들면, 보통명사인 '足'과 '脚'은 똑같이 '아시'라고 읽지만, 전자는 인간의 '다리'이고, 후자는 사물의 '다리'로서 구분한다. 또한, 동사에 해당하는 표현에서도 '取, 採, 執, 捕, 撮' 등은 모두 '도루'로 읽지만 한자에 따라 전혀 다른 뜻이 되며, 형용사도 마찬가지로 '暑, 熱, 厚'가 모두 '아츠이'라는 형용사의 어간이지만, 한자에 따라 '덥고', '뜨겁고', '두껍다'라는 뜻으로 각각 다르다.

덧붙여서, 고대 이후 줄곧 표의 문자인 한자를 일본어를 나타내는 문자로 써왔기 때문에, 원래 중국에서 전래된 한자에는 없었던 것으로 일본에서 창작된 문자도 있다. 소위 국자(國字)라는 일본식 한자로, 일상 언어에 자주 쓰이는 일하다는 뜻의 '働'이나, 산의 고갯길을 의미하는 '峠' 등은 한자의 뜻을 활용하여 새로 만든 것이다.

4) 일본어 표기법

현대일본어는 원래 한자(漢字)로부터 비롯된 것이어서 한문(漢文)처럼 세로쓰기가 원칙이다. 그러나 근대이후 들어온 유럽문화의 영향으로 가로쓰기가 생겼다. 현대에 들어 전자기기의 보편화로 가로쓰기가 일반적인 경우도 많아져서 전통적인 세로쓰기가 줄고 있는 중이지만, 신문이나 서적, 손으로 쓰는 편지 등에서는 여전히 세로쓰기를 지키고 있는 분야가 많다.

세로쓰기는 한문처럼 문장부호의 쉼표(、)와 마침표(。) 등은 표기가 같으나, 가로쓰기의 경우에는 로마자 방식의 문장부호에 따르고 있다. 참고로 가로쓰기로 된 서적인 경우에는 한국어와 마찬가지로, 왼쪽에서 오른 쪽으로 책장을 펼쳐서 넘기는 방식이지만, 세로

쓰기는 이와 반대로 오른 쪽에서 시작된다.

한편, 일본어에는 중세말기에 들어온 유럽의 언어로부터 시작하여 근대의 영어와 러시아어 등, 매우 폭넓은 지역의 언어가 들어와 유통되었는데, 이러한 외래어는 원칙적으로 가타카나로서 표기한다. 이에 덧붙여서, 일본어의 특성상 원래 발음과는 다르게 표기되는 경우가 많기 때문에, 한국어에서의 외국어와는 전혀 다른 말처럼 되어 있는 경우도 있다. 예를 들어, 인천상륙작전을 지휘한 '맥아더' 장군은 주지와 같이, 일본의 무조건 항복 선언과 함께 전후 일본의 군정을 총괄한 군인으로 알려진 인물로 교과서에도 실려 있는데. 일본에서는 '막카사'라고 부른다. 또한, 미국의 패스트푸드 체인점으로 주변에 흔히 볼 수 있는 '맥도날드'는 '마쿠도나루도'로 읽고 있어서, 우리가 아는 영어발음이 아닌 방식이다. 이는 앞서 설명한 것과 같이 일본어의 특성상 모음으로 끝나는 음운이기 때문이다.

참고로, 현대일본어의 표기법에서는 의성어나 의태어는 가타카나로 쓰도록 규정되어 있다. 다만, 이는 어디까지나 원칙으로서만 정해진 것이므로 소설과 같은 예술적 창작물에서는 제한을 두지 않고 있다.

그런데, 현대일본어 속의 외래어는 앞서 언급한 것처럼 원어의 출처가 너무 다양하여 어떤 내용의 말인지 확인할 수 없는 단어도 있다. 대개 기존어휘로 추측하거나 전문용어일 때는 해당 전공자에게 문의해야 될 경우도 나온다. 덧붙여서, 일본에서는 식당의 주방장을 '쉐후'라 하는 것처럼, 직업 명칭이나 특정 분야의 전문인에 대한 호칭을 가타카나 식으로 표현하는 경우가 많다. 같은 뜻이라도 선진국이라는 인상이 강한 서양식 표현을 선호하는 경향이 강한 것은 아닌지 추측된다.

제 2 장

일본의 역사와 민속

1. 일본의 역사와 문화

1) 일본사의 시대구분

일본사에서 시대를 구분할 때, 일반적으로 고대(古代), 중고(中古), 중세(中世), 근세(近世), 근현대(近現代)라는 다섯 가지로 분류하지만, 역사학자에 따라서는 정치체재의 변화 등을 기준으로 고대와 중고를 다르게 나누는 경우도 있다. 즉, 막부를 중심으로 각 지방에 봉건영주가 통치하던 시대인 중세와 고대 사이에 중고시대를 두고 있는데, 두 시대를 하나의 테두리로 묶어서 고대의 전기와 후기로 보는 것이다. 그러나 같은 시대의 전과 후로 보기에는 문학이나 문화사적인 측면에서 다른 요소도 많기 때문에, 통설에 따라 별도의 시대로 파악하는 편이 합리적이다.

여하튼 각 시대의 구분 배경을 살펴보면, 먼저 문학에서 상대(上代)라고도 일컫는 고대는 통일왕조의 발생으로부터 율령체재가 자리 잡은 8세기 후반까지를 가리킨다. 그리고 고대 후기로도 정의된 중고시대는 귀족의 전성시대로서 궁궐과 조정이 자리한 왕도가 헤이안쿄(平安京)―교토(京都)의 옛 이름―에 있었기 때문에 헤이안(平安)시대라고도 부른다. 이윽고 가마쿠라 막부(鎌倉幕府)를 시작으로 무로마치(室町)막부로 이어지는 무사가 정권을 장악한 시대인 중세가 이어지고, 중세말기 군웅할거의 전국(戰国)을 통일시킨 도요토미(豊臣)정권을 쓰러드린 도쿠가와 이에야스(德川家康)가 만든 에도막부(江戸幕府)에 의해 거의 260여 년간이나 지속된 시대를 근세로 분류하고 있다. 또한, 이 시대는 중고시대처럼 막부가 자리한 에도(江戸)―1868년 도쿄(東京)로 개칭―가 권력의 중심지로 되었기 때문에 에도(江戸)시대라고도 한다. 끝으로 근대국가를 목표로 한 메이지유신(明治維新)을 시작으로 현재까지는 근대로서 구분하는데, 학자에 따라서는 패전 이후, 혹은 1926년부터 시작되는 쇼와(昭和)시대를 기점으로 하여 근대와 현대로 양분하기도 한다.

이상과 같이 구분하는 일본의 역사에서는 과연 어떠한 일들이 일어났는지를 각 시대별로 나누어, 중요한 사건이나 사회 및 문화현상 등을 중심으로 하여 차례로 살펴보기로 한다.

2) 고대의 역사와 문화

문화사적 시대구분으로서, 기원전 1만년 전후로 추정되는 선 토기(先土器) 문화로부터 신석기가 시작된 조몬(繩文)시대가 기원전 7천년 경에 있었다고 한다. 이 시대는 조몬 식(繩文式)토기라 하여 새끼줄로 무늬를 낸 그릇을 사용하였고, 수렵과 어로가 주요 식량획득 수단이었다. 이러한 원시 문명에서 비약적으로 발전하게 된 것은 기원전 4세기경부터 서기 3세기 무렵까지 이어진 야요이(彌生)시대로,

대륙으로부터 벼농사 재배법이 전래되어 농경문화가 정착했으며, 금속기를 사용하고 청동제 방울이나 창으로 만든 제물(祭物)을 올렸다. 참고로, 시대명은 1884년 도쿄 야요이초(弥生町)에서 발견된 적갈색 무문 혹은 기하학적 문양의 토기에서 명명되었다고 한다. 서기 3세기경의 열도상황을 기록한 위지왜인전(魏志倭人傳)에 의하면, 당시 백여 개 나라가 서로 다투어 평화로운 날이 없자, 히미코(卑弥呼)라는 미혼의 독신여성을 내세워 안정을 찾았다고 한다. 그녀는 '邪馬臺國'—종래 '야마타이코쿠' 혹은 '야마토코쿠'로도 읽고 있다—의 여왕으로, 민중에게는 모습을 보이지 않고 귀도(鬼道), 즉 주술로써 다스렸고, 정무는 남동생이 관장했다고 한다. 그런데 히미코가 죽은 뒤 남왕(男王)이 집권하자 다시 국내에 대란이 발생하였고, 결국 이를 수습하기 위해 히미코의 친족 여성(宗女)으로서 당시 13세였던 이요(壹與)를 새로운 왕으로 추대함으로써 평화를 유지할 수 있었다고 한다.

고분시대라 일컫는 3세기후반부터 4세기경은 소위 대왕(大王)의 시대라고도 한다. 하지키(土師器)와 스에키(須惠器)라는 토기를 사용하고, 인물과 선박을 본뜬 하니와(埴輪)라는 토우가 보이며, 특히 여성상이 많아 모계사회의 흔적이라는 견해도 있다. 부장품으로서 청동거울과 경옥으로 된 마가타마(勾玉), 철검 등이 나오고 있어서, 신화에 등장하는 소위 3종의 신기(神器)라고 추정하기도 한다. 중국 남조의 정사(正史)기록인 송서(宋書)에 의하면, 413년부터 478년에 걸쳐 '찬·진·제·흥·무'라는 왜왕이 사신을 보내왔다고 한다. 이들은 인덕(仁德)부터 웅략(雄略)천황까지로 추정하고 있지만, 여전히 의문점들이 많다. 참고로 인덕천황의 무덤으로 지정된 오사카 사카이시(堺市)의 다이센료(大仙陵)고분은 해자가 사방으로 둘러져 있는 소위 전방후원분(前方後円墳)의 형태로서, 길이가 486미터에 달하고 높이가 약 36미터, 면적이 10만여 평방미터나 되는 일본최대의 고분으로, 이는 강력한 왕권이 존재한 것으로 풀이되고 있다.

6세기후반부터 7세기전반의 아스카(飛鳥)시대로부터 7세기후반부터 8세기초반의 하쿠호(白鳳), 그리고 8세기중반까지의 덴표(天平)로 이어진 나라(奈良)시대는 고대문화의 절정기로서, 모두 지금의 나라현(奈良県)이 위치한 야마토(大和)주변에서 이루어졌다. 또한, 이 시대는 백제로부터 전래된 불교문화가 뿌리를 내린 시기이기도 하다. 불교는 일본서기(日本書紀)에 의하면 흠명(欽明)천황 때인 552년에 들어왔다고 되어있다. 그러나 상궁성덕법왕제설(上宮聖徳法王帝説)과 원흥사연기(元興寺緣起)에서는 538년으로 되어있어서 분명하지는 않다. 다만 모두 백제로부터 전래된 것은 확실한데, 초창기에 배불(排佛)파에 속하는 모노노베 모리야(物部守屋)측과 성덕태자(聖徳太子)와 소가 우마코(蘇我馬子)측이 대립하였고, 결국 양자의 알력은 내전으로 발전하였다. 여기서 승리한 숭불(崇佛)파인 성덕태자는 그 은덕을 기리기 위해 593년 무렵부터 시작하여 623년경에 완성한 사천왕사(四天王寺)—오사카(大阪)소재—를 건립하였다고 한다. 참고로, 고대 선진기술은 백제에서 들어온 것이 가장 많은데, 특히 관륵(觀勒)이 전한 역본(曆)을 비롯해, 의(醫), 역(易), 경론(經論), 선사(禪師), 불공(佛工), 기악무(伎樂舞) 등은 후세에 지대한 영향을 끼쳤으며, 고구려의 담징(曇徵)법사가 전한 종이와 먹과 같은 지필묵의 제법과 함께 일본 고대문화의 원류가 되었다.

고대는 일본의 역사와 문화의 뿌리가 생성된 여명기로, 국가의 기본이 되는 제반법도의 제정과 함께 갖가지 사건도 잇달았다. 그 중 몇 가지를 항목별로 살펴보면, 일본열도에 통일된 고대국가가 만들어지기까지 소위 왕권의 성립과 발전과정은 다음과 같이 설명되고 있다. 즉, 초기 부족국가시대에 기미(君)라고 하는 왕이 세력을 넓히는 과정에서 각지의 호족을 아우르는 오키미(大君)라는 대왕이 탄생하였고, 그 중의 한 세력이 천황(天皇)족의 뿌리가 되었다. 그들은 처음 미와(三輪)산록에 위치한 야마토(大和)지방을 지배한 호족이었는데, 특정한 가계(家系)가 천황씨(天皇氏)일족이 되어 왕실의 계보가 탄생하였다. 대략 4세기경에 이러한 천황씨를 중심으로 여러 호족들의 연합정권인 야마토왕조(大和王朝)가 성립되었다는 것이지만, 한편으로 6세기라고 보는 학설도 있다. 그러나 미즈노 유(水野祐)등의 역사학자가 분석한 소위 삼왕조교체설(三王朝交替説)로 보자면, 일본 고대왕실이 성립된 것은 대략 5세기 말부터 6세기 초로 보는 편이 무난하겠다.

고대의 신분제도로서 우지(氏)와 가바네(姓)가 있다. 먼저, 우지는 혈통을 의미하는 것으로, 나카토미(中臣)·인베(忌部)·미와(三輪)씨는 궁중의 제사(祭祀)를 관장하는 관직이며, 오토모(大伴)와 모노노베(物部)씨는 군사, 소가(蘇我)씨는 재정을 담당한 우지였으며, 그밖에 가쓰라기(葛木)·헤구리(平群)·시비(鮪) 등이 있었다. 또한, 일본에 건너온 우지로 기존 세력인 하타(秦)씨를 비롯하여, 이마키(今来)라고 하여 새로이 정착한 우지에 속하는 이마키노아야(今漢)와 함께 야마토노후미(東文) 및 가와치노후미(西文)도 존재하였다. 그리고 가바네(姓)란 존비귀천을 정하는 정치사회적인 가격(家格)을 뜻하며, 최고위급인 오키미(大王)로부터 오미(臣)와 오호미(大臣), 무라지(連)와 오무라지(大連), 와케(別), 기미(君·公), 오비토(首), 아타이(直), 미야쓰코(造), 후히토(史), 이미키(忌寸)가 있고, 지방의 족장들은 구니노미야쓰코(國造), 아가타누시(縣主), 이나키(稲城) 등으로 구분되었다. 오미(臣)와 무라지(連)는 귀족이고, 도모노미야쓰코(伴造) 및 구니노미야쓰코(國造)

는 호족으로 모두 세습제였다. 지배관계로서는 귀족과 호족은 각각 베노타미(部民)와 반자유민인 농민을, 그 아래에 노예계급인 노비ㅡ노(奴)는 남자, 비(婢)는 여자를 뜻한다ㅡ가 상하신분의 기본 골격이었다. 참고로 세습적 직업집단인 도모(伴)의 우두머리를 도모노미야쓰코(伴造)라 하며, 베노타미(部民)는 왕실이나 호족에 예속되어 생산에 종사한 노동집단이다. 덧붙여서, 고대의 성씨를 망라하여 815년에 편찬된 신찬성씨록(新撰姓氏錄)에 따르면, 왕도와 기내에 거주하는 씨족의 3분1가량이 도래계인 제번(諸蕃)으로 분류되어 있다. 따라서 당시 상당수 한반도 계통의 호족들이 중앙에 살고 있었다는 것으로, 고대왕실의 주변세력을 가늠할 수 있는 상황이기도 하다. 이와 관련하여 종래 한국과 일본인의 조상이 같은 뿌리였다는 소위 일선동조론(日鮮同祖論)을 주장한 학자ㅡ와즈치 테츠로(和辻哲朗)와 미시나 아키히데(三品彰英) 등ㅡ도 있어서 주목을 받았다. 그러나 이는 소위 식민사관과도 무관하지 않아서 논쟁만 불러일으켰던 학설로, 관련 근거가 분명하지 않아서 문제가 많았다.

초창기 일본불교를 반석에 세운 성덕태자(聖德太子)는 일본식 이름이 우마야토노미코(厩戸皇子)라 하여 '마구간'에 빗대고 있는 명명 배경에 대해 여러 가지 추측을 낳고 있다. 그는 추고(推古)여왕이 즉위하자 황태자가 되어 섭정을 하였는데, 이때 12단계로 나뉘는 관위(冠位)를 정하고, 또한 일본최초의 법률이라는 17개 조문에 이르는 헌법을 604년에 제정하였다고 한다. 특히 일본서기에, '皇太子親肇作憲法十七條。 一曰、<u>以和爲貴無忤爲宗</u>。 人皆有黨。 亦少達者。 是以或不順君父'(推古 12年條)라고 기록한 것처럼, 제1조에 '和(화)'를 들어 가장 중요하게 여기고 있음을 알 수 있다. 학자들은 이를 인용하면서 분쟁보다는 화합을 중시한 일본문화의 특징이라 풀이되고 있지만, 17개 조항이 전반적으로 불교와 관련된 내용이며, 또한 논어(論語)를 비롯한 유교경전에 따온 것으로 보아 과연 그러한지는 의문이 많다. 또한, 중국에 빗댄 제국의식—학자들은 소중화(小中華)라 한다—의 효시로 볼 수 있는 동쪽 천황, 서쪽 황제라는 구도를 607년에 견수사(遺隋使)로서 파견한 오노노이모코(小野妹子)의 국서에서 밝히고 있어서, 당시의 국가관을 엿볼 수가 있다. 즉, 수서(隋書)의 동이전(東夷傳) 왜국(倭國)편에 따르면, 양제(煬帝)가 재위하던 시기인 607년 기사에, '왜국의 국서에 쓰기를, 해가 뜨는 동방국의 천자가 해가 지는 서방국의 천자에게 서신을 드린다. 별고 없는가?'(其国書曰。日出處天子致書日没處天子。無恙云云)라고 하였다. '황제는 이를 보시고 심기가 나빠져서 홍려경(鴻臚卿)에게 이르기를, 오랑캐(蠻夷)가 올린 편지 주제에 예의를 차릴 줄 모른다. 또다시 상주하는 일이 없도록 하라.'(帝覽之不悅謂鴻臚卿曰。蠻夷書有無禮者勿復以聞)고 기록되어 있다. 당시의 대국인 수나라에 보낸 사신이 건넸다는 국서를 통해서, 마치 자신들이 중국과 대등한 위치에 서있는 국가라며 이를 대외적으로 선언한 셈이었던 것이다.

호족들 중에서 최고의 권력을 누렸던 소가(蘇我)씨를 제거하고 나서 왕권을 세워서 새로운 국가체재를 만들기 위한 정치개혁으로 추진된 다이카(大化)의 개신정치는 645년부터 시작되었다. 일본서기에 의하면, 나카노오에미코(中大兄皇子)는 나카토미 가마타리(中臣鎌足)와 모의하여 위계를 써서 소가 이루카(蘇我入鹿)를 암살하고, 그 부친인 에미시(蝦夷)마저 죽게 한 뒤, 왕권을 강화하기 위한 개혁정치를 단행했다. 먼저 문제가 많았던 씨성(氏姓)제도의 병폐를 바로잡기 위해, 당(唐)의 율령(律令)제도를 모델로 삼아 일본최초의 다이카(大化)라는 연호를 사용하는 등, 천황을 중심으로 한 중앙집권국가 건설을 목표로 추진하였지만, 결국 미완으로 끝나고 말았다.

이루카(入鹿)로부터 시작된 소가씨 타도는 결과적으로 고대의 명문가―성덕태자도 소가씨와 인척관계―를 몰락시키고 말았는데, 포위당한 소가 에미시(蘇我蝦夷)의 저택이 불타는 바람에 성덕태자가 소가 우마코(蘇我馬子)와 함께 편집했던 천황기(天皇記) 및 국기(國記)라는 중요한 국가 사료도 이때 거의 소실되고 말았다고 한다. 소가씨 제거와 개혁추진의 중심인물이었던 나카토미 가마타리(中臣鎌足)는 다이숏칸(大織冠)이라는 최고 관위와 함께 거주지 명을 딴 후지와라(藤原)라는 성(姓)을 하사받았는데, 헤이안 시대의 대표귀족이 된 후지와라 씨는 그로부터 시작된 것이다.

한편, 제명(齊明)여왕은 나당연합군에 몰린 백제를 도우기 위해 스스로 군사를 이끌고 원정에 나섰으나 도중의 규슈에서 병사하였고, 파병한 원군마저 하쿠스키노에(白村江)―백마강―전투에서 패퇴(663년)한 뒤 완전히 실패하고 말았다. 그 여파를 두려워 한 조정에서, 667년 왕도를 북쪽인 오우미(近江)의 오오쓰(大津)로 옮겼다. 천도를 끝낸 뒤, 나카노오에미코(中大兄皇子)가 즉위하여 천지(天智)천황이 되었고, 그가 세상을 뜨자 아들인 오토모미코(大友皇子)―1870년에 시호를 추증하여 홍문(弘文)천황으로 개칭―가 대를 이었다. 그러나 천지의 친동생인 오아마미코(大海人皇子)가 이에 반기를 들고, 672년에는 유력 호족을 중심으로 한 조정과 백제계 귀화씨족이 주축인 홍문(弘文)세력과 지방호족과 신라계 세력을 규합한 요시노(吉野)측의 오아마미코 사이에 내란이 일어나게 되는 데, 이를 '진신노란(壬申の乱)'이라고 한다. 결국 오아마미코가 승리하여 즉위한 천무(天武)천황은 대신(大臣)을 두지 않고 황족이 직접 통치하는 강력한 황친정치를 위한 개혁을 실시하였다. 즉, '아스카키요미하라료(飛鳥淨御原令)'라는 율령제도를 처음으로 시행하게 되었는데, 이는 701년 이후 시행되는 대보율령(大寶律

슈)으로 이어졌다. 그와 동시에 천황의 신적권위의 유래를 제시하기 위해 역사서 편찬을 시도하였다. 712년에 성립된 최초의 역사서이자 문학작품으로서도 평가되는 "고사기(古事記)"는 이때 기획된 것이었다.

고대국가를 운영하는 기본법체계인 형법과 행정법이라는 뜻의 율령(律令)은 천무 천황 때부터 시도했던 것으로 701년에 대보율령이 완성되었고, 718년에는 양로(養老)율령이 시행되었다. 천황을 보좌하는 신료로서 이후 역대 조정의 기준이 된 계급체계는 다음과 같다. 먼저 최상위인 다조다이진(太政大臣)—유덕한 사람으로 적격자가 없으면 결원—을 두고, 그 아래에 좌우(左右)대신이 각각 있으며, 다이나곤(大納言), 주나곤(中納言), 쇼나곤(少納言), 진기칸(神祇官)의 순서로 이어지는데, 여기까지가 최고위 관리를 뜻하는 구교(公卿)라 칭하며, 삼품(三位)이상이 되는 조정의 상층부 귀족들이 임명되었다. 708년에 주조된 와도카이친(和同開珎)은 일본최초의 화폐로서 은과 동으로 각각 제작되었고, 아스카(飛鳥)지방에 위치한 후지와라쿄(藤原京)는 당나라 수도인 장안(長安)을 본떠서 만든 왕도였다. 뒤이어 710년 야마토(大和)분지에 장안의 4분1에 달하는 크기로 건설한 헤이조쿄(平城京)는 784년까지 이어졌던 곳으로, 당시의 연호에 맞추어 덴표(天平)시대라고 불린다. 불교문화의 총화라고 볼 수 있는 도다이지(東大寺)가 세워지고, 고대문화도 완숙의 경지에 이르는 등, 가장 안정된 시기였다.

고대 후기에 들어선 덴표 시대는 후지와라 씨(藤原氏)가 세력을 크게 신장한 시기였다. 앞서 소가(蘇我)세력을 타도한 왕자 쿠데타의 일익을 담당했던 가마타리(鎌足)의 둘째아들인 후지와라 후히토(藤原不比等)는 대보율령(大宝律令)으로 이어지는 제도를 초안한 책임자이자, 헤이조쿄 천도의 공로자이기도 했는데, 그의 자식들은 소위 '후지와라욘케(藤原四家)'라고 불리는 씨족을 대표하는 네 가문을 일으컸다. 또한, 그의 딸은 문무(文武)의 왕비가 된 미야코(宮子)를 비롯해, 황족 출신도 아니면서 이례적으로 성무(聖武)의 황후로서 '고묘시(光明子)'가 책봉됨으로 인해, 정치권력의 중심에 서게 된 것이다. 성무천황은 불교진흥책을 썼는데, 752년 나라(奈良)지방에 일본 최대의 가람인 도다이지(東大寺)를 세워 높이 15미터, 폭이 20미터나 되는 대불 좌상인 노사나불(盧舍那佛)의 개안(開眼)공양식을 거행했으며, 또한 전국 각 지방(國)마다 고쿠분지(國分寺)와 비구니 절인 고쿠분니지(國分尼寺)를 설치하였다. 고대 말기에 성무천황의 뒤를 이어 즉위했던 효겸(孝謙)—중조하여 칭덕(稱德) 천황—의 병을 치유해 신임을 얻은 도쿄(道鏡)라는 승려는 여왕의 신뢰를 배경으로 다죠다이진 선사(太政大臣禪師)가 되었고, 나아가 법왕(法王)이 되어 불교정치를 꾀하다가, 나중에는 스스로 군주가 되려고 규슈의 우사하치만구(宇佐八幡宮)에서 내린 신탁이라는 소문을 내어서 여왕을 이어 왕위까지 계승하려다가 실패한 사건도 있었다.

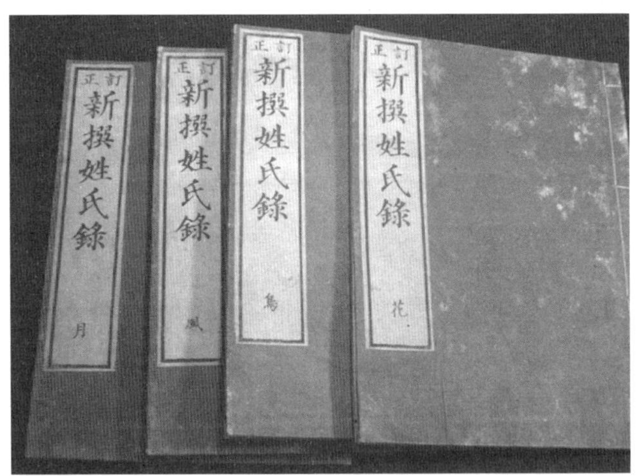

3) 중고 시대의 역사와 문화

중고(中古)시대는 앞서 설명한 바와 같이 고대후기로도 분류하는 데, 왕도인 헤이안쿄(平安京)에 빗대어 헤이안(平安)시대라고도 한다. 이러한 중고시대를 연 간무(桓武)천황은 왕권을 둘러싼 기존 세력으로부터 벗어나기 위해 784년 왕도를 북쪽으로 40㎞정도 떨어진 나가오카쿄(長岡京)로 옮겼지만, 천도 책임자이었던 후지와라 다네쓰구(藤原種継)의 암살사건과 함께 천재지변 등 흉흉한 사건이 연달아 일어나자, 794년에 지금의 교토(京都)지역인 헤이안쿄(平安京)로 다시 옮겼다. 이로부터 약 4세기에 걸쳐 번영한 중고시대는 여기서 시작되며 귀족과 궁정(宮廷)문화의 전성시대가 열리게 된 것이다. 그러나 한편으로는 귀족과 함께 불교사원 및 신사(神社)가 사적으로 소유했던 장원(莊園)이 발전함으로써 율령시대의 반전제(班田制)는 점차 붕괴되어 갔다. 참고로, 간무 천황의 생모는 백제 무령왕(武寧王)을 시조로 둔 왕족의 후손이라는 야마토우지(和氏)출신의 다카노니이가사(高野新笠)이며, 백제왕실과 천황가의 인척관계로써 회자되기도 하였는데, 원래 교토지방을 개척한 것은 하타(秦)씨 세력으로 한반도에서 건너온 사람들이었다.

중고시대는 귀족의 시대라고 할 만큼 그들이 권력을 쥐고 정치를 좌우하였다. 특히 10세기부터 12세기에 걸쳐서는 후지와라(藤原)씨가 천황의 외척이 되어서, 왕의 직무를 대리한 셋쇼(攝政)와 간바쿠(関白)라 일컫는 섭정(攝政)정치가 시작된 시기로, 중앙권력을 독점하다시피 하여 후지와라시대라고 불리는 배경이 되었다. 그리고 1072년 19세에 즉위하였던 시라카와(白河)천황은 1086년에 양위한 뒤, 상황(上皇)―출가 후는 법황(法皇)이라 한다―이 되어 천황을 보좌

한다는 명목으로 지속적으로 실질적인 권력을 유지하면서, 원청(院廳)에서 독단으로 정치에 관여하는 소위 원정(院政)을 시작하였다. 거의 100년간에 걸쳐 지속된 원정정치는 필연적으로 중앙 권력을 양분하게 되어, 조정과 원정은 서로 충돌을 일으켜 내란으로 발전하기도 했는데, 이는 결과적으로 무가(武家)세력을 등장시킨 정치적 배경이 되기도 하였다. 이러한 상황에서 후궁은 정치권력과 연계되었고, 권력자는 유능한 인재를 끌어들이면서, 궁중에 출사했던 소위 뇨보(女房)라는 신분의 작가를 비롯한 많은 여류 문인들을 탄생시켰다.

858년에 후지와라 요시후사(藤原良房)가 섭정이 되었고, 887년에는 모토쓰네(藤原基経)가 관백이 되었다. 조정의 절대적인 지위를 확보한 후지와라 씨는 이로써 전성시대를 맞이하였던 것이다. 그 절정을 이룬 인물이 후지와라 미치나가(藤原道長)로, 딸을 넷이나 후궁에 들이어 3대에 걸쳐 천황의 외척이 되었다. 먼저 1016년에 섭정이 되고, 이듬해에는 다조다이진(太政大臣)에 이르러 후지와라 전성기를 이룬 역사상 최고의 권세를 누렸던 것이다. 참고로, 그가 권력의 중심에 있을 때 귀족문학의 대표작인 "겐지모노가타리(源氏物語)"가 엮어졌고, 이에 앞서 최초의 수필작품인 "마쿠라노소시(枕草子)"가 알려지는 등 여류문학도 전성기를 맞이했다. 또한, 미치나가의 영화는 중고시대 말기에 탄생한 역사문학 장르의 효시인 "에이가모노가타리(栄花物語)"와 "오호카가미(大鏡)"의 주인공이자 작품소재도 되었다.

오랫동안 대륙의 문물을 들여왔던 견당선(遣唐船)은 스가와라 미치자네(菅原道眞)가 제기했던 무용론을 수용하여 894년에 이르러 폐지하게 되었다. 그 결과 한시(漢詩)에 밀려 한동안 지식인들의 관심에서 멀어졌던 와카(和歌)가 부활하게 되었고, 이윽고 905년의 "고킨와카슈(古今和歌集)"를 시작으로 왕명으로 편집된 칙찬 와카집(勅撰和

歌集)의 편찬 등, 궁중의 공식문예로서 자리 잡았다. 이와 같이 견당선 폐지를 주장한 스가와라 미치자네는 우대신(右大臣)까지 올랐던 인물이었지만, 좌대신인 후지와라 도키히라(藤原時平)를 비롯한 반대세력의 음모에 휘말려서 규슈의 다자이후(大宰府)로 좌천되었다. 다시 돌아오기 힘들 것을 예감하여 시까지 읊었던 그는 결국 임지에서 최후를 맞이했는데, 사후 왕궁에 벼락이 떨어지고 그를 몰아낸 귀족들이 연이어 사망하는 등 흉흉한 일이 잇따르자, 모든 것이 그가 일으킨 재앙이라 생각한 왕실에서는 사면과 함께 다조다이진(太政大臣)으로 증위하고, 또한 원혼을 달래기 위해 기다노텐만구(北野天満宮)라는 신사(神社)를 건립하였다. 부임지였던 후쿠오카 다자이후의 덴만구(天満宮)에도 모셔진 그는 현재 학문의 신으로 추앙받고 있는데, 이는 그가 당대 최고의 석학이었다는 일설에 따른 것으로, 실제로는 보통의 귀족에 불과하였다고 한다. 다만, 이러한 속설에 근거하여 시험을 앞둔 사람들은 좋은 성적을 바라는 심리에서 각지의 덴만구를 찾아 참배하기도 한다. 일본문학에서는 8세기중엽의 "만요슈(万葉集)"가 편집된 이후, 한시가 숭상되어 외면당했던 이때까지의 공백기간을 국풍(國風)암흑기라고도 한다.

헤이안 후기에 이르자 귀족을 대신하여 새로운 시대의 주역이 되는 무사(武士)가 등장하였다. 원래 군대와 경찰을 겸했던 것이 무사로, 이후의 역사를 결정해 갔다. 중고시대 말기 무렵 양대 무가(武家)세력이 된 겐지(源氏)는 가마쿠라(鎌倉)를 비롯한 관동(關東)지역을 세력기반으로 하였고, 무사권력의 단초가 된 헤이시(平氏)는 교토로부터 서쪽인 관서(關西)지방이었다. 바다 위에 설치된 신전(神殿)으로 유명한 히로시마의 '이쓰쿠시마진자(嚴島神社)'는 헤이시가 모시는 소위 우지가미(氏神)신사로 알려져 있다. 무사가 결정적으로 권력을 쥐게 된 것은 아이러니하게도 연이은 귀족들의 권력다툼에서 비롯된 내전을 평정하는 과정에서 큰 공을 세운 결과였다. 1156년의 호겐(保元)과 1159년의 헤이지(平治)때에 일어났던 내란은 천황과 상황, 섭정과 관백이 서로 대립한 결과로, 여기서 세력을 잡게 된 다이라 기요모리(平淸盛)는 1167년 다조다이진(太政大臣)이 되어 그들의 천하를 만들고, 헤이시(平氏)가 아니면 벼슬을 할 수 없다고 호언할 정도로 막강한 세력을 구축하였다. 그러나 이러한 부귀영화도 오래가지는 못하여 불과 20년도 채우지 못하고, 기요모리(淸盛)의 사후인 1185년에는 "헤이케모노가타리(平家物語)" 서두의 묘사처럼 봄날의 꿈같이 허무하게 무너지고 멸망하고 말았던 것이다.

4) 중세의 역사와 문화

중세는 무사시대라는 것처럼, 미나모토 요리토모(源賴朝)가 1185
년 관동지방의 가마쿠라(鎌倉)에 설치한 막부(幕府)로부터 시작되었
다. 일본역사상 최초로 무가(武家)가 자신들의 권력을 기반으로 국가
를 통치하게 된 가마쿠라 막부(鎌倉幕府)는 1333년까지 이어졌고, 막
부를 이끌던 호조(北条)씨를 멸망시킨 고다이고(後醍醐) 천황이 건무
친정(建武新政)을 펼쳤던 5년간의 공백을 거쳐서, 아시카가 다카우지
(足利尊氏)가 개설한 무로마치 막부(室町幕府)가 1338년부터 1573년
까지 이어졌다. 그러나 1467년에 일어난 오닌(応仁)의 내란이후, 막
부권력이 와해된 틈을 타서 일본열도 각지에 등장한 무장들이 지배
영역을 넓히기 위해 끊임없이 전란을 일으켰던 소위 전국(戦国)시대
가 되었고, 1568년 교토에 입성하여 전국을 장악하게 된 오다 노부
나가(織田信長)와 이를 이어받아 통일을 완수한 도요토미 히데요시
(豊臣秀吉)가 집권한 쇼쿠호(織豊)정권인 아즈치모모야마(安土桃山)시
대가 1598년까지 있었다. 여기까지를 중세로 구분하기도 하나, 무신
(武臣)정권인 막부 시대라는 점에서, 1600년 세키가하라(関ヶ原)의
전투에서 도요토미 측과 싸워서 승리한 도쿠가와 이에야스(徳川家康)
가 1603년 지금의 도쿄에 개설한 에도 막부(江戸幕府)가 1867년까지
이어진 것과도 구별되므로, 일반적으로 에도 막부가 세워지기 이전
까지를 중세로 보고 있다.

귀족시대와 다른 새로운 막부의 역사로서 중세를 열게 된 사무라
이(侍)라 일컫는 무사(武士)는 10세기경에 출현하였다. 원래 지방의
호농이었다고도 하지만, 대표씨족인 겐지(源氏)와 헤이시(平氏)는 모
두 몰락한 귀족출신이었다. 무사들은 연이은 전란을 통해 자신들의

세력을 키웠고, 가장 먼저 실권을 잡은 것은 헤이시(平氏)였다. 그러나 동량인 기요모리(清盛)가 죽자 겐지가 군사를 일으켜 두 씨족 사이의 충돌이 내전으로 발전하였고, 이를 둘러싼 정황은 군기(軍記)장르의 최고걸작인 "헤이케모노가타리(平家物語)"로 수렴되었다. 그리고 여기서 승리한 미나모토 요리토모가 1185년 가마쿠라에 막부를 열면서 일본역사상 최초로 무신정권(武臣政權)이 탄생하게 된 것이다. 각지에 독립된 다이묘(大名)라는 봉건영주를 만들게 된 무가정치(武家政治)는 이때부터 19세기후반까지 거의 700년간에 걸쳐 지속되었다.

미나모토 요리토모가 세운 가마쿠라막부(鎌倉幕府)는 제3대 쇼군(將軍) 사네토모(源実朝)가 1219년에 암살당하면서 겐지(源氏)성의 쇼군은 대가 끊어졌다. 그러자 요리토모의 장인이었던 호조 도키마사(北条時政)는 왕족이나 귀족을 쇼군으로 내세워 자신들이 실권을 잡고, 이후 호조씨(北条氏)의 막부― '싯켄(執権)'정치라고 한다―로 이어졌지만, 1333년에는 끝내 망하고 말았다. 그리고 5년이 지난 1338년에 아시카가 다카우지(足利尊氏)가 개설한 무로마치막부(室町幕府)는 1392년에 이르러 남북으로 양립된 조정―남북조(南北朝)시대로 불리며, 1336년부터 1392년까지 이어졌다―을 합쳐 안정된 듯 했으나, 1467년부터 교토를 중심으로 11년간에 걸친 내란으로 인해, 민심이 흉흉해지며 극도로 혼란한 세상을 만들었다. 하타케야마(畠山)와 시바(斯波)가문의 상속문제가 계기가 되어, 아시카가 쇼군(足利将軍)의 후사(後嗣)문제까지 얽혀서 일어났는데, 각기 동군(細川)과 서군(山名)으로 나뉘어 지방의 다이묘(大名)까지 끌어들여 전쟁을 벌이는 바람에 교토는 완전히 초토화되고, 조정의 구게(公家)세력과 막부 쇼군의 권위는 형편없이 실추되고 말았다. 이를 계기로 중앙 통제력이 약해지면서 각지에서 하극상이 일어나고, 오로지 실력 위주의 전국(戰国)시대로 치달아 갔던 것이다.

　이러한 군웅할거의 상황을 제압한 것은 16세기후반에 세력을 잡은 오다 노부나가(織田信長)로, 주변세력을 억누르고 1568년 교토로 입성하여 막부에 압박을 가하자, 결국 1573년 무로마치막부는 망하고 말았다. 그러나 노부나가는 전국통일을 눈앞에 두고서도 교토의 혼노지(本能寺)에서 부하장수인 아케치 미쓰히데(明智光秀)의 기습공격을 받는 바람에 스스로 목숨을 끊고 말았다. 이 사건을 전해들은 도요토미 히데요시(豊臣秀吉)는 급히 회군하여 아케치를 물리치고. 1585년에는 관백이 되었으며, 또한 전국의 남은 세력들을 제압하여 1590년에 이르러 통일을 완성하였다. 이상과 같이, 16세기 말에 형성된 오다(織田)와 도요토미(豊臣)의 집권 시기를 줄여서 쇼쿠호(織豊) 혹은 아즈치모모야마(安土桃山)시대라고 부른다. 이윽고 히데요시는 전국 통일의 여세를 몰아 1592년 분로쿠노에키(文禄の役)와 1597년 게이초노에키(慶長の役)이라는 두 번에 걸친 조선침략을 감행하였다. 그러나 민중들의 저항과 이순신장군이 이끄는 조선수군의 대 활약으로 실패하고, 히데요시가 죽은 후에는 결국 도쿠가와 이에야스(德川家康)에게 천하를 빼앗기는 결말을 맞이하게 되었다. 조선침략에 결정적인 무기였던 조총이라 불렀던 뎃포(鉄砲)는 1543년 규슈의 남쪽 다네가시마(種子島)에 표착한 중국선박에 승선했던 포르투갈 사람으로부터 도주(島主)인 다네가시마 도키타카(種子島時曉)가 구입한 것으로, 이후 규슈를 비롯한 각지의 철포대장간(鉄砲鍛冶)에서 제조되어 전국의 무사들에게 널리 보급되었다고 한다.

　중세는 끊임없는 전란 속에서 민중들의 삶이 피폐해지고 안정적이지 못했던 일본역사에서도 가장 혼미한 시기라고 할 만큼 변화가 심했다. 이는 비단 역사적 사건뿐만이 아닌 사상적인 측면에서도 다양한 새로운 문화가 등장한 시대이기도 하다. 먼저, 일본 임제종(臨濟宗)의 개종조인 에이사이(栄西)가 송(宋)에서 들여온 차(茶)는 일본인의 생활에 커다란 변화를 일으켰고, 특히 센노리큐(千利久)는 다도를 완성하여 오늘날 전통문화의 하나로서 자리 잡게 되었다. 리큐(利久)가 일으킨 다도는 원래 오다 노부나가가 애호하였으나, 사후에는 도요토미 히데요시도 즐겼다. 그러나 히데요시의 노여움을 사는 바람에 자인(自刃)하였다고 한다. 한편, 1232년 가마쿠라 막부의 싯켄(執權) 호조 야스토키(北条泰時)는 고세이바이시키모쿠(御成敗式目)를 만들어서, 막부직속 무사인 고케닌(御家人)에 대한 공평한 재판기준을 제정하였는데, 이 법은 후일 무사간의 분쟁을 판정하는 무가법(武家法)의 표준이 되었다.

중세에 성립된 노가쿠(能楽)는 연기와 반주가 어우러진 가무극(歌舞劇)이며, 대사극이자 풍자와 소화(笑話)를 중심으로 하는 교겐(狂言)과 함께 일본 최초의 무대예술이 되었다. 노가쿠는 간아미(観阿弥)와 제아미(世阿弥)부자가 완성하였는데, 여기에는 이를 적극적으로 비호하고 후원한 무로마치막부 제3대 쇼군 아시카가 요시미쓰(足利義満)의 역할도 빼 놓을 수 없다. 로쿠온지(鹿苑寺)의 별칭인 교토의 금각사(金閣寺)는 그의 별장을 개조하여 1397년에 만든 건물로, 누각의 외벽에 금박을 입혀놓아 이와 같이 불리며, 1950년 방화범에 의해 소실되었으나 1955년 재건되었다. 또한, 제8대 쇼군 아시카가 요시마사(足利義政)는 1489년에 유명(遺命)으로 은각사(銀閣寺)─지쇼지(慈照寺)의 별칭으로 7년간에 걸쳐 만든 자신의 산장(東山殿)이었던 곳이며, 금각사와 같은 3층 누각으로서 외벽에 은박을 입힐 계획이 있었기 때문에 이러한 속칭이 생겼다─를 세우게 하였는데, 두 건물은 모두 임제종(臨済宗)의 도장이었다. 그리고 요시마사 쇼군은 예술을 애호하고 보호에도 힘써, 15세기 후반의 다도(茶道)나 화도(華道)와 함께 돌과 모래와 나무로 산수(山水)를 표현한 일본 특유의 정원양식인 가레산스이(枯山水)라 일컫는 정원양식과 같은 다양한 예술을 개화시킨 소위 히가시야마(東山)문화를 탄생시켰다. 이와 같이 근세문화의 원류를 만들어 일본문화사의 한 획을 그은 쇼군으로서 문화예술 방면에는 많은 업적을 남겼지만, 후계자 문제를 잘못 다루어 막부의 권위를 실추시킨 오닌(応仁)의 내란이 된 원인을 제공하기도 하였다.

한편, 남북조시대 남조의 충신이었던 기타바타케 지카후사(北畠親房)가 사망한 1354년에는 오우미(近江)지역의 농민들이 쓰치잇키(土一揆)를 일으켰다. 잇키(一揆)란 무사나 농민들이 특정한 목적을 가지고 혈연 혹은 지연적 결합에 의해 지역적인 집단을 결성한 것으로, 신불에 맹세하고 뜻을 같이하는 무리를 이루어 권력층과 대항하였는데, 이후 1485년과 1488년에는 전국각지에서 연달아 이러한 '잇키'가 발생하였다. 특히, 1531년에는 정토진종(浄土真宗) 신도들로 교토 혼간지(本願寺)에 소속된 문도(門徒)들이 일으킨 소위 잇코잇키(一向一揆)는 전국시대 다이묘(大名)인 아사쿠라씨(朝倉氏)와도 전쟁을 벌였다. 혼간지는 개조인 신란(親鸞)이 죽고 난 뒤, 1272년 교토 히가시야마(東山)에 만들어진 정토진종의 본산으로, 에도(江戸)초기에 동서로 분열되어 신슈오타니(眞宗大谷)파인 히가시혼간지(東本願寺)와 신슈혼간지(眞宗本願寺)파인 니시혼간지(西本願寺)로, 각기 다른 종파로 분리되어 오늘에 이르고 있다.

1549년 포르투갈 예수회에 소속되어 있었던 수도사(修道士) 프란시스코 자비엘(Francisco de Xavier)이 일본 최초로 기독교 선교를 시

작하였는데, 포교 당시에는 남만 종(南蠻宗) 혹은 바테렌 종(伴天連宗)이라 불렀으나, 포르투갈어를 본뜬 '기리스토쿄(キリスト教)'라는 호칭이 근대 이후 일반적이 되었다. 1630년대 무렵에는 수십만이 넘는 신자가 있었다고 하는데, 에도막부(江戸幕府)로부터 혹독한 박해를 받고서는 거의 사라지고 말았다. 당시 기독교를 탄압하는 방법으로서, 그림이나 조각 등에 성모마리아와 아기예수 초상을 그려놓은 소위 '후미에(踏繪)'라는 시험도구를 통해 신자를 가려내어 처형하는 등 갖가지 수단을 동원하였다. 이와 같이 도쿠가와(德川)시대에는 수많은 순교자를 내면서 금지된 종교가 되었지만, '가쿠레 기리시탄(隱れ切支丹)'이라 하여 겉으로 드러내지 않고 신앙생활을 지속한 신자들도 있었다. 이들은 교회나 선교사도 없이 은밀한 모임을 만들어 활동하거나, 불교나 신토(神道) 등 재래종교로 위장하기도 했는데, 나가사키(長崎)의 주변 섬들에는 오늘날까지 하나의 종단형태로 유지되고 있는 조직이 있다고 한다. 그리고 메이지시대에 새로이 서구에서 들어온 기독교가 다시 전파되어서 현재는 약 2백만 전후의 신자가 있는 것으로 추산하고 있다.

참고로, 원래 기독교인을 가리키는 포르투갈어인 'Christão(기리시탄)'을 한자로 '吉利支丹'으로 표기하였으나, 에도 막부에서 종교를 탄압하기 위해 시행한 금교(禁教)정책과 함께 1680년 제5대 쇼군 도쿠가와 쓰나요시(德川綱吉)의 시호와 중첩되는 '吉'자 표기를 금지시켰다. 뿐만 아니라 '鬼'나 '死' 등의 불쾌한 한자를 붙인 '鬼理死丹' 혹은 '切死丹'이라고도 하였다가, 이후 '切支丹'으로 굳어진 것이라고 한다. 일본어로 예수그리스도를 뜻하는 '야소(耶蘇)'는 'Jesus'의 라틴어를 근대 중국어 음으로 번역한 말이다.

5) 근세의 역사와 문화

근세는 중세와 마찬가지로 무사(武士) 정권임에는 변함없지만, 1603년 도쿠가와 이에야스(德川家康)가 무사시노(武蔵野) 지방에 건설한 성곽에 막부를 두었기 때문에 에도(江戸) 시대라고도 한다. 현재 일본의 수도인 도쿄(東京)로 개명하기까지 이어지는 에도시대는 이때부터 시작된 것으로, 막부의 심장부인 성곽은 1457년에 오오타 도칸(太田道灌)이 축성하고, 여기에 이에야스가 입성하여 제3대 장군 때인 1636년에 완성하였다고 한다.

1600년 도요토미(豊臣) 측의 서군과 도쿠가와(德川)의 동군으로 대결한 세키가하라(関ヶ原) 전투에서 승리한 도쿠가와 이에야스는 1603년 에도막부(江戸幕府)를 개설하였지만, 3년 만에 쇼군(將軍) 직위를 아들에게 물려주고 세력기반인 시즈오카(静岡)에 축성한 슴푸조(駿府城)로 돌아가 은거하였다. 그러나 권력을 모두 이양하지 않고 중대한 의사결정은 스스로 내려서 '오고쇼(大御所)'라 불렸으며, 사후에는 도쿄 동북쪽 위치에 자리한 닛코(日光) 도쇼구(東照宮) 신사의 제신(祭神)으로 모셔졌다. 한편, 아직 오사카 성(大阪城)에 남아있었던 도요토미 세력과는 두 번에 걸친 전투, 즉 1614년의 겨울전쟁(冬の陣)과 1615년의 여름전쟁(夏の陣)을 치르고서야 완전히 괴멸시킬 수 있었다. 이로써 도요토미 일가는 역사에서 완전히 사라지게 된 것이다.

에도막부는 지방 영주(大名)들의 반란을 사전에 방지하기 위해, 1635년에 참근교대제(参勤交代制)라는 일종의 인질제도를 확립하였다. 한편으로, 유교를 통치이념으로 삼아 관치학문으로써 주자학을 장려하였고, 막부통치가 원활하도록 사농공상의 신분제도를 실시함으로써, 무가(武家)와 초닌(町人)―상인과 도시상공업에 종사하는 계층―이라는 상하구도를 만들어 놓았다. 1637년에는 지방관의 학정에 대항하기 위한 농민반란인 햐쿠쇼잇키(百姓一揆)의 일종으로서 시마바라(島原)의 난이 규슈 서부에서 일어났다. 이는 1612년의 기독교 금교령(禁敎令)에 불만이 쌓였던 신도들과 농민이 일으킨 봉기로, 발생 후 1년 만인 1638년에 제압했는데, 이때 2만 수천 명의 신자들도 잔혹하게 처형당했다고 한다. 또한, 이를 계기로 서양세력 등 외세에 대한 일체의 뿌리를 제거하고자 1639년에는 쇄국을 단행하였다. 이리하여 외부세계와 단절된 속에서도 안정된 도쿠가와막부의 시대가 열리게 된 것이다. 1688년부터 1703년까지 이어진 겐로쿠(元禄) 시대는 막부가 들어선 이래 가장 안정된 시기로서, 근세문화의 뿌리가 되는 초닌(町人)문화도 이 시기에 개화하였다. 참고로, 근세 3대 문인이라 평가하는 우키요조시(浮世草子)의 창시자인 이하라 사이카쿠(井原西鶴)가 1693년에 사망하였고, 1694년에는 하이쿠(俳句)장르의 대성자로 하이세이(俳聖)라 불리는 마쓰오 바쇼(松尾芭蕉)가, 그리고 1724년에는 조루리(浄瑠璃) 및 가부키(歌舞伎)의 각본을 집필한 근세연극의 대가 지카마쓰 몬자에몬(近松門左衛門)이 각각 세상을 떠났다.

가부키(歌舞伎)나 영화 등을 통해 유명해진 '추신구라(忠臣蔵)'는 '아코로시(赤穂浪士)'라는 실재하였던 역사적 사건을 소재로 만든 작품이다. 즉, 1701년 효고 현(兵庫県) 남부지역인 하리마(播磨)지방의 아코 번(赤穂藩)의 영주(藩主) 아사노 나가노리(浅野長矩)가 에도(江戸)성내의 복도에서 기라 요시나카(吉良義央)―아시카가(足利)씨에서 분가된 일족으로, 막부의 의례(儀禮)담당관이며, 아사노(浅野)보다는 상위 계급인 고우즈케노스케(上野介)―에게 칼을 빼들어 상처를 입혔고, 쇼군은 죄를 물어 바로 할복(切腹)을 명하게 된 일이 발단이 되었다. 이를 전해들은 오이시 요시오(大石良雄)를 비롯한 47인―이들을 아코로시(赤穂浪士) 혹은 아코기시(赤穂義士)라고도 한다―의 휘하 무사들이 이듬해 기라케(吉良家)를 급습해 요시나카(義央)를 베어 복수하였고, 거사 이후 막부로부터 모두 할복 처벌을 받았다. 이 사건은 후일 조루리(浄瑠璃)와 가부키(歌舞伎)에 각색되어 주군을 위해 목숨 바친 기시(義士)들의 이야기로 상연되면서 오늘날까지 큰 인기를 얻고 있다.

1774년 와카사(若狭)의 번의(藩医)이자 외과 의사였던 스기타 겐파쿠(杉田玄白)는 에도의 사형수를 해부한 경험을 참고로 하여, "가이타이신쇼(解体新書)"를 간행하였다. 일종의 의학서로서 독일에서 건너온 인체해부(人體解剖)서를 일본최초로 번역한 것이다. 또한, 1815년에는 의학서의 간행에 이르기까지 고심담을 중심으로 란가쿠

(蘭学)—네덜란드(和蘭)학 연구의 약칭—초창기의 상황을 회상한 기록인 "란가쿠코토하지메(蘭学事始)"를 내기도 하였다. 두 권 모두 당시의 과학적 성취도와 함께 근대 지식인들에게까지 필독서가 될 정도로 서구문명을 인식하는 계기가 되었다. 1778년에는 러시아 선박이 에조지(蝦夷地)—홋카이도(北海道)의 옛 이름—에 내항하였고, 1798년에는 모토오리 노리나가(本居宣長)가 고대 연구의 일환으로 무려 34년간에 걸쳐 심혈을 기울인 44권의 "고사기전(古事記伝)"을 완성하였다. 712년에 성립된 "고사기"의 주석서로, 작품에 대한 종합적인 고찰과 함께 나름의 판단으로 고대정신을 논함으로써, 이후 제자들에 의해 신토(神道)사상에까지 지대한 영향을 끼치게 되었다.

1825년 막부는 항구로 서양선박이 들어오지 못하도록 '우치하라이료(打払令)'를 발포하였다. 해안이 있는 각 번(藩)에 청국과 네덜란드의 선박이 아니면 무조건 격퇴하라는 명령이 하달되었던 것이다. 그러나 이미 동양 개척에 나섰던 서구열강의 압박은 거세어, 1853년 미국(米國)의 페리 제독이 이끄는 사절단이 도쿄 만(灣) 입구에 위치한 우라가 수도(浦賀水道)로 소위 구로후네(黑船)라 일컫던 군함을 이끌고 들어오자, 결국 이듬해인 1854년에 일미화친조약(日米和親条約)을, 그리고 1858년에는 수교통상조약(日米修交通商条約)을 각각 조인하는 등, 개방을 하지 않을 수 없게 되었다. 이는 결과적으로 존왕양이를 주장한 지사(志士)라는 국수주의 논자들의 운동을 격화시켰고, 나아가 적극적인 막부토벌(討幕)운동으로 발전하면서, 드디어 에도막부는 '삿초(薩長)'—사쓰마(薩摩)와 초슈(長州)의 약자—연합세력에 무릎을 꿇고 말았다. 이리하여 15대 265년간 군림하였던 에도막부는 막을 내리고, 1868년 천황제 절대주의를 표방한 메이지(明治)정부가 탄생한 것이다.

근세에 들어서 생긴 문화이자 근세문학과도 밀접한 관련이 있는 장소로 유리(遊里)가 있다. '유리'란 유녀(遊女)가 거주하는 공간으로 유카쿠(遊廓), 유조야(遊女屋), 구루와(廓), 이로마치(色町), 이로자토(色里) 등으로 불렸는데, 본디 성곽을 본뜬 폐쇄된 구역이며, 주위에 해자(도랑)와 담을 설치하여 다른 지역과는 분리되어 있었다. '유리'에는 대개 세 곳으로 나뉘는 공간이 존재하는데, 우선 유녀를 지명하는 차야(茶屋)가 있고, 유녀가 평소 거주하는 오키야(置屋)가 있으며, 손님이 부르면 만나서 놀고 즐기는 아게야(揚屋)가 있다. 그리고 유녀는 조로(女郎)―원래 젊은 여성이라는 뜻과 신분이 높은 여성을 지칭한 말이었다―라고도 하는데, 그 중에서도 최상위급 유녀를 다유(太夫)라고 하며, 또한 오이랑(花魁)이라 부르기도 한다. 이러한 '유리'는 도요토미 히데요시가 1589년 교토에 허가한 야나기노바바(柳馬場)가 효시로, 1641년 에도막부에서도 이를 소위 3경(三京)과 함께 나가사키(長崎)지역에 한해 허가(官許)하였다. 즉, 교토의 시마바라(島原), 에도의 요시와라(吉原), 오사카의 신마치(新町), 나가사키의 마루야마(丸山)가 그것으로, 공인된 4대 유곽지대가 생겨났다. 또한, 막부에서는 허가조건으로 다음과 같은 5개조를 걸게 하였다. 첫째, 인신매매 금지. 둘째, 범죄인 인도. 셋째, 지역 외 유녀 영업금지. 넷째, 의류와 건물 등을 화려하게 치장하지 않을 것. 다섯째, 손님은 하루 밤낮만 허용한다는 다섯 가지 조건이었다. 이러한 유곽은 1678년에 25곳이 설치되었으나, 점차 늘어나면서 1920년대 중반에는 534곳에 이르렀고, 유녀만도 48,677명이 있었다는 통계가 있다. 그러나 1958년 매춘방지법이 실시된 이후, 일본 국내의 모든 유곽은 사실상 폐쇄되었다.

6) 근현대의 역사와 문화

1867년 11월 에도막부 쇼군 도쿠가와 요시노부(德川慶喜)로부터 정권을 반환받았다는 대정봉환(大政奉還)과 함께 1868년 5개조의 서문(誓文)을 내걸고, 메이지유신(明治維新)을 단행하여 근대국가로의 길로 접어들었다. 이를 기점으로 시작되는 근대는 일반적으로 천황의 연호로서 각 시대를 세분한다. 즉, 1868년부터 시작되는 메이지(明治)시대가 1912년까지 44년간이고, 그 뒤를 이은 다이쇼(大正)시대는 1926년까지 14년간이며, 다음이 쇼와(昭和)시대이다. 그리고 쇼와시대는 소위 '15년 전쟁'이라고 하여 대륙침략의 야욕이 빚어낸 만주(滿洲)사변으로부터 중일전쟁과 태평양전쟁으로 이어지는 전쟁과 패전, 전후복구와 고도경제성장 등 일본역사상 짧은 시기이지만 가장 급격하게 변화를 겪은 시기로, 1989년 1월7일에 이르러 막을 내리고 곧바로 헤이세이(平成)천황의 시대가 되었다.

근현대의 각 시기를 자세히 들여다보면, 우선 앞서 언급한 바와 같이, 1868년 사쓰마(薩摩)―가고시마(鹿児島県)의 옛 지명―와 초슈(長州)―야마구치(山口県)의 옛 지명― 연합세력이 막부를 쓰러뜨리고, 신정부를 일으킨 메이지유신으로부터 근대는 시작된다. 일련의 근대국가가 이루어지기까지의 과정을 살펴보면, 우선 1869년에 판적봉환(版籍奉還)을 통해 토지와 인민의 호적을 유신정부에 귀속시키고, 1871년에는 번(藩)을 폐지하여 현(縣)으로 바꾼 소위 폐번치현(廃藩置県)을 실시하여 봉건군주제도를 근대국가체계로 고쳤고, 사농공상의 신분제도를 폐지하여 일부계층을 제외하고는 모두 평민으로 출발하게 하였다. 1882년에는 일본은행을 설립하여 자본경제의 틀을 구축했으며, 또한 거대 기업군인 4대 재벌도 등장하였다. 즉, 미쓰이

(三井)—에도시대 환전상(両替商)인 미쓰이케(三井家)에서 출발하여, 1876년 미쓰이 은행 설립—, 미쓰비시(三菱)—1870년 창립된 미쓰비시로부터, 우편선(郵船)과 조선(造船)등 중공업부문에서 활약—, 스미토모(住友)—동(銅)광산채굴과 환전상(両替商)인 스미토모케(住友家)가 유신 후 광산을 경영하다, 1921년부터 재벌로 들어감—, 야스다(安田)—환전상으로 출발하여 1880년에 야스다 은행을 설립, 1912년에는 보험, 창고, 철도로 진출—가 그것이다.

메이지초기부터 1880년대까지 자유민권운동(自由民権運動)이라는 대규모 정치운동이 일어났다. 루소 등이 주창한 프랑스 계몽사상의 중심인 천부인권론의 영향을 받은 것으로, 메이지정부에 대해 번벌(藩閥)—같은 지역(藩)출신자가 정부 내에 만든 파벌—의 타파, 헌법제정, 지방자치와 국회개설 등을 요구하였다. 오사카에서 전국조직인 애국사(愛國社)결성과 사족결사(士族結社)가 생기고, 신문과 연설회를 통해 민권사상을 고취시켜 나갔으며, 1881년에는 10만 명의 서명을 받은 국회개설 청원서의 제출하였다. 이윽고 정부 내 정변이 일어나면서, 결국 헌법발포(1889)와 국회개설(1890)로 이어지게 되었다. 그러나 운동 자체는 언론조례 등을 이용한 강경한 정부의 탄압과 회유로 쇠퇴했고, 사족(士族)과 농민, 상인 등으로 참가자들이 지향한 바가 각기 달라서 내부분열을 일으키게 되었다. 게다가 운동을 추진하였던 민권파의 요구와는 다른 내용인 정부가 의도한 흠정헌법(欽定憲法)체제에 밀려나서, 결국 대동단결운동을 끝으로 와해되고 말았다.

1885년에는 근대국가의 통치기구로서 내각(內閣)제도를 실시하였는데, 같은 해 쓰보우치 쇼요(坪内逍遥)가 "소설신수(小説神髄)"라는 문예평론을 내어 기존문학에 대한 비판과 함께 사실(寫實)주의에 입각한 작품을 써야 한다고 주장하였다. 근대문학의 여명을 밝히는 계기가 된 평론으로서, 후타바테이시메이(二葉亭四迷)는 "우키구모(浮雲)"라는 소설로써 이를 실현하였을 뿐만 아니라 새로이 일상회화를 통해 구어문체까지 시도하였다. 1889년에는 대일본제국헌법(大日本帝国憲法)을 발포하여 명실상부한 근대국가체계를 완성하였고, 부국강병에 국력을 쏟아 그 여세를 몰아서 1894년부터 이듬해에 걸쳐 청일전쟁(日清戰爭)을, 1904년부터 1905년까지 러일전쟁(日露戰爭)을 각각 일으켜, 양 전쟁에서 모두 승리함으로써 승전국으로서 전쟁배상금이라는 막대한 자금까지 챙길 수가 있었다.

1910년에는 메이지천황을 암살하려 했다는 음모가 발각되어, 고토쿠 슈스이(幸德秋水)등 많은 사회주의자들이 처형당한 소위 대역(大逆)사건이 일어났다. 또한, 같은 해에 한반도를 강점하기 위해 한일 합방을 강행하였고, 8월에는 도야마 현(富山県)에서 쌀값을 대폭 올리자 어촌 여성들이 봉기하였는데, 이를 계기로 전국적인 쌀값인하 및 염가판매를 요구한 소위 쌀 소동(米騷動)이 일어났다. 모두 70만 명이상이 참가할 정도로 규모가 커져버리자 경찰력으로서는 한계에 이르러, 결국 군대를 동원해서 진정시키기까지 무려 3개월이나 걸렸다고 한다. 그리고 제1차 세계대전 중이었던 1918년에는 극동의 시베리아로 출병하였다.

1923년 9월 1일에 매그니튜드 7.9의 대지진이 일어나서 도쿄를 비롯한 관동지방을 흔들었다. 관동대진재(關東大震災)이라고 명명된 자연재해로 사망자만 10만에 가까운 엄청난 재해가 되었다. 이러한 혼란을 틈타 데마를 퍼뜨려서 이유도 없이 지나가던 사람을 잡아가서 살해한 소위 조선인대학살(朝鮮人大虐殺)사건이 일어나기도 했다.

1927년에 발생한 세계금융의 대공황으로 불경기와 불황의 늪에 빠져들었으며, 중국 동북부에서 군부가 주도한 만주사변을 1931년에 일으켰고, 또한 금(金)수출을 전면적으로 금지시켰다. 1932년 청조(淸朝)최후의 황제가 된 부의(溥儀)는 괴뢰정권인 만주국을 세웠다. 이와 같이 군부가 획책한 1931년의 만주사변부터 1945년 연합국에게 패전할 때까지를 학자들은 '15년 전쟁'이라 부른다. 전쟁이 점차 가열되자, 1933년에 국제연맹(UN)을 탈퇴하고, 1936년 일독방공(日独防共)협정을 체결했으며, 1937년 중일전쟁을 일으키고, 1938년에 국가총동원법을 만들어 이듬해부터 국민징용령까지 내려서는 온 국민을 전쟁터로 끌어들였다. 1939년부터 시작된 제2차 세계대전으로 이어지면서 전쟁은 확대일로로 나갔던 것이다.

1941년 12월 8일, 연합함대 사령장관인 야마모토 이소로쿠(山本五十六)의 작전구상으로, 해군 기동부대가 항공기를 주력으로 미군함정에 대한 기습공격을 감행하여 태평양전쟁—당시 군부에서는 이를 '대동아전쟁(大東亞戰爭)'이라고 명명—이 발발하였다. 미국령인 하와이의 진주만을 기습한 것을 계기로 미일전쟁은 시작되었던 것이다. 이후 여러 차례 공방을 거듭한 끝에, 1945년에 이르러 미국은 당시 개발에 성공한지 얼마 되지 않은 원폭을 히로시마(廣島)—1945년 8월6일—와 나가사키(長崎)—1945년 8월9일—에 연이어 투하하였고, 이는 곧바로 일본의 무조건 항복으로 이어졌다.

1945년 8월 포츠담 선언을 수락하고 항복문서에 조인하였는데, 같은 해 8월15일 이루어졌던 항복 선언은 쇼와천황이 미리 녹음해 둔 것을 방송—이를 옥음방송(玉音放送)이라 미화하고 있다—함으로서 이루어졌다. 이를 받아 연합국군최고사령부(GHQ)를 도쿄에 설치하여, 맥아더원수(元帥)가 총사령관이 되어 점령정책을 펼쳐나갔다. 먼저 군부에 협력한 재벌을 해체시키고, 농지를 개혁하고 노동조합법을 공포하였으며, 서둘러서 전쟁수행의 배경이 되었던 제국헌법(大

日本帝國憲法)을 폐지하고, 새로이 1946년에 일본국헌법(日本國憲法)을 제정 반포하여, 이듬해인 1947년 5월3일부터 시행하였다. 이 헌법에는 군주제(君主制)에서 주권재민(主權在民)을 기초로 하여, 소위 상징천황(象徵天皇)이라는 조문(제1조)과 함께 국권이나 분쟁 해결을 위한 수단으로써 전쟁과 무력을 일체 행사하지 않을 것을 명기한 전쟁포기(戰爭放棄)라는 일본만의 독특한 조항(제9조)을 담고 있다.

1948년 11월에는 1946년 5월부터 이어진 일본군의 전범재판이라는 극동국제군사재판—도쿄재판이라고도 한다—이 종료되어, 종전 당시 총리였던 도조 히데키(東条英機) 등의 수뇌부가 사형선고를 받고 곧바로 집행되었다. 참고로 법정에서는 3가지 전범으로서 평화에 반하는 죄목을 A급, 포로학대 등 비인도적 행위자를 B급, 실행자를 C급으로 각각 분류하여 5,416명이 기소되었으나, 그 중에서 937명이 사형을 언도받아 교수형 7명, 종신금고 16명 등으로 처리되었다. 특히, 전후 수상이 된 기시 노부스케(岸信介)와 정재계의 막후인물이자 우익 파시스트로 불리는 사사카와 료이치(笹川良一) 등은 A급 전범으로 분류되었으나, 인도의 펄 판사가 전원 무죄를 주장하는 등 이론(異論)이 나와서 결국 석방되었다. 또한, 이 재판에서는 식민지 출신인 조선인도 다수 있어서 일본군과 같은 혐의로 형장의 이슬로 사라지게 되었는데, 이 때 처형된 군인들의 위패가 도쿄 도심인 구단(九段)의 야스쿠니 신사(靖国神社)에 안치되어 있어서, 지금도 총리를 비롯한 정치가들과 우익인사들이 참배하여 물의를 일으키고 있다. 참고로 야스쿠니 신사는 원래 쇼콘샤(招魂社)라 하여 1868년에 일어난 신정부 군과 구 막부세력과의 충돌인 보신(戊辰)전쟁의 전사자를 합사(合祀)할 목적으로 1869년 교토에 설치했던 것이며, 도쿄로 옮겨와 1879년에 야스쿠니(靖国)로 개칭하여 정부가 공식적으로 공물

(供物)을 바치는 최고격의 전몰군인들을 위한 신사―官幣社―가 된 곳이다.

1950년 6월25일 한반도에서 전쟁(朝鮮戦争)이 일어나자 미군을 돕는다는 목적으로 경찰예비대(警察豫備隊)를 설치하였는데, 이 조직은 1954년 발족한 일본자위대(自衛隊)로 이어졌다. 1956년에는 국제연합에 재차 가맹하였으며, 또한 훗날 학생들의 반미투쟁의 원인이 된 미국과 일본의 신 안보조약(新安保条約)이 기시(岸)수상의 의지로 1960년에 체결되었고, 1965년에는 한일기본조약도 조인되었다. 1964년에는 도쿄에서 제18회 올림픽을 개최하였는데, 당시 대회에 맞추어 도쿄와 오사카 사이를 오가는 도카이도(東海道) 신칸센(新幹線)을 개통하였다. 시속 210㎞를 달성하여 세계최초라는 기록을 세웠는데, 당시 개발에 참여한 기술자들은 일본군의 전투기나 잠수함 등을 만들던 사람들이었다는 후문도 있다. 또한, 고속철도의 성공은 프랑스를 비롯한 유럽에도 영향을 미쳐 경쟁적으로 개발되었다. 신칸센은 지진이나 태풍 등 열차운행에 장애가 많지만, 현재까지 부주의에 의한 인신사고를 제외하고 차체로 인한 문제가 없어서, 안전한 고속철도로서 자리매김 되고 있다.

1968년도 노벨문학상 수상자로 가와바타 야스나리(川端康成)가 선정되었다. 그는 온천마을을 무대로 한 설국(雪國) 등의 작품에서, ‘일본인들이 가진 마음의 정수를 뛰어난 감수를 통해 표현하여 세계인을 감동시켰다’고 평가되었다. 또한, ‘아름다운 일본의 나’라는 제목으로 수상기념 강연을 하였는데, 이후 일본인으로서는 두 번째로 노벨문학상을 수상한 오에 겐자부로(大江健三郎)는 가와바타에 빗대어 ‘애매한 나’라는 강연 제목을 달기도 하였다. 일본인과 노벨상은 인연이 많아서인지, 2017년까지 모두 23명―외국 국적까지 포함하면

26명—으로, 최초로 수상한 사람은 1949년도 물리학상을 수상한 유카와 히데키(湯川秀樹)로, 당시 패전에 따른 상실감에 젖어있던 일본 국민들에게 큰 희망과 자신감을 불어넣었다고 한다.

한편, 1968년 도쿄에서 남남동쪽으로 1200㎞떨어진 태평양의 군소군도로 이루어진 오가사와라 제도(小笠原諸島)가 미군 관할지역에서 벗어나 일본영토가 되었으며, 1972년에는 미일전쟁의 격전지가 되어 거의 초토화되었던 오키나와(沖繩)도 일본에 편입되어서, 홋카이도 동북쪽의 소위 북방영토라는 네 개의 섬 이외는 1945년 이전의 판도와 똑같이 일본 고유영토로 모두 흡수되었다. 또한, 장기간 전쟁으로 말미암아 적대관계였던 중국과도 같은 해 다나카 가쿠에이(田中角栄)수상의 노력에 의해 국교정상화가 이루어졌다.

2. 일본의 신화와 민속

1) 일본의 신화

패전 이후에 개정된 일본국헌법의 제1조에는 천황(天皇)은 일본을 상징한다는 조문이 있다. 소위 상징천황제라 불리는 배경이기도 하지만, 현대에 있어서도 여전히 일본의 정체성을 나타내는 바로미터 같은 존재이고, 이를 뒷받침하는 법적인 제도이다. 메이지정부가 제정했던 소위 제국헌법(大日本帝國憲法)의 제1조에서 '일본은 만세일계(萬世一系)의 천황이 통치한다.'라는 모두의 선언처럼, 유사 이래 변함없이 이어진 천황가(天皇家)는 일본의 역사와 함께 자리매김 된 정신사의 핵심적인 요소이기도 하다. 이와 같이, 역사와도 불가분의 관계에 있는 천황은 고대 야마토(大和)조정에서 편찬한 역사서를 통해 신성(神聖)과 정통(正統)성을 표방한데서 찾아볼 수가 있다. 따라서 오늘의 일본을 이해하기 위해서도 살펴보아야 하는 것 중의 하나가 천황의 유래를 담은 고대신화인 것이다.

일본의 신화는 8세기초반에 성립된 "고사기(古事記)" 및 "일본서기(日本書紀)"―일반적으로 작품명의 끝 글자를 따서 기기(記紀)라고 약칭한다―의 서두에 실려 있는데, 광범위하고 체계적이며 매우 짜임새 있게 왕실과 조정의 유래를 서술하고 있다. 일본열도의 창조로부터 시작되는 신들의 이야기를 신대(神代)로 규정하고 있으며, 줄여서 기기신화(記紀神話)라고도 한다. 고대신화는 기기(記紀) 이외에도 당시 지방의 관청에서 올린 보고서로, 고대의 지지(地誌)라 해석하는 풍토기(風土記)에서도 단편적으로 전하며, 중고시대 초기에 편찬한 것으로 우지부미(氏文)라 하여 조정의 씨족들이 자가(自家)의 유래를 담은 신화를 내기도 하였다. 여하튼 기기(記紀)에서 신대(神代)라 일컫는 신화세계에는 인간의 역사 이전의 시공간에서 신들이 펼치는 다양한 사건을 전하고 있는데, 여기에는 고대의 유력 씨족의 선조들도 천황의 조상신과 함께 활약한 것으로 기록되어 있다. 또한, 기기 신화에서의 신과 조상들의 활약상은 일본 각지의 신사(神社)와 제신(祭神)들의 기원과 유래로서 인용하고도 있다. 다음은 이러한 일본신화를 이해하기 위해 고사기에 서술된 내용을 중심으로 살펴보기로 한다.

(1) 일본의 왕조신화와 전설

음양의 원리로 창세(創世)를 기술한 일본서기(本文)와 달리 고사기는 지상과 구별되는 천상의 세계를 다카아마노하라(高天原)라 하여 여기서부터 신화시대를 엮고 있다. 하늘의 중심축인 아메노미나카누시 신(天御中主神)과 함께 다카미무스히(高御産巣日神) 및 가무무스히(神産巣日神)라는 짝을 이루는 신을 비롯하여, 이자나키(伊邪那岐命)라는 남신과 이자나미(伊邪那美命)라는 여신이 최초로 나타났다.

남녀 두 신은 떠있는 나라를 굳히라는 천신의 명을 받아서 하늘의 다리(天浮橋)에 서서 창(天沼矛)으로 바다를 휘저어 떨어지는 소금으로 '오노고로'섬을 만들고, 거기로 내려온 두 신이 서로 다른 성(性)적 특징에 관한 문답을 통해 결혼하기로 정했다. 먼저 하늘의 기둥(天御杜)을 돌면서, 이자나미가 '어머나! 정말 훌륭한 사나이야'라고 말하자, 이자나키가 '오, 정말 아름다운 낭자여!'라고 답했는데, 여신이 선창한 까닭에 불구자 신이 태어나 갈대배에 실어 바다로 흘려보냈고, 다시 순서를 바꾸어 일본열도와 신들을 낳았다.

그런데, 불의 신을 출산할 때 여신이 타 죽자, 화가 난 이자나키가 화신(火神)을 도륙하자, 몸에서 도검과 벼락 신(建御雷男神), 물의 신(水神)등이 나타났다. 그러나 아내가 그리워진 남신은 저승(黃泉國)에 찾아갔지만, 그녀는 이미 이곳의 음식을 먹어버려서 자유로이 나갈 수가 없으므로 저승 신(黃泉神)과 상담해 보겠다고 들어갔다. 하지만 기다리다 지친 이자나키가 보지 말라는 금기(禁忌)를 어기고 동굴 속의 흉한 시신을 보고 말았다. 창피를 당했다고 격노한 이자나미는 저승의 군사들에게 쫓게 하나, 빗과 머리장식을 던져서 죽순과 산포도로 변화시켜 이를 먹고 있는 틈에 도망가다가, 저승의 언덕(黃泉坂)에 이르러 그곳에 열려있는 복숭아열매로써 완전히 물리치고 큰 바위로 입구를 막아버렸다. 그러자 몸소 뒤쫓아 온 여신이 이혼선언을 하면서 하루에 인간을 1000명씩 데려오겠다고 하자, 남신은 산실을 1500개 만들겠다고 응수하였다. 이에 따라 하루에 천 명씩 죽고 천오백이 태어난다고 한다.

참고로, 일본열도의 탄생과 함께 이어지는 남신의 저승 방문담은 고사기의 신화로, 일본서기의 본문(正文)에서는 곧바로 삼귀자(三貴子)라는 황실의 조상신을 비롯한 주요 3신의 탄생과 통치영역에 관한 신화를 서술하고 있다.

한편, 지상으로 돌아온 이자나키가 저승에서의 부정(穢)을 씻어내고자 '미소기하라에(禊祓)'를 하는데, 몸에 지니고 있던 물건과 함께 얼굴을 씻을 때 나타난 3신을 귀한 세 자식—삼귀자(三貴子)—이라고 기뻐하며, 다음과 같은 탄생과 통치영역에 관한 신화를 전한다. 먼저, 왼쪽 눈에서는 아마테라스 신(天照大御神)이 나타나 천상의 다카아마노하라(高天原)를 통치하도록 맡기고, 오른 쪽 눈에서 나온 쓰쿠요미(月讀命)는 밤의 나라(夜之食國)를, 코에서 나타난 스사노오(須佐之男命)는 바다를 통치하도록 각각 분배하였다.

그러나 스사노오는 수염이 길어질 때까지 어머니가 보고 싶다고 울기만 하여 각종 재앙이 창궐하자, 이자나키가 엄하게 나무라며 추방을 명한다. 그래서 작별인사차 다카아마노하라에 올라오게 되는데, 이를 나라를 빼앗으려는 흑심으로 오해한 아마테라스는 소위 청명심(淸明心)을 증명하기 위해, 하늘의 강(天安河)을 사이에 두고 하늘의 우물(天之眞名井)에서 서로의 물건을 교환하여 출산으로 신의 뜻을 판단(誓約)하자고 제안한다. 이에 아마테라스는 스사노오의 칼(十拳劍)로서 세 여신을 낳고, 스사노오는 아마테라스의 구슬(八尺勾珠)로 다섯 남신을 낳았다. 그런데, 아마테라스는 천손의 시조인 아메노오시호미미(天之忍穗耳命) 등의 남신들이 자신의 구슬에 의한 것이라 하여 모두 아들로 삼았다.

한편, 스사노오는 시합에 이긴 여세로, 논두렁을 메우고 신성한 음식을 차리는 대상전(大嘗殿)에 대변을 보는 등 난폭한 행동을 거듭하다가, 급기야 베를 짜는 신성한 건물(忌服屋) 지붕에 올라가 가죽을 통째로 벗긴 얼룩말을 던져 넣는 바람에, 신들의 옷(神衣)을 짜던 여신(天服織女)을 놀라게 하여 베틀의 북이 음부에 찔려 죽게 만든다. 아마테라스는 이러한 난동과 무례를 견디다 못해 아메노이와야도(天之石屋戶)라는 동굴에 숨어버리자, 천지는 암흑으로 변하고 온갖 재난이 일어났다.

이에 천상의 모든 신들(八百万神)이 모여 제사를 지내기로 했는데, 먼저 도코요(常世)에 사는 한없이 길게 우는 닭(長鳴鳥)을 울게 하고, 거울과 구슬을 준비한 다음, 사슴 뼈로서 점을 치고 비추기 나무로서 제구를 만들어 신에게 올리는 말인 노리토(祝詞)를 외고, 아메노우즈메(天宇受賣命)로 하여금 동굴 앞에서 신들린 춤을 추게 하자, 하늘세계가 진동하고 신들이 일제히 웃음을 터트렸다. 궁금히 여긴 아마테라스가 밖의 소동을 묻자 당신보다 훌륭한 신이 나타났기 때문이라며 거울을 비추어보이고, 밖을 내다보는 틈을 타서 힘의 신(天手力男神)이 끌어당기어 나오게 하고서는 동굴 입구를 막아버렸다. 이리하여 광명이 되돌아오게 되었고, 스사노오는 수염과 손톱발톱을 모두 뽑히는 벌을 받고서 추방되었다.

떠나는 도중 음식의 여신인 오게츠히메(大宜津比賣神)를 만나 먹을 것을 내오라고 하자, 코・입・항문에서 끄집어내어 요리하므로, 더러운 것을 바친다고 하여 죽였더니 몸에서 오곡(五穀)이 발생하였다. 즉, 머리에는 누에(蚕), 두 눈에는 볍씨(稲種), 두 귀에는 조(粟), 코에는 팥(小豆), 음부에는 보리(麦), 엉덩이에는 콩(大豆)이 각각 나타나 모두 천상의 신에게 보내 씨로 삼게 하였다. 참고로, 일본서기에서는 달(月)의 신이자 밤을 지배하는 쓰쿠요미 신이 우케모치(保食)신을 죽일 때 나타났다고 하며, 신체부위와 발생한 품목이 다르다. 즉, 머리에는 우마(牛馬), 이마에는 조, 눈썹에는 누에, 눈에는 피(稗), 복부에는 벼, 음부에는 보리와 콩 및 팥이 각각 났다고 한다.

이윽고 이즈모(出雲國)의 히노 강(肥之河) 상류로 내려온 스사노오는 산 제물로 바쳐지려던 논의 여신(櫛名田比賣)을 구하기 위해 동녀로 분장하고, 붉은 꽈리 눈에 여덟 개의 머리와 꼬리를 가진 야마타노오로치(八俣の大蛇)라는 거대한 괴물 뱀을 아주 진하게 담근 술로써 잠들게 하여 칼로 토막 내어 죽였다. 그런데, 꼬리를 자를 때 뱀의 몸속에서 구사나기 칼(草那藝之太刀)이 나타나 천상의 신에게 갖다 바치고, 신접살림을 차릴 곳을 찾아 이즈모의 스가(須賀)라는 곳에 이르렀다. 그러자 기분이 좋아져서 이곳에 궁(宮)을 지을 때, 뭉게구름이 솟아올라 노래를 읊었는데, 이 노래는 후대에 와카(和歌)의 효시로써 회자되고 있다.

　고사기에는 이어서 스사노오의 자손계보를 싣고 있는데, 5대째 자손이 '오호쿠니누시노카미(大國主神)'라고 하며 4개의 다른 이름을 나열하고 있다. 이후의 이야기는 계보를 이어 가듯 토지 신(大國主神)의 성장과정과 함께 지상왕국의 건설에 관련되어 펼쳐지는데, 별칭의 하나인 오호나무지(大穴牟遲神)로서 시작된다.

　처음 그가 여러 형들(八十神)의 등짐을 지고 따라가다가, 상어와 지혜 겨루기 끝에 가죽이 벗겨진 흰 토끼(素兎)에게 형들이 잘못 알려 준 치료법을 바로잡아 준다. 즉, 괴로워하는 토끼를 형들이 바닷물에 목욕하고 언덕에서 바람을 쐬라고 하는 바람에 더욱 고통스러워하는 것을 보고, 민물로 씻고 부들(蒲)밭에 구르라는 일종의 화상치료법을 일러주어 낳게 하였다. 이로 인해 형들이 다투어 구혼하려던 여신(八神比賣)은 당신과 결혼하리라는 축복을 받게 된다. 그러자 질투로 성난 형들이 산위에서 굴려 내린 불에 구운 바위를 받으려다 타서 죽자, 모신(母神)이 나타나 자매 조개 신으로 살려내고, 이번에는 다시 나무쐐기에 박아 죽이는 등 생명의 위협이 잇따르자, 보다 못해 스사노오가 있는 지하의 네노쿠니(根國)라는 곳으로 가게 하였다.

오호나무지는 거기서 오호나무지는 스사노오의 딸 스세리비메(須勢理毘売)와 눈이 맞아 부부가 되어 그녀의 도움을 받게 된다. 즉, 뱀과 지네와 벌들이 득실거리는 방에는 그녀가 건네준 '히레(比禮)'라는 주술 도구로 무사히 밤을 보냈다. 그러자 스사노오가 화살을 쏘아 찾아오게 하고는 들판에 불을 놓아버렸다. 절체절명의 위기에 빠진 그에게 이번에는 쥐가 나타나 주문을 외워서 동굴로 피신하는 등 여러 시련을 극복하고, 생명의 칼(生大刀), 활과 화살(生弓矢), 하늘 악기(天沼琴)라는 세 가지 보물을 가지고 도망쳐 나오다가 발각되지만, 오히려 스사노오에게서 지상의 주신 오호쿠니누시 신(大國主神)이 되라는 축복을 받았다.

이어지는 신화는 신대의 핵심 이슈로, 천황통치의 전제가 되는 지상왕국의 건설이라는 뜻인 '구니쓰쿠리(國作り)'와 통치권을 넘겨준다는 '구니유즈리(國讓り)'를 주제로 전개된다.

먼저, 오호쿠니누시는 바다를 건너 온 콩알 크기인 신의 정체를 몰라서 궁금해 하다가, 산속의 허수아비(久延毘古)에 의해 도코요(常世国)에서 건너온 천신(神産巣日神)의 아들이라 밝혀진 스쿠나히코나(少名毘古那神), 그리고 야마토의 미와야마 산(三輪山)에 진좌한 오호모노누시 신(大物主神)의 협조로 드디어 지상세계(葦原中國)를 완성하였다.

그러자 아마테라스(天照大御神)가 지상세계는 천손인 아메노오시호미미(天之忍穂耳命)가 통치해야한다고 선언하고서, 지상왕국의 양도를 재촉하며 사자를 내려 보낸다. 첫 번째로 파견된 아메노호히 신(天菩日神)은 오호쿠니누시에게 비위를 맞추며 3년이 지나도록 복명해 오지 않자 아메노와카히코(天若日子)를 보냈는데, 그는 오호쿠니누시의 딸(下照比賣)과 결혼하여 혼자 왕국을 차지할 욕심으로 8년

동안 체류한다.

소식이 끊겨 알아보려고 내려간 나키메(鳴女)라는 꿩을 아메노와 카히코가 쏘아 죽이자, 가슴을 관통한 화살은 천상의 아마테라스와 다카기노카미(高木神)의 처소에 떨어지고, 이를 집어 들어 주문을 외우고 되돌려 보낸 가에시야(還矢)화살에 아메노와카히코가 맞아 죽게 된다.

하늘에서 이 소식을 듣고 빈소로 조문 온 얼굴이 닮은 아지스키타카히코네를 가족들이 망자가 살아 돌아 온 것으로 착각하자, 죽은 이로 오해받아 화가 나서 상가(喪屋)를 부셔버렸고, 남은 식구들은 노래(夷振)를 읊으며 슬퍼했다. 세 번째로 하늘에서 파견된 벼락의 신(建御雷男神)이 담판을 벌이게 되는데, 오호쿠니누시는 자식들과 상의하라고 한다. 먼저, 야에코토시로누시(八重言代主)와 고토시로누시(事代主神)는 이의가 없다고 하였으나, 다케미나카타(建御名方神)는 힘겨루기를 걸고 나와 여러 가지 시합을 벌였지만 결국 패하고서는 복종을 맹서하였다.

이리하여 모두 항복시키자, 오호쿠니누시는 이즈모의 바닷가에 왕궁과 같은 궁전―이즈모타이샤(出雲大社)로 추정―을 짓게 하여 그 곳에 은거한다. 이로써 국토 양도(国讓り)가 확정되었고, 이윽고 천신으로부터 지상통치 명령을 받아서 시조강림신화에 해당하는 천손강림(天孫降臨)으로 이어진다.

그런데, 앞서 신의 판단인 우케히(誓約)를 통해 태어났던 아메노오시호미미(天之忍穗耳命)에게 아마테라스는 지상세계 통치를 위해 강림하라고 명하지만, 그는 호노니니기(番能邇々芸命)라는 아들이 태어났다고 하여 결국 그를 내려 보내기로 한다.

이에 따라, 천손 호노니니기는 아마테라스로부터 제사지내라는 뜻으로 받은 하늘의 거울과 괴물 뱀의 몸속에서 나온 구사나기 칼(草那藝劍), 야사카마카타마(八尺勾玉)구슬이라는 소위 3종의 신기(神器)와 함께 아메노고야네(天児屋命)와 아메노우즈메(天宇受売命) 등의 여러 신들(五伴緒)을 거느리고, 천지를 비추는 사루타비코(猿田毘古神)의 인도를 받으면서 쓰쿠시(筑紫) 히무카(日向)에 솟은 다카치호(高千穗)의 구시후루타케 산봉우리로 내려왔다.

강림한 뒤, 천손은 가사사(笠沙)곶에서 만난 아름다운 벚꽃의 여신(木花之佐久也比賣)과 결혼하려 하지만, 그녀의 부친인 산신(大山津見神)은 바위의 정령인 언니(石長比賣)를 함께 보내왔다. 그러나 추한 얼굴을 두려워하여 언니를 사양한 탓에 천손은 벚꽃처럼 번영하지만, 수명은 짧게 줄어들고 말았다고 한다.

천손과 하룻밤을 지냈을 뿐인 벚꽃의 여신이 임신하였다고 하자, 이는 필시 토지 신(國神)의 아이일 것이라 의심을 한다. 이에 분개한 그녀가 만일 부정한 아이라면 무사하지 못할 것이라 말하고, 문이 없는 산실을 지어서 불을 놓아 그 속에서 아이를 낳았다. 이리하여 불(火)의 이름을 가진 세 형제가 태어났으며, 그 중 막내가 천손의 대를 잇는다.

이상과 같은 천손의 지상 활동에 이어서, 기기(記紀)에서는 휴가(日向)신화라 일컫는 천손의 용궁방문전승이 전개된다. 형제 중 첫째 호테리(火照命)는 우미사치히코(海幸彦)라 하여 바다의 어부였으며, 막내 호오리(火遠理命)는 야마사치히코(山幸彦)라 하여 사냥꾼이었다. 하루는 동생이 형에게 사치(幸)를 바꾸어 보자고 졸라 겨우 허락을 받고서 낚시를 하였지만, 고기는 한 마리도 잡지 못하고 낚시 바늘마저 분실하고 말았다. 그래서 지니고 있던 칼을 쪼개어 낚시 바늘을 수백 개나 만들어 보상하려고 하였지만, 형은 원래 쓰던 것으로 되돌려달라고 거부하였다. 이에 울며 고민하다가 바닷가에서 만난 시오츠치(鹽槌神) 항해신의 도움으로 얼금얼금한 광주리 배를 타고 해신의 궁전으로 찾아가게 된다. 그곳에서 해신의 딸 도요타마비메(豊玉毘賣)와 눈이 맞아 결혼하여 살게 되었다.

그러나 3년이 지난 뒤 잊고 있었던 지난 일이 생각나 해신에게 고하니, 빨간 돔이 문제의 바늘을 삼킨 것을 알고 찾아내어, 주물(呪物)을 받아서 지상으로 되돌아왔다. 그리고는 지시받은 대로 주술을 걸어 물에 잠기게 하는 등 갖가지 곤경에 빠지게 하고서, 용서를 빌면 풀어주는 방법으로 괴로움을 주자, 형은 항복하고서 천손을 대대로 수호할 것을 맹서하였다. 호테리(火照命)가 규슈 남쪽 부족인 하야토(隼人)족의 조상으로서, 궁중의례에서 복종을 상징하는 춤을 추게 된 일은 이러한 유래에서라고 한다.

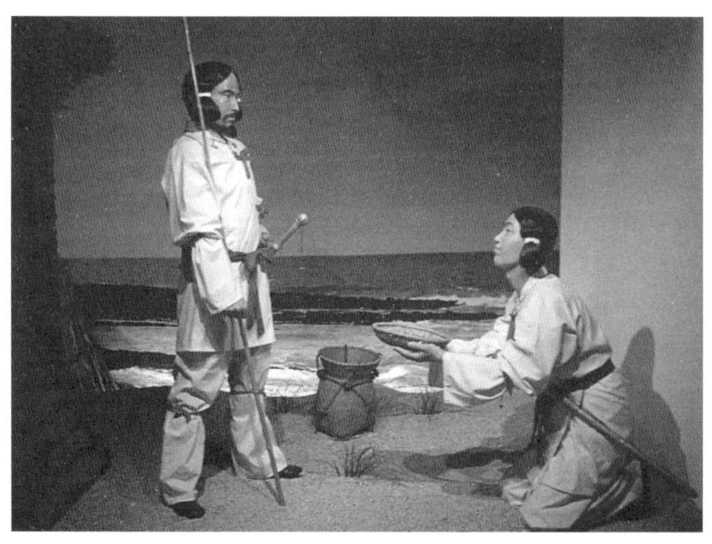

한편, 임신한 도요타마비메는 바닷가로 나와 가마우지(鵜) 깃털로 산실을 만드는 중에 해산할 기미가 보이자, 천손에게 관습상 원래 모습으로 출산한다며 절대로 보지마라고 부탁 하였다. 그러나 움막 안에 여덟 길이나 되는 상어가 몸을 뒤틀며 낳는 것을 훔쳐보고 놀랍고 무서워서 도망을 갔다. 그녀는 창피를 당했다며 천손 우가야후키아에즈(鵜葺草葺不合命)를 낳고서는 지상과 해신의 나라와의 경계인 해로를 막아버리고 돌아갔다. 하지만 그리움에 못 이겨 여동생 다마요리비메(玉依毘賣)를 보내어 천손을 양육하도록 하였다. 우가야후키아에즈는 그녀와 결혼하여 이쓰세노미코토(五瀬命)를 비롯한 네 아들을 낳았는데, 막내가 가무야마토이와레비코(神倭伊波禮毘古命)로 초대 신무(神武) 천황이 되었다. 그리고 둘째와 셋째는 도코요노쿠니(常世国)와 바다(海原)로 각각 들어갔다.

이상이 고사기의 주요 내용으로, 일본서기에서는 두 권에 걸쳐 보다 다양하고 복잡한 이야기를 전승의 기준이 되는 본서(正文)와 함께 일서(一書)의 형태로 싣고 있다.

초대(初代)왕이 되는 신무천황에 관한 이야기는 신대에 이어서 펼쳐지는데, 기기(記紀)에서는 먼저 토지 세력들과의 마찰과 이를 제압하는 일부터 시작한다. 즉, 신무 일행이 동쪽으로 이동하여 치세를 위한 왕궁을 건설하기까지의 과정은 소위 동정(東征)전설로써 전개되고 있는 것이다.

먼저, 신무는 규슈의 다카치호 궁(高千穗宮)에서 형(五瀬命)과 논하기를 동쪽으로 가서 나라를 세우자고 하며 기거하고 있었던 히무카(日向)에서 길을 나섰다. 처음 북쪽 쓰쿠시(筑紫)로 나아가 우사(宇佐)에 도착하였고, 그곳에서 다테쓰(楯津)를 거쳐 야마토(大和)로 들어가려 하나, 토착 세력의 강한 저항에 부딪혀 형은 화살에 맞아 죽어 실패하고 만다. 패인이 태양신의 자손인데도 해를 바라보면서 싸웠기 때문이라 깨닫고서, 남쪽의 기노쿠니(紀国)에서 구마노(熊野)로 우회하는 작전을 쓰기로 한다. 그러나 여기서도 신무 일행이 독기를 맞아 쓰러지고 말자, 이를 걱정한 아마테라스(天照大御神)는 벼락 신(建御雷男神)에게 도와주라고 명했는데, 그는 지니고 있던 칼―이소노카미 신궁(石上神宮)의 사지후쓰 신(神)이라는 보검―을 내려 위기를 벗어나게 하였다. 또한 하늘에서 파견된 야타가라스(八咫烏) 까마귀의 인도를 받아, 토착 호족들을 모두 멸한 뒤, 야마토(大和)에 들어가 가시와라 궁(橿原宮)을 만들어 즉위하였다.

　이상이 천상세계인 '다카아마노하라'로부터 시작하여 초대 천황이 왕도를 정해서 등극하기까지의 과정을 엮은 것이다. 태양신의 후손이 되는 천손이 하늘에서 내려와 천황가의 조상이 된다는 줄거리는 왕실의 신성성과 불가분의 관계로 서술된 것이며, 또한 천손강림에 동반한 제신들은 고대조정의 유력한 씨족의 조상신들이어서, 편찬과정에는 관련 씨족들이 관여했을 것이라 생각된다. 그리고 최초로 왕조를 열게 된 것을 신무(神武)천황의 즉위 기록에 맞추어 건국기념일로 제정되었음은 주지와 같다.

　그밖에, 기기(記紀)에는 니누리야(丹塗矢)전설이라는 초대 왕비의 출생에 얽힌 이야기를 싣고 있는데, 앞서 지상왕국 건설에 등장했던 미와야마(三輪山)의 오호모노누시(大物主神)가 니누리야(丹塗矢)화살로 변신해 미녀와 결혼하여 낳은 신의 아이라고 하고 있다. 그리고 미와야마 전설이라 하여 '미와(三輪)'라는 지명유래를 뱀 신(蛇神)인 미와 신과 미녀와의 신혼(神婚)과 함께 오호모노누시의 제사에 얽힌 전설로서도 싣고 있다.

　그런데, 하늘세계에서 지상으로 조상신이 내려온다는 천손강림은 고구려의 시조신화와 유사한 구도로, 한반도의 여러 나라에서 볼 수 있는 왕조의 일반적인 시조유래담이다. 하지만 일본신화의 경우, 그것이 고대왕조가 자리한 야마토(大和)―현재의 나라(奈良)―지역이 아닌 규슈(九州) 남쪽지방인 히무카(日向)의 다카치호(高千穂) 봉우리로 내려 왔다고 하며, 게다가 거기서 3대까지 머물렀다는 것이어서 왕조의 발생과정과 어울려 많은 논란과 해석을 낳고 있다. 더구나 신화개요에서 알 수 있듯이, '아마테라스오미카미(天照大御神)'가 천손의 지상통치를 위해 양도받은 신들은 이즈모(出雲)의 '오호쿠니누시노카미(大国主神)'―이즈모타이샤(出雲大社)의 제신―를 비롯한 토지신(國神)들로서, 국토건설과 양도신화의 어디에도 보이지 않았던 규슈 남부로 강림하는 모습은 앞뒤가 맞지 않는 구도인 것이다. 이러한 여러 가지 의문점들은 고대사 연구자에 따라 일본왕조의 발생지 문제로까지 이어져 있다.

또한, 태양을 신격화한 조상신 아마테라스오미카미는 현재 이세
신궁(伊勢神宮)에 모셔져 있는데, 이는 제9대 수인(垂仁)때의 기록으
로 일본서기에 따르면, 그때까지 야마토의 왕궁내부에 있다가 왕도
의 동남쪽에 위치한 이세(伊勢)로 옮겨 왕녀인 야마토히메(倭姬命)가
모시도록 했다고 한다. 제사와 정치를 분리하려는 시도로 보이지만,
이전한 이세 지역에는 이전부터 토지 신이 있었기 때문에 내궁과 외
궁을 따로 조성하여 두었고, 오늘날까지 왕실의 성역으로 자리매김
되고 있다.

기기(記紀)에는 고대왕조가 형성되년 시기와도 관련이 있는 내용
이 담겨 있다. 따라서 여기에 실린 기록으로 추정하자면, 당시의 지
배세력이 중시했던 제정(祭政)일치라는 특성상 조정에 수집된 자료
를 바탕으로 자신들의 유래를 나타내기 위해 신화시대를 그려내고
있는 것이다.

이러한 문헌 속의 신화와 전설은 시대를 뛰어 넘어 현대까지 영향
을 미치고 있는 내용이 많다. 특히 현존하는 일본왕실의 신성과 존
엄성의 근원은 신대(神代)에 두고 있기 때문에, 그러한 사상을 답습
하고 있는 오늘날 고대신화는 현재진행형으로 이어지고 있다고도
할 수 있다.

덧붙여서 말하자면, 고대
문헌에 실린 제반 전승은 일
본각지에 자리한 신사(神社)
의 기원 담으로 인용되어,
역사성을 증명하는 근거로
서도 활용되고 있다. 고대
야마토 조정에서 시작된 문

헌기록이지만, 관련 지역에서는 자신들의 유래 전승으로서 선전되는 점에서 그 파급력을 알 수 있는 것이 기기(記紀)의 신화이고 전설인 것이다.

(2) 일본의 민속과 축제의 유래

일본에서 '마츠리(祭)'라 일컫는 행사가 매일 열리고 있다고 해도 과언이 아닐 정도로 전국적으로 전통 축제가 많다. 각 지역마다 특색 있는 이러한 '마츠리'는 현대에 들어서 늘어난 것도 있지만, 지역의 신사나 사찰 등에 오랫동안 지속되어왔던 것이다. 본디 연중행사로서 정해진 날에 맞추어 신을 맞이하기 위한 소위 '하레(晴れ)' 행사의 일환으로서 마을 공동체에서 엄숙히 집행된 의례의 일종이었다.

그런데 '마츠리'라는 전통제례(傳統祭禮)행사는 대개 도작(稻作)문화와 관련이 있다. 봄에 논밭을 일구고 씨를 뿌리는 일부터 태풍이나 병충해를 피하고, 또한 풍작을 기원하는 제사에서 비롯된 행사이었던 것이다. 제례는 미리 축복한다는 뜻인 예축(豫祝)과 풍요의례(豐饒儀禮)로 나눌 수 있는데, 나라(奈良)지방의 '온다마츠리(御田祭)'처럼 곡식의 결실을 인간의 의사(疑似)성행위로 표현하기도 한다. 그리고 가을의 수확에 맞추어 감사제 성격을 가진 니이나메사이(新嘗祭)와 간나메사이(神嘗祭)를 올린다. 신과 함께 신곡(新穀)을 섭취함으로서 신의 가호를 기뻐하는 행사이며, 현재 일본왕실의 공식행사로 치러진다. 또한, 가을의 마츠리에는 논밭의 신이 바야흐로 산신(山神)으로 돌아가는 의례로서, 화려하게 장식한 '미코시(御輿)' 가마에 신을 받드는 마을의 우지코(氏子)가 어깨에 지고 거리를 누비고 다니는 것도 이러한 축제의 하이라이트가 된 것이다.

'마츠리'의 역사를 거슬러 올라가보면, 귀족시대의 연중행사와도 무관하지 않다. 이를 사계를 기준으로 살펴보면, 먼저 정월(正月)의 신년행사로부터 시작하여, 춘분과 추분에 맞추어 조상의 묘를 찾아 성묘하는 히간(彼岸)이 있다. 그리고 팔월 중순에 '오봉(お盆)'이라는 조상의 혼(魂)을 모시는 행사가 있는데, 원래 불교의 우란분회에서 유래하였으며, 음력 7월15일이었던 것을 현재는 한 달 후의 양력으로 계산하여 지내고 있다. 도회에서 생활하는 사람들도 고향이나 본가를 찾아서 성묘를 하거나 친척과 인사를 나누는데, 국가에서 정한 공휴일이 아니라서, 대개 직장에서는 여름휴가를 겸해서 8월 보름 전후를 이 기간으로 삼아, 길게는 일주일 정도 휴무를 실시한다. 우리의 추석명절과 마찬가지로 수도권 등의 대도시에서는 이때를 전후해 귀성인파가 몰리기 때문에, 방송에서는 도로 상황이나 매표소

등을 연결해서 실시간으로 중계하기도 한다.

늦가을인 11월에는 왕실의 공식행사인 다이조사이(大嘗祭)가 있다. 추수를 신에게 감사하는 '니이나메사이'의 일환이자 천황의 대가 바뀔 때에만 올리는데, 즉위식 이후에 처음 치루는 행사로, '유키(悠紀)'와 '스키(主基)'라 하여 제사에 올릴 벼를 심는 장소—왕도와 기내지방이 아닌 곳—를 선정하는 일부터 시작한다. 이윽고 제사를 치룰 성소부터 신와 함께 공식하는 일련의 과정은 일반에 공개하지 않는 대단히 비밀스러운 제례로서, 한밤중에 홀로 치루는 의식은 천황과 곡령(穀靈)이 일체화된다고도 해석하는 학자도 있어서, 민속학에서는 천황의 신격화와 연관시켜 풀이하는 경향도 있었다.

그밖에, 현대는 여러 가지 유래를 배경으로 다양한 형태의 축제를 열고 있는데, 마츠리의 원류로서 이상과 같이 고대 조정에서 비롯된 여러 제례행사에서도 축제에 담긴 본래의 의미를 찾아볼 수가 있다.

(3) 일본어와 일본인의 정신세계

일본인의 내면세계를 나타내는 말로서, '기(氣)'와 '무시(蟲)'라는 단어를 들 수가 있다. '기'에는 사람의 마음이라는 뜻도 들어 있지만, 쓰임새로서는 눈에 보이지 않는 움직임이 닮았기 때문에 '무시'와 비슷하다고 생각된다. '무시'는 본래 곤충인 벌레를 뜻하는 말이지만, 사람의 체내에도 이러한 벌레가 있어서 전혀 모르는 타인과 처음 만날 때, 자신의 몸속의 벌레가 먼저 움직인다고 한다. 이 벌레가 좋으면 상대에 대해 호감을 가지게 되고, 반대는 벌레가 체액을 내뿜어서 자신도 모르게 역겨워 꺼려하게 된다는 것이다. 이와 같이 몸속에 자리한 점에서 벌레와 닮았지만, '기(氣)'는 수증기인 '유게(湯気)'라는 표현처럼 밖으로 빠져 나오기도 한다. 이와 같이, 무의식층에 존재하는 '무시'와 '기'는 일반적으로 많이 쓰는 일본어의 기본단어로서, 일본인의 정신세계를 파악하는데 있어서 매우 적당한 말이기도 하다.

한편, 이상과 같은 '기'는 인간의 영혼과도 무관하지 않으며, 신(神)의 세계와도 밀접한 관계가 있다. 일본어로 '가미(神)'라고 하는 초월적인 신은 고대신화세계에서 대단히 많은 활약이 있지만, 그렇지 못한 존재인 '모노(物)'는 때때로 인간의 주변을 맴돌며 여러 가지 재앙을 일으키기도 한다. 귀족시대에는 이것을 '모노노케(物の怪)'라 하여 육체와 정신적인 질병의 근원으로 생각하였던 것이다.

일본민속학에 따르면, 일본인의 일상생활은 '하레(晴)'와 '케(褻)'라는 형태로 순환되고 있다고 한다. 여기서 평소의 일상인 '케'는 여러 가지로 인간에게 해로운 요소가 쌓이기 때문에 '케가레' 상태가 되고, 여기서 질병이나 재앙이 일어나기도 하여, 이를 극복하기 위해

서는 신의 힘을 빌려야 된다. 먼저, 신을 맞이하기 위한 채비를 해야
하기 때문에, 일정 기간은 재계하는 '이미(忌)'를 수행한다. 이리하여
신을 맞이하기 위한 모든 준비가 끝나면 드디어 축제를 여는데, 이
를 '하레(晴れ)'라고 일컬었다. 오늘날 '마츠리(祭)'라는 행사는 이러
한 신을 영접하는 의례에서 나온 것이라고 한다.

(4) 일본인의 생활리듬과 축제의 민속학

앞서 설명한 것처럼, 일본인의 생활이 '하레'로부터 '케'와 '케가
레', 그리고 '이미'라는 순서로 순환된다는 개념을 처음으로 주장한
학자는 일본민속학의 창시자인 야나기타 구니오(柳田国男)이다. 그는
전통적인 생활 리듬은 세 가지 형태로 반복된다고 하였는데, 그가
제시한 용어의 개념을 자세히 살펴보면 다음과 같다.

먼저, '케(褻)'는 일상적인 행위로서 평소의 노동과 휴식의 시간과
공간을 의미하는데, 생활력이 점차 쇠약해지면 '케가레' 상태가 되기
때문에, 신을 맞이해서 혼을 재생하고 생명력을 충족시키기 위해
'마츠리(祭)'라는 축제를 연다. 축제는 비(非)일상인 '하레(晴)'라는 때
와 장소가 핵심이다. 또한, '하레'를 위한 준비단계가 '이미(忌)'로, 중
요한 축제는 그 기간이 길어지기도 한다. '이미'는 적극적인 결재(潔
齋)행위와 수동적인 '모노이미(物忌)'라는 금기를 지키는 일로 각각
나뉘는데, 어느 경우든 신을 맞이하기 위한 준비단계로서 실시된다.
그리고 '하레'의 끝에는 신과 인간이 공식(共食)하는 소위 '나오라이
(直會)'가 행해진다. 이리하여 사람들은 다시 '케'의 상태로 들어가면
서 평소와 같은 일상생활을 보내게 되는 것이다.

'하레'는 제례나 연중행사, 관혼상제(冠婚喪祭)와 같은 특별한 시간

과 공간이 존재하는 생활문화의 하나이다. '하레'는 특별한 옷인 '하레기'나 '하레' 무대, '케'는 평상복을 의미하는 '케기'나 농가의 일상식인 '케시네(藝稻)'라는 민속어휘에서 나온 개념이라고 한다. 그리고 '하레'의 시공간을 구체적으로 열거하자면 다음과 같다. 즉, 신사의 제례, 정월이나 '오봉'과 같은 연중행사, 출산이나 결혼, 장송(葬送)이라는 인생의례, 돌발적인 사고나 사건 등으로, 일상적인 생활과는 다른 장소를 마련하고 특별한 의복, 특별한 음식물, 특별한 행위에 의한 비일상적인 세계가 설정된다.

'하레기'란 문자 그대로 맑은 날의 의상을 뜻하는 것이며, 다른 사람의 눈에 띄도록 화려한 의상을 착용함으로써 서로 보여주는 관계가 설정된 상태이다. '하레'의 음식물이란 쌀과 술, 떡, 생선, 과자, 고기와 초밥 등 평소와 다른 특별한 요리로서 성찬이다. '하레' 날은 제례와 함께 신을 위한 제사를 치루고, 신 내림이나 빈객이 찾아오기 때문에, 이를 맞이하여 접대한다.

거기서는 예능이나 운동 시합도 병행하여 교류가 깊어지고, 이윽고 도취로 이끈다. 성찬의 도취는 음주에 의해 촉진되고, 예능이나 경기의 도취는 성의 해방이나 싸움, 폭력의 도취로 전개된다. 그야말로 탈 사회 및 놀이의 세계가 눈앞에 펼쳐지는 것이다. 경제적으로는 소비와 탕진이 된다. '하레' 행위의 핵심은 도취에 있다.

한편, '케'에서의 시공간이란 일상적인 평소의 생활이며, 아침에 일어나서 식사를 하고 주간은 일하고, 밤이 되면 쉰다고 하는 상태이다. '하레'가 소비와 유흥이라고 하면, '케'는 생산과 노동이다.

야나기타는 이러한 '하레'와 '케'의 순환 속에서 벼농사를 기초로 하는 민속생활이 있었다고 지적하면서, 그것이 근대화와 함께 특히 도시생활 속에서 '하레'와 '케'의 구별이 애매하게 되었다고 한다. 평소 착용하는 복장도 선명하고 음주나 성찬도 특별하지 않아서, '하레'의 일상화가 진행된 것이다.

참고로, 변소를 뜻하는 화장실(化粧室)이라는 말은 프랑스어를 번역하는 과정에서 붙인 것이라고 하는데, 원래 '하레' 날에 임하여 축제에 참가하는 사람들이 진하게 화장한데서 유래하였다고도 한다.

(5) 일본인의 전통의상과 신발

일본인의 전통적인 의복을 기모노(着物)라 하는데, 메이지시대 이후 서양에서 들어온 양복(洋服)과 비교되어 와후쿠(和服)—고후쿠(吳服)—라고도 지칭하게 되었다. 기모노는 위에 걸치는 하오리(羽織)—여성은 우치카케(打掛)—와 바지에 해당하는 하카마(袴)를 착용함으로서 완전한 모양새가 된다. 여성들의 경우, 발아래까지 내려오는 긴 옷을 고소데(小袖)라 하여 이것이 기모노의 원류라고도 하는데, 귀족시대의 궁중예복으로서 '주니히토에(十二単)'—열두 겹이란 의미처럼, 무게도 20kg이라고 한다.—라는 대단히 화려한 의상도 있다. 이와 같이 일본의 복식은 여러 형태로 변화해 왔음을 알 수 있는데, 오늘날에도 성년식이나 결혼식에는 기모노를 입고 다니는 모습을 흔히 볼 수가 있다. 참고로, 미혼여성인 경우는 발랄함을 드러낸 후리소데(振り袖)를 입고, 기혼여성인 경우는 가문(家門)을 새겨 넣은 도메소데(留め袖)를 입는다. 그리고 현재 '일 바지'라 부르는 '몸뻬'—어원은 아이누어로 추정—는 원래 혼슈 동북지방의 작업용 하의였는데, 태평양전쟁에 돌입하자 후생성에서 장려운동을 벌였고, 전쟁악화로 공습에 대비한 방공용 의복으로 의무화되면서 국민복이 되었다. 당시 식민지였던 한반도에까지 장려되어 전후 일본지배의 상징으로서 찢기는 사건도 있었지만, 1950년대에 들어 국가에서 권장한 일도 있어서, 현재까지 의복의 하나로서 자리매김 되고 있다. 그밖에, 일본인의 의복으로서 축제(祭) 때나 전통씨름인 스모(相撲) 선수들이 시합 때 착용하는 중요부위만 가린 형태인 훈도시(褌)가 있다.

　일본의 독특한 신발로서 짚신인 와라지(草鞋)와 함께 목제 신발인 게타(下駄)가 있다. 도로포장이 없었던 옛날, 비에 젖은 길에는 짚신을 신을 수 없었기 때문에 고안된 것이라 하며, 한자로 사용된 '下駄'는 오물이 위로 튀지 않게 한다는 뜻으로, 맑은 날과 비오는 날에 따라 다른 종류의 신발이 쓰였다고 한다. 그리고 여성이 게타를 신을 때는 대개 다비(足袋)라 하는 끝이 한 곳만 갈라진 양말을 신는다.

(6) 바다의 민속과 여인금제

　삼국지(三國志) 위서(魏書) 제30권에 실린 동이전(東夷傳)의 왜인(倭人)조에 의하면, 조공무역 등을 위해 중국으로 바다를 건너오는 배에 동승시킨 '지사이(持衰)'라 일컫는 특수한 임무를 띤 남자에 관한 이야기가 실려 있다.

　그는 뱃길을 떠나기 이전부터 일정기간 동안 고기나 육류는 먹지 않고 여성과의 접촉도 금하였으며, 의복이 더러워져도 갈아입어서는 안 될 뿐만 아니라, 심지어 머리를 빗거나 몸에 붙은 벼룩이나 빈대까지도 그대로 두어야 하는 그야말로 상인(喪人)처럼 일정기간 금기를 지켜야 했다.

이와 같이 완벽하게 재계한 상태로 배에 동승하여 목적지까지 뱃길의 안전을 도모하였던 것이다. 그러나 만일 도중에 질병이 발생하거나 풍랑이 일어서 항해가 어려워지면, 그가 근신을 잘못하였기 때문이라 여겨서 맨 먼저 그를 죽여서 바다의 제물로 바쳐진다. 하지만 무사히 항해를 마치고 고향으로 돌아오게 되면, 노예와 함께 큰 재산을 내렸다고 한다.

이와 같은 사례는 일종의 미신과 같은 고대 풍속으로서, 항해의 안전을 위해 결재한 남성을 승선시켰던 것으로 보이지만, 일반적으로 예부터 남녀를 구분하는 속신이 많았다고 한다.

원래 남녀의 역할구분에 대해서는 기기(記紀)신화에서도 등장한다. 즉, 일본열도의 창조신으로 등장하는 이자나키와 이자나미가 결혼하기 위해 문답할 때, 여신인 이자마니가 먼저 선창한 탓에 장애자가 태어났고, 때문에 순서를 바꾸어 다시 남신이 발언하여 무사히 신들을 낳았다는 것이다. 이러한 신화로 미루어보아 고대인들의 뇌리에는 남녀의 역할에 차이가 있다는 인식을 가지고 있었던 것으로 보인다.

한편, 소위 여인금제(女人禁制)라 일컫는 규율로서 전통적으로 여성에 대한 금기(Taboo)가 많았다. 특히 엄격한 수행이 요구되는 불교 사원이나 신에게 제례를 치루는 장소 등에는 예부터 결계(結界)를 두어 여성의 출입을 금했다고 한다. 원래 불교에서 생리현상이 있는 여성은 죄가 깊고 불도 수행에 방해된다고도 하였고, 고대율령에서는 관련 규정까지 명문화되어 있었다.

민속조사나 기록에 따르면, 결계를 넘어선 여자가 바위가 되었다

거나, 일본 진언종의 개종조인 구카이(空海)의 모친이 아들을 만나기
위해 고야산(高野山)에 올라갔지만 이루지 못했다는 설화 등이 있지
만, 실제로는 그다지 엄격하게 지켜지지는 않았던 것 같다.

오늘날까지 남아있는 여인금제로서는 스모(相撲)의 씨름판 위로 오
르거나, 토목공사의 현장에 여성이 들어오는 것은 금기시 되었다. 후자
는 직업상 여성도 진출함으로써 사라졌지만, 고대로부터 전해 내려오
는 전통씨름인 스모에서는 여전히 하용하지 않으며, 그밖에, 구마노(熊
野) 산중의 사찰 등의 특정영역에서는 이러한 관습이 아직 남아있다.

(7) 마을 공동체와 무라하치부의 민속

　일본인들의 공동체 의식을 설명할 때, 흔히 집단성과 배타성을 드
는 경우가 많다. 이러한 집단의식은 때로 '무라하치부(村ハチブ)'라
하여 마을에서 실행하는 모든 교제를 거부하고 이웃으로도 대하지
않는 경우가 있다. 촌락 내부에서 배제되거나 차별을 받았던 일로서,
때로는 강압적인 제재가 가해지기도 한다. 화재와 장례라는 두 가지
중대사 이외는 관여하지 않는다는 데서 유래한 말―하치부(八分)―이
라고도 하는데, 주로 절도나 폭행, 실화(失火) 등의 형사적 범죄와 마
을 규약과 합의 위반, 공동작업 태만, 생활태도에 대한 반감 등에 의
거하여 발동되었다. 이와 같이 '무라하치부'는 마을 공동체인 촌락의
생활 질서를 어지럽힌 이웃에 대한 배제시스템으로서 작동된다. 실
제 대상자와 절교할 때에는 어느 정도 완급을 두고 있었지만, 이를
해소하기 위해서는 중개하는 사람이 필요하고, 일정기간이 지나면
마을 사람들에게 사죄하여 제재를 풀어주는 경우가 많았다고 한다.
이러한 '무라하치부'는 현대사회에서도 존속되어, 때로는 사회문제
를 일으키기도 하는데, 마음에 들지 않는 사람을 배제한다고 하는
심사가 뿌리 깊어서 음습한 제재 관행으로 여전히 살아있다. 현대사
회의 '이지메'라고 일컫는 집단 괴롭힘도 이와 무관하지 않다고 보
인다.

　참고로, 폐쇄성이 짙은 무라(村)인 농어촌 마을에는 전통적으로 안
과 밖을 가르는 지점에 '무라자카이(村境)'라는 경계선으로서의 구분
이 있다. 모든 병이나 재앙이 여기를 통해 드나든다고 생각하여 다양
한 물건을 두어 예방하고 있으며, 농가의 민속행사의 하나인 '무시오
쿠리(虫送り)'라는 재앙을 예방하는 의식도 이곳에서 행해진다.

(8) 도코요와 도코요의 신

고대 일본인의 타계(他界)관을 나타내는 대표적인 말로서 '도코요(常世)'가 있다. 일찍이 고대문헌에 보이며, 오호쿠니누시 신(大國主神)을 도와 지상세계를 만들었다는 콩알만큼 작은 신인 '스쿠나히코나'의 본향이라거나, 초대왕인 신무(神武)의 형이 파도를 타고 건너 갔다고 하고 있듯이, 바다 저편에 상상된 인간세계와는 다른 이향(異鄕)이었다. 민속학자 오리구치 시노부(折口信夫)에 따르면, '도코요노쿠니(常世国)'는 풍요와 생명력이 가득한 세계라는 신앙에서 파생한 것이었다고 한다. 거기에 우라시마타로(浦島太郎)전설처럼 신선사상의 영향을 받은 연애적인 요소도 더해져 결국 이상향이라 생각하게 되었다. 그러나 풍요와 생명력에다 암흑과 죽음까지 뒤섞인 혼란스러운 세계가 이향(異鄕)의 양상에 있고, 그것은 도코요로부터 방문하는 '마레비토'라는 방문자 신에 대한 순화되지 않는 성격으로 이어지는 문제이기도 하다. 여기에 구체적인 양상을 제공한 것은 오키나와의 '니라이카나이'라는 신앙이었다. 바다 저편에 존재하는 세계인 '니라이카나이'가 풍요를 가져오는 방문자 신들의 원향이고, 동시에 역병이나 해충의 연고지이기도 하였다.

한편, 일본서기에 따르면, 관동지방인 후지(富士)강변에서 '오후베노오오(大生部多)'라는 사람이 누에와 닮은 벌레를 모시고, 이를 도코요의 신(常世神)이라 선전하며 사람들을 현혹했다고 한다. 문제가 심각해지자 도래(渡來)인 계통의 호족인 '하타노카와카츠(秦河勝)'가 나서서, 민중을 미혹한 죄를 물어 물리쳤다는 기록(644년)이 있다. 그리고 밀감의 원조로 추정되는 '다치바나(橘)'라는 식물을 수인(垂仁)천황의 지병을 고치기 위해, '아메노히보코'의 후손인 '타지마모리'가

건너가서 가져왔다는 전설은 모두 '도코요'라는 곳이 불로장수와 부
귀풍요를 간직한 세계임을 뜻하고 있다.

(9) 갓파 이야기

일본인들에게 친숙하면서도 공포의 대상인 '갓파(河童)'라는 동물
은 하천의 못이나 늪지대와 같은 수계에 살면서, 사람과 가축에 각
종 괴이한 현상을 일으킨다고 믿고 있는 요괴의 일종이다. 실재한다
고 보았던 경향은 예부터 있었지만, 동물학상으로는 미확인이다.

갓파 전승은 거의 전국적으로 분포하고 지역마다 여러 가지 민속
어휘로서도 형용되어 왔다. 이를 종합하자면 인체, 동물, 수신(水神),
요괴라는 네 가지 계통이 있었다. 그러나 근세에 이르러 명칭과 형
상이 모두 제각각이었던 것이 차츰 표준화 되어 '갓파(河童)'라는 명
칭과 함께 아이 체격에 등딱지가 있고, 머리 위에 물을 넣은 접시 모
양의 오목한 곳이 있다는 갓파 모습—1712년의 와칸산사이즈에(和漢
三才図会) 참조—이 일반화되었다.

세상에는 온갖 갓파 이야기가 유포되었는데, 사람에게 빙의하면

광란상태로 빠진다든지, 사람을 물속에 끌어들여 간을 뺀다고 하는 무서운 이야기도 있다. 갓파는 간이나 항문의 구슬을 좋아한다고 믿어서, 익사자의 항문이 열려 있는 것은 갓파가 빼간 증거라고 하며, 속설에서는 갓파가 이 구슬을 뽑아 가면 얼이 빠져 익사한다고도 하고 있다.

한편, 사람과 가축에게 장난질을 하려다가 실패한 애교 있는 이야기도 있다. 뒷간 아래로부터 궁둥이에 손을 대었다가 당찬 부녀자에게 잡혀 팔을 잘리고, 물가에 매어둔 말을 수중으로 끌어들이려다 거꾸로 뭍으로 올라와서 사람에게 잡히는 등의 실태를 저질러, 결국 사죄를 하게 되었다.

용서받는 조건으로서, 앞으로 결코 장난을 치지 않겠다는 맹세와 함께, 금 고약(金瘡膏)을 처방하고, 접골과 스모(相撲)의 비법, 생선 등을 속죄 물로서 내었다. 이러한 이야기는 특정 인물이나 집안에 따라 전승되어 왔다. 갓파가 좋아하는 음식으로, 간과 항문의 구슬 이외에 오이와 가지가 있다.

음력 6월 중순에 개최하는 기온마츠리(祇園祭) 전후로, 전국 각지에서 천제(川祭)나 천신제(川神祭)라고 하여 첫 번째로 수확한 애오이 혹은 가지를 헌상하여 갓파를 모시는 행사를 가진다. 갓파는 물의 정령이며, 그야말로 물을 내려준다든지 사람 생명을 빼앗기도 하는 신통력을 가지고 있다. 5~6월 즈음과 12월 초하루가 수신(水神)의 날로 하고 있는 지방도 많다.

규슈에서 갓파는 겨울이 되면 산으로 올라서 '세코(山童)'가 된다고 하고 있어서, 밭의 신(田神)과 산의 신(山神)이 교체된다는 학설을 입증하고도 있다.

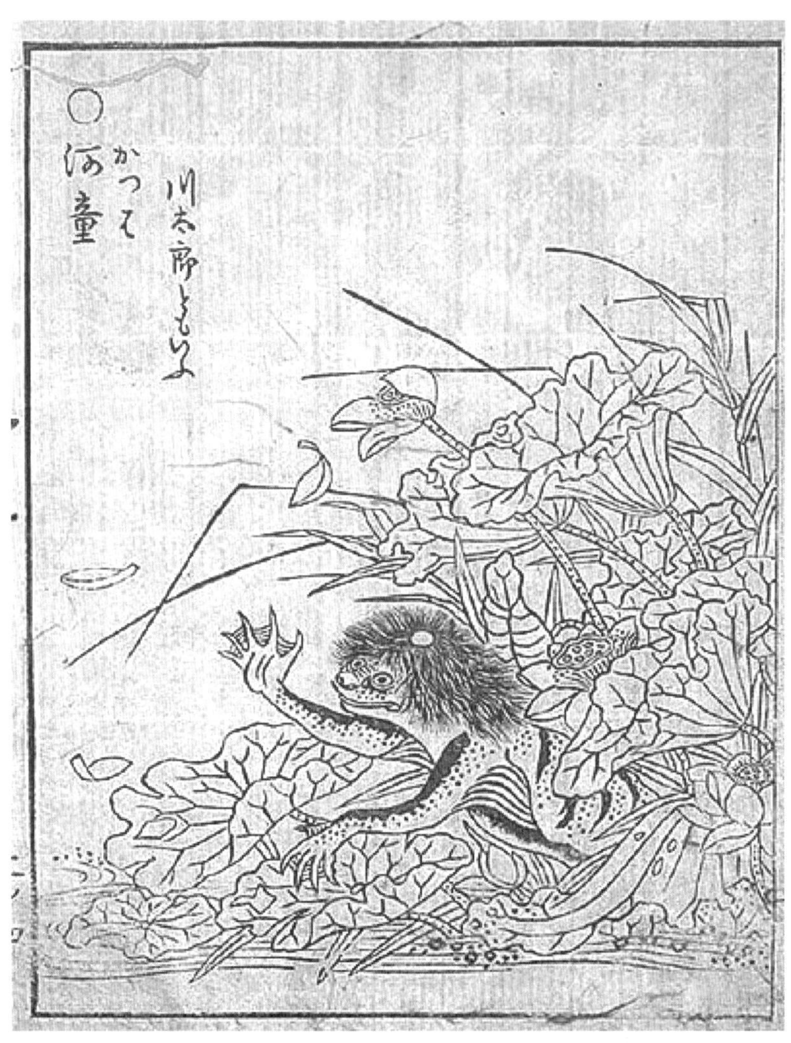

河童
かつて
川太郎ともいふ

2) 일본의 축제

　일본의 민속은 소위 애니미즘이라는 토속적인 신앙에서 유래한 것이 많다. 그러한 가운데, 오늘날까지 흔히 신사(神社)나 마을 공동체의 축제 행사인 '마츠리(祭)'는 계절과 시기를 막론하고 일본 전국 각지에서 연중 실시되고 있다고 할 정도로, 일본의 민속에서 빼놓을 수 없는 요소이기도 하다. 그만큼 일본인들이 좋아하는 행사이지만, 원래 '마츠리'의 목적은 고대 농경의례에서 비롯된 풍년을 기원하는 행사로서, 신을 맞이하여 위로하고 모시는 제사(祭祀)행위의 일종이다. 다음은 전통과 규모 면에서 일본의 대표적인 3대 축제라 일컬어지는 마츠리와 함께 집단 군무로 유명한 '아와오도리'에 대해 살펴본다.

(1) 기온 마츠리

기온마츠리(祇園祭)는 교토시내 히가시야마 구(東山區)에 자리한 '야사카진자(八坂神社)'—원래 기온진자(祇園神社)라 하였으나, 1868년 메이지정부의 신불 분리(神佛分離)령에 따라 바뀐 명칭—의 제례로서, 7월1일부터 한 달여 동안 이어지는 교토의 대표적인 여름 축제이다.

주요행사로서는 요이야마(宵山)와 32기에 의한 야마호코 순행(山鉾巡行), 미코시 행차(神輿渡御) 등이 있으며, 9세기부터 시작되었다고 하는데, 메이지시대까지는 '기온고료에(祇園御霊会)' 혹은 '고료에(御霊会)'라고도 불렀다.

축제는 신사(八坂神社)가 주최하는 것과 마을에서 주최하는 것으로 대별되며, 일반적으로는 마을 행사가 기온마츠리(祇園祭)로 인식될 때가 많다. 특히 시가지를 순행하는 야마호코(山鉾)수레는 중요 무형 민속 문화재로 지정되어 있을 정도로 갖가지 미술 공예품으로 화려하게 장식되어 있어서, 흔히 움직이는 미술관에 비유되기도 한다.

마츠리의 여러 행사 중에서도 하이라이트가 되는 '야마호코' 행차는 수레가 설치되는 시기에 따라 '사키노마츠리(前祭)'와 '아토노마츠리(後祭)'로 나뉜다.

참고로, 기온마츠리는 가모진자—교토에는 '가미가모(上賀茂)神社'와 '시모가모(下鴨)神社' 두 곳이 있다—의 '아오이마츠리(葵祭)', 헤이안 신궁(平安神宮)의 시대 마츠리(時代祭)와 함께 교토의 3대 축제의 하나로 일컫는다.

(2) 덴진 마츠리

오사카시(大阪市)의 덴만구(天満宮)를 비롯한 일본각지의 '텐만구'—덴진사(天神社)—에서 열리는 덴진마츠리(天神祭)는 '덴진사이'라고도 하며, 신사의 제신(祭神)인 스가와라 미치자네(菅原道真)의 기일(命日)이라는 잿날에 맞추어서 25일 전후에 실시한다. 전국의 덴진마츠리 중에서 오사카시에서 개최하는 행사가 가장 유명하며, 행사는 매년 6월 하순부터 7월 25일까지 약 1개월에 걸쳐 진행된다. 특히 25일 혼구(本宮)의 밤에는 오카와(大川) 강에 수많은 배들을 띄워서 오가는 후나토교(船渡御) 행차가 있고, 봉납하는 폭죽도 쏘아 올린다. 오카와 강물에 비친 횃불이나 초롱 불빛, 폭죽 등의 화려한 정경을 볼 수 있어서 불과 물의 제전이라고도 부른다.

그런데 '기온마츠리'와 '덴진마츠리'는 도시에 창궐하는 역병을 퇴

치하고, 낙뢰나 홍수 등의 재난을 막기 위한 민중의 소망에서 비롯
된 것이었다. 대개 축제가 여름에 실시되는 것은 재해가 이 시기에
집중적으로 일어났기 때문이다. 또한, 축제는 모두 소위 어령(御靈)
신앙과 관련이 있다. 원념(怨念)을 품고 죽은 사람의 혼령은 재앙을
내린다는 신앙이 있고, 이를 진혼하기 위해 신령을 모신 것에서 시
작되었다. 미치자네(道真)와 텐진사마(天神様)는 어령신사(御靈神社)
이고, '기온마츠리'는 역병 신(疫病神)보다는 이를 능가하는 힘을 가
진 우두천왕(牛頭天王) 혹은 스사노오 신을 제사한 것이다.

(3) 간다마츠리

도쿄(東京)시내에 자리한 간다묘진(神田明神)을 모시는 간다마츠리(神田祭)는 간다신사(神田神社)에서 개최하는 제례로, 산노사이(山王祭)와 후카가와마츠리(深川祭)와 함께 에도(江戸) 3대 축제이기도 하다. 이전에는 음력 9월 15일이었지만, 현재는 5월 중순으로 바뀌었다.

대제(大祭)는 해마다 실시되며, 매년 5월15일로 고정된 '레이타이사이(例大祭)'에서는 정장한 무녀(巫女)가 우라야스노마이(浦安の舞)라는 신에게 봉헌하는 가구라(神樂)를 추는 엄숙한 행사가 따른다. 축제의 기원에 대해서는 기록이 거의 남아 있지 않아서 자세한 것은 알 수가 없으나, 대제(大祭)로 확대된 것은 에도시대 이후의 일이다. 문헌 기록—神田大明神御由緖書—에 의하면, 막부를 열기 이전인 1600년에 도쿠가와 이에야스(德川家康)가 가운을 건 전투—아이즈(会津)정벌 전쟁에서 우에스기 가게카츠(上杉景勝)와 벌인 전투—나 도요토미 측과 벌인 세키가하라(関ヶ原)의 교전에 있어서도 간다다이묘진(神田大明神)에게 승전 기도를 올리도록 명했다. 이에 따라 신사에서 매일 제례기도를 올렸더니, 9월 15일 세키가하라에서 승리하여 천하통일을 이루게 되었다는 것이다. 그러한 까닭에 도쿠가와 이에야스가 특별히 숭배하는 곳이 되었고, 신전과 가마(神輿), 제기(祭器)등을 봉납하여, 간다마츠리는 도쿠가와(德川)의 승전이 유래가 된 축제로서, 이후 성대하게 집행하게 되었다고 한다.

간다마츠리도 원래 장식한 수레(山車)를 동반한 축제였지만, 메이지시대 이후 노면전차가 다니고 전신주 부설 등으로 통행에 지장이 생기자, 차츰 끌고 나오지 않게 되었다. 게다가 관동대지진과 전재(戰災)로 인해 장식품 일부를 제외한 대부분이 소실되고 말았다. 현

재는 수레를 대신하여 지역에서 만든 가마(御輿)를 주축으로 다양한
행렬이 주요 행사가 되었다.

(4) 아와오도리

  징과 북을 두드리며 집단으로 군무를 펼치면서 거리를 누비는 축
제 행사인 아와오도리(阿波おどり)는, 매년 8월 12일부터 15일까지
시코쿠(四国)의 동쪽에 위치한 도쿠시마 현(德島県)—근세까지 아와
국(阿波国)이라 하였다—의 도쿠시마시(德島市)에서 개최되며, 이후
나루토시(鳴門市) 등 도쿠시마 현의 각지에서 대회를 여는 축제이다.
1956년에는 도쿄 시내 고엔지(高円寺)의 상점가에서 도쿠시마의 지
도를 받은 청년회가 주축이 되어, 8월 26일부터 28일에 걸쳐 4천명
의 무용수가 600여개의 렌(連)—무용수 집단—을 조직하여, 관람객만
백만 명이 넘는 거대한 축제로 성장했다. 고엔지의 성공에 자극받아
같은 도쿄도내인 시모키타자와(下北沢)를 비롯하여 전국각지에서도
아와오도리를 개최하게 되어서 그야말로 전국적인 축제가 되었다.
  아와오도리에 있어서 나리모노(鳴り物)라 일컫는 악기는 징과 북
이외에 피리와 샤미센(三味線) 등 여섯 가지가 기본이라고 하지만,

대개 한 두 가지만 쓰는 약식으로 하는 경우가 많으며, 군무를 펼치는 렌(連)의 후방에서 연주하며 따른다.

　종래 아와오도리의 유래에 대해서는 1586년 도쿠시마 성(德島城)을 낙성한 축제의 일환으로, 당시 아와(阿波)지방의 영주였던 하치스카 이에마사(蜂須賀家政)가 마음껏 춤을 추어도 괜찮다는 포고문을 보고, 토지 민중들이 장내로 춤을 추며 들어온 일이 효시라고 한다. 따라서 전통적인 민속이라기보다 오히려 세속적인 기원이었던 셈이다. 그러나 가마쿠라 신불교에서 비롯된 염불(念佛)춤이라거나 우란분회의 춤이라는 학설도 있어서, 기원에 대해서는 여전히 분명하지 않는 것 같다.

제 3 장

일본의 문학과 종교

1. 일본문학의 세계

1) 일본문학의 흐름

일본의 역사처럼 문학도 고대부터 현대까지 특징이 있어서, 각 시대별 경향이나 작자의 기호에 따라 변화해 왔음을 알 수 있다. 특히 고전으로 분류된 근세이전의 작품에는 사회변화에 민감하게 반응하여 이에 걸맞은 내용을 담고 있다. 즉, 고대는 왕조의 이념이 반영된 작품이 엮어졌으며, 중고 시대에는 가나의 발명과 아울러 문자를 구사하게 된 여성들에 의해 많은 작품이 나왔다. 특히 권력의 향방을 결정한 후궁에 집중되어, 중세 유럽의 그것처럼 일종의 문예 살롱이라고 정의하는 귀족문학이 꽃피었다.

전란이 오랫동안 지속된 중세는 피폐해진 민중들의 정신적 지주로서 가마쿠라 신불교가 일어나기도 했는데, 이와 함께 항간의 사건이나 전승에서 취재한 내용을 바탕으로 당시 민중의 삶의 모습이 담겨있는 설화도 유행했다.

그리고 근세에는 중세의 우울한 세상을 체념하고 내세에 구원을 바라던 민중들의 마음은 안정된 무가사회 속에서 현세를 긍정적으로 바라보았다. 먼저, 귀족시대의 문예를 패러디하는 유행이 일었고, 이러한 기조에서 유머와 향락의 문학이 근세의 주류가 되었다.

이윽고 메이지유신을 거친 근대 이후로는 번역을 통해 시작된 계몽운동과 함께 유럽의 문예사조와 연동되는 문학의 세계화가 이루어졌다.

2) 문학의 시대 구분과 특징

일본문학은 발생기로부터 현대에 이르기까지 일본의 역사와 마찬가지로 다양한 변화가 있었다. 일반적으로 문학의 시대도 역사처럼 다섯 등분하지만, 세부적으로는 문학의 이념이나 장르 등, 문예의 성격이 바뀐 경우도 있기 때문에 역사와 같은 시기로는 나눠지지 않는다. 또한, 시대를 구분하기 힘든 장르나 작품도 있다. 여기서는 일본문학에서 시대를 어떻게 구분하며, 또한 시대별 문학의 특징은 무엇인지에 대해 살펴보기로 한다.

먼저, 왕실과 조정의 신성과 유래, 왕조의 성립기반과 율령제도의 정착 등에 따른 정치이념이 주요한 이슈가 된 시대로, 신화와 전설이 주요 소재였던 사서(史書)형태의 문헌과 가요에서 와카(和歌)로 발전한 시가집과 한시 등이 중심인 상대(上代)문학이 있다. 야마토(大和)왕조라는 왕권체재가 안정기에 들어선 7세기이후에 기획되기 시작하여, 712년에 완성된 일본문학 최초의 작품인 고사기(古事記)와 함께 조정의 공식 사서로서 8년 후인 720년에 편찬된 일본서기(日本書紀) 등, 현존하는 작품들은 대개 나라(奈良)시대에 들어선 8세기 이후에 나왔다. 이 시대는 전술한 바와 같이, 신화와 전설이 주요 소재였지만, 가요를 비롯한 시가(詩歌)의 창작도 활발하여, 7∼8세기에 걸쳐 창작된 운문작품을 망라하여 고전최고의 찬사를 받고 있는 만요슈(萬葉集)가 엮어지기도 하였다.

상대에 이어서 귀족문학이 발달했던 중고(中古)문학이 있다. 헤이안쿄(平安京)라 일컫는 교토(京都)로 천도한 794년부터 시작되는 헤이안(平安)시대는 가마쿠라 막부가 시작된 1185년까지로 보는 역사적 구분과 달리, 12세기 중반 무렵에는 이미 다음 시대로 전환되어 중세 문학으로 이어진다. 그러나 중고의 문학도 8세기말부터 9세기까지 초기에 있어서의 백여 년간은 소위 국풍암흑기(國風暗黑期)라 하여 공백기를 거친 다음, 일본어 문자인 가나(仮名)의 발명과 더불어 귀족문학의 전성시대가 도래하였다. 먼저, 모노가타리(物語)문학이라 일컫는 장르의 효시인 "다케토리모노가타리(竹取物語)"가 나왔는데, 이후 운문 작품을 중심으로 펼치는 소위 우타모노가타리(歌物語)로서, 와카(和歌)와 함께 관련된 지문의 스토리를 펼치는 형식인 "이세모노가타리(伊勢物語)"가 나왔고, 이윽고 고전최고의 걸작인 "겐지모노가타리(源氏物語)"가 1008년경에 성립되었다. 소위 뇨보(女房)문학이라 불리는 귀인들의 시녀이자 가정교사 역할을 맡았던 여성들에 의한 작품으로, 이에 앞서서 일본문학 최초의 수필집인 "마쿠라노소시(枕草子)"가 서기 천년을 전후한 시기에 나왔다. 당시 데이시(定子)중궁의 시녀로서 궁중생활을 했던 작자의 예리한 관찰안과 세상을 바라보는 시각 등을 담은 것으로, 모두 왕도인 교토를 중심으로 귀족의 권력이 절정에 이른 시기에 왕비를 보좌하는 후궁에 근무했던 뇨보 작가들에 의해서 엮어졌다는 특징이 있다.

이윽고 중고문학을 지탱하였던 귀족이 몰락하고, 또한 겐지모노가타리의 명성이 너무 컸기 때문인지 12세기에 들어서는 일부를 제외하고 주목할 만한 모노가타리 작품이 더 이상 나오지 않았다. 게다가 말기에 이르러서는 왕실의 내부 분쟁이 심해지면서 내란을 수습하던 무사들이 득세하였고, 새로운 집권기관인 막부가 세워짐으로써 시대는 중세(中世)로 바뀌었는데, 문학의 장르도 설화와 군기(軍記) 및 역사(歷史)모노가타리라는 혼란해진 시대를 배경으로 한 작품이 대세가 되었다. 이와 같이 무가의 시대가 된 중세문학에는 민중들의 일상을 담은 세속설화와 종교문학이 돋보이는데, 대표적인 작품으로 "곤자쿠모노가타리슈(今昔物語集)"와 "우지슈이모노가타리(宇治拾遺物語)"가 있다. 전자는 시기적으로 12세기 전반에 성립되었기 때문에 중고문학으로 분류되기도 하지만, 내용으로 보자면 중세 설화문학의 선구인 것이다.

한편, 전란이 많았던 혼란한 시대이기도 하고, 무엇보다도 귀족들이 몰락함으로 인해 기존 왕실과 귀족들의 전유물처럼 되었던 불교가 민중 속으로 파고들기 시작했다. 그 단초가 된 것이 교토 북쪽 히에이산(比叡山)에서 새로운 깨우침을 얻었다는 호넨(法然)이 정토종(浄土宗)을 펼치면서 시작된 가마쿠마(鎌倉)불교의 유행이다. 그의 제자인 신란(親鸞)은 정토진종(浄土真宗)을 열었고, 니치렌(日蓮)은 이러한 정토교를 그릇된 사법(邪法)이라며 배격하고 법화경만이 정법이라 외치며 니치렌슈(日蓮宗)를 여는 등, 다양한 종파가 일어났는데, 이러한 개종조의 어록을 모은 법어(法語)가 문학의 영역에 들기도 했다. 또한, 중세말기에 들어온 기독교도 유럽의 언어와 함께 이솝우화 등을 전했고, 기존 일본문학작품을 로마자로 옮긴 것도 볼 수 있다. 한편으로, 이러한 흐름 속에서 부녀자와 아동을 대상으로 한 오토기조시(御伽草子) 작품군도 다량 출판되어 근세문학으로 옮겨가는 가교가 되었다.

역사적으로 전국을 통일한 도요토미 가문을 쓰러뜨리고 오늘날 도쿄(東京)가 된 곳에 성곽을 지어서 시작된 근세는 에도(江戶)시대라고도 한다. 문학적으로 이전과는 확연히 다른 부류의 유행이 일어났는데, 상업문화와 어울려 대중적인 향락의 문학이 크게 유행하였다. 여기에 속하는 작품군은 우키요조시, 샤레본, 닌죠본 등으로 분류되며, 에도시대의 운문 문학에서는 오늘날에도 인기가 시들지 않는 하이쿠(俳句)가 유행하여, 가장 뛰어난 작자로서 하이세이(俳聖)라 일컫는 마쓰오 바쇼(松尾芭蕉)가 초기에 활약하였다. 바쇼와 같은 시기에 이하라 사이카쿠(井原西鶴)와 치카마츠 몬자에몬(近松門左衛門)이 나와 각각 소설과 연극 분야를 대표하는 문인으로서 근세문학을 이끌었다. 근세초기에는 가미가타(上方)라 불리는 교토와 오사카를 중심으로 한 문학이 대세였으나, 점차 동쪽의 수도인 에도(江戶)로 옮겨갔다. 한편, 막부의 정치개혁과 연동되어 풍기 단속이라는 명목으로 작가들이 처벌받으면서 점차 창작활동에 제약이 생기게 되자, 향락과 풍속문학은 퇴조하고 권선징악을 주제로 한 요미혼(讀本)이나 익살과 풍자 등 소화(笑話)를 기조로 한 골계(滑稽) 장르가 주류가 되어 메이지시대까지 이어졌다.

끊임없이 문호개방을 요구하던 서양세력은 드디어 에도막부의 현관인 요코하마에 들이닥쳐서 개항을 강요했다. 이를 받아들여 수호조약을 체결한 때로부터 시작된 개방 물결은 소위 존왕양이를 부르짖던 세력들에게 명분을 실어주면서 막부에 정권이양을 요구하였다. 이윽고 1867년에 이르러 에도시대는 종말을 고했으며, 이듬해 메이지로 개칭하면서 근대로 바뀌는데, 여기부터 시작되는 근현대(近現代)문학은 각 천황의 재위시대에 맞추어 메이지(明治), 다이쇼(大正),

쇼와(昭和)문학으로 나누며, 현재로 이어지는 헤이세이(平成)는 1989
년1월부터 시작된다.

　다음은 일본의 교과서에 실려 있거나, 대학교양 등으로 널리 회자
되는 작품 중에서 몇 가지를 선정하여, 장르별로 일본문학의 이모저
모를 살펴보기로 한다. 이를 통해 일본의 문학작품에는 무엇을 담고
있으며, 또한 해당 장르의 문예적 특징과 함께 일본인의 서정에 대
해서도 알아보도록 한다.

3) 상대의 문학

(1) 신화와 전설의 문학

일본문학은 고대의 신화와 전설로부터 시작되고 있다. 역사에서 기원전후로 설명되는 야요이(弥生)시대뿐만 아니라, 서기 6세기 무렵까지 지속된 고분시대에 이르기까지 문자가 유통되었던 것은 아니기 때문에, 일본의 신화와 전설은 순전히 8세기 초반 이후에 엮어진 문헌을 통해서만 유추할 수 있다.

왕실과 조정에서 편찬한 기기(記紀)에는 천황가의 신성과 야마토 왕조의 정통성에 관해 많은 지면을 할애하고 있는데, 소위 신대(神代)라 일컫는 왕조 이전의 신화는 물론이고 역사시대에 들어선 초대 신무(神武)천황 이후의 전설도 상세히 전하고 있다.

영웅전설로 유명한 야마토타케루의 규슈와 혼슈 동북지방의 정벌 전승에는 문학적인 내용도 들어있어서, 후대에 렌가(連歌)장르의 기원설로 회자되기도 한다. 또한, 고대에 일본열도로 건너왔다는 사람들의 시조라는 아메노히보코에 관한 전설은 일본최초의 작품이자 사서로 엮어진 고사기(古事記)에 상세히 전하고 있다. 그리고 우타가키(歌垣)라는 고대 민속에 얽힌 전설은 당시의 지지(地誌)격인 지방의 풍토기(風土記)에 실려 있다.

다음은 고대의 기록에 실린 전설에 대해 알아보기로 한다. 이를 통해 고대전승은 어떤 내용이며, 문학적 요소나 후대에는 어떤 영향을 미치고 있는지 등을 살펴볼 수가 있을 것이다.

(2) 야마토타케루의 전설

학자들은 야마토타케루의 전설에 대해 야마토 왕조 초기의 영토 확장에 관한 여러 인물들의 일화를 하나로 묶어서 엮은 영웅전설이라고 해석하고 있다. 제12대 경행(景行天皇)조에 실려 있는 그는 경행의 둘째 왕자로 기록된 인물로, '야마토타케루노미코토'라고 하여 기기(記紀)의 계보에 각각 '倭建命' '日本武尊'라고 표기하고 있다. 전설의 전반적인 흐름은 양서가 크게 다르지 않지만, 왕실의 충직한 신하에 걸맞은 인물로 등장하여 왕의 토벌전승과 함께 실은 일본서기(日本書紀)와 달리, 고사기(古事記)에는 인간적인 묘사가 돋보이며, 그의 행적이 경행조의 전편에 걸쳐 상세하게 서술되어 있다. 따라서 야마토타케루에 관한 전설은 후자의 기록을 중심으로 살펴보는 것이 분석의 편의상 용이하다.

경행의 둘째 왕자로 '오우스노미코토'라는 이름으로 등장하는 그는 처음 첫째 왕자에 얽힌 일화로부터 시작된다. 즉, 형은 지방호족이 천황에게 바친 우네메(采女)인 미모의 여성을 무단으로 차지하고는 다른 사람을 부왕에게 올리는 무례를 범하였다. 게다가 아침 조례에도 나오지 않아서 타일러주라는 지시를 오해하여, 그는 새벽에 뒷간으로 가는 형을 붙잡아 마치 썩은 오이처럼 사지를 찢어서 죽여버렸다.

이와 같이 거칠고 난폭한 행동에 놀란 왕은 서쪽의 항명세력들을 토벌하라는 명을 내렸다. 그래서 규슈로 건너가 문제의 구마소를 찾았고, 구마소타케루(熊曾建) 형제의 신축 연회에 젊은 여자로 변장해 들어가서, 연회가 무르익을 무렵에 정체를 드러내어 먼저 형을 죽였다. 그리고는 동생도 등에 칼을 꽂아 죽이려하자, 잠시 멈추게 하여 이름을 묻고서는 자신의 이름인 타케루를 바쳐서, 이후로는 야마토의 용맹한 왕자라는 의미인 '야마토타케루노미코토(倭建命)'라는 이름으로 바뀌게 되었다. 이리하여 규슈를 제압하고 돌아오는 길에 이즈모 지방(出雲國)에 들러, 이즈모타케루(出雲建)에게 속임수를 써서 임시로 만든 목검과 상대의 진검을 바꾸어 결투하자고 해서 죽이고는 야마토로 복명하였다.

그러자 이번에는 곧바로 동쪽 오랑캐인 에미시(蝦夷)를 정벌하라고 한다. 쉴 틈도 주지 않고 군사도 없이 떠나라는 명령에 이세신궁(伊勢神宮)의 미코(巫女)인 숙모 야마토히메(倭比賣命)―일본서기에는 '倭姬命'로 표기―를 찾아가서, 부왕은 내가 죽기를 바라고 있는 것 같다고 자신의 속내를 말하고는 통곡하였다. 이에 그녀는 왕실의 보물인 구사나기 검(草那藝劍)―일본서기에서는 '草薙劍'로 표기―과 부싯돌을 넣은 주머니를 건네주었다.

오와리(尾張)를 거쳐 사가미(相模)에 들렀을 때, 토지의 호족에게 속아 불을 놓은 들판에 갇히게 되자, 받아온 칼과 주머니의 부싯돌로 맞불을 피워 위기를 모면하였다. 그리고 도쿄 만 입구인 하시리미즈(走水)에서는 해신이 풍랑을 일으켜 나아가지 못하자, 아내 오토타치바나히메(弟橘比賣)가 제물이 되어 물에 뛰어들었고, 그 덕분에 무사히 바다를 건너서 에미시를 평정할 수 있었다. 돌아오는 길에 아시가라(足柄) 언덕에 서서 죽은 처를 그리며, '아즈마하야'라고 탄식하였는데, 이를 계기로 동쪽 지방을 아즈마노쿠니(吾嬬国)라 칭했다고 한다.

사가미를 지나 사카오리 궁(酒折宮)에 이르렀을 때, 불을 지피는 부하인 히타키노오키나와 유명한 쓰쿠바(筑波) 문답을 주고받았다. 이 일화는 중세 렌가(連歌)를 읊던 문인들에 의해 장르의 효시로써 회자되고 있다.

야마토타케루는 앞서 오와리에 들러 떠날 때에 약속한대로 미야즈히메(美夜受比賣)와 결혼하였다. 그리고는 지니고 있던 신검(草那藝劒)을 처소에 두고서, 이부키야마(伊吹山)의 산신을 잡으러 맨손으로 들어갔다. 그러나 도중에 나타난 황소만한 흰 멧돼지를 졸개로 오인해 놓아주는 바람에, 산신이 내뿜은 세찬 우박(氷雨)을 그대로 맞고 말았다. 정신이 혼미해진 야마토타케루는 발을 질질 끌며 걷다가, 결국 노보노(能煩野)라는 곳에 이르러 쓰러지고는 고향 야마토를 칭송하는 망향가(望鄕歌)를 읊고서 숨을 거두고 말았다.

그러자 그의 영혼은 여덟 길이나 되는 커다란 백조(八尋白智鳥)로 변해 날아갔다. 소식을 듣고 달려온 처자식들이 장송의례가(葬送儀禮歌)를 부르며 뒤쫓아 갔지만, 야마토를 지나 오사카 동쪽 가와치(河內)의 시키(志機)라는 곳에 머물렀다. 여기에 시라토리 능(白鳥御陵)을 만들었으나, 결국 새는 다시 하늘높이 날아가 버리고 말았다.

이상과 같이 영웅전설은 마무리되지만, 고사기에는 그가 죽어가는 과정에 다수의 가요를 삽입 해두고 있다. 그중에서 널리 회자되는 2수를 소개해 본다. 먼저, 고향 야마토를 목전에 두고 가지 못하는 그의 심정을 담은 것으로, '야마토는 나라 안에서 으뜸가는 곳이로다! 겹겹이 포개진 푸른 울타리, 산에 묻혀있는 야마토는 너무나 아름답구나!'라고 읊고 있다. 일본서기에서도 같은 노래가 실려 있지만, 경행(景行)이 친히 규슈를 정벌할 때의 노래라 하고 있어서 고사기의 장면과는 다르다. 천황의 친정(親征)에 비해 주인공의 절박한 심경을 읊은 고사기의 전설이 노래로서는 한층 돋보이기 때문에, 문학적인 측면에서 보다 효과적으로 작용하고 있는 전설로 부각된다.

그러나 가요 자체는 토지의 신을 축복하는 소위 '구니보메'라 해석되는 노래의 일종으로, 상대 문학의 특징이기도 한 언어에 신령의 힘이 깃들어 있다는 '고토타마(言靈)' 신앙과도 관련이 깊다. 그리고 야마토타케루가 죽기 직전에 읊었다는 노래로, '낭자가 자는 방안에 내가 두고 온 칼, 그 칼이여!'라고 토로하고 있다. 고사기에만 보이는 가요로서, 토지의 산신과 벌인 싸움에 중요한 무기를 두고 왔다는 때늦은 후회를 노래로서 읊고 있다. 그 결과 주인공은 죽음을 맞이할 수밖에 없는 운명이 된 것이다.

참고로, 앞서 언급한 바와 같이 야마토타케루는 정벌을 끝내고 돌아오는 길에, '쓰쿠바를 지나서 몇 밤이나 새웠나?'라고 주위 사람들에게 묻자, 동국정벌(東征)을 보필하던 히타키노오키나가 '날을 쳐서 밤으로는 아홉 밤이고, 날은 열 날이요!'라고 절묘하게 받아서 이어 놓았다. 오키나는 이러한 답가를 지은 공로로 동국(東國)의 지방관

벼슬까지 내렸다는 일화로, 이를 츠쿠바 문답(筑波問答)이라고 한다. 그러나 이것은 중세의 렌가(連歌)와 무관하며, 따라서 기원설도 렌가 작가들이 최초로 엮어진 사서(史書)에 의탁하고자 렌가와 닮은 형태라는 점에서 나온 주장이라고도 생각된다. 렌가를 '츠쿠바노미치(筑波の道)'라고도 하였는데, 이는 경행(景行)조에 실린 야마토타케루의 노래를 그 효시로 본 때문이다.

(3) 아메노히보코의 전설

신라에서 바다를 건너온 인물로 도래(渡來)인이라는 씨족들의 시
조로 해석되고 있지만, 전설의 내용으로 보아 한반도의 신(神)으로
보이는 '아메노히보코'―기기(記紀)에는 각각 '天之日矛' '天日槍'라고
표기―와 그 후손에 관한 이야기가 기기(記紀)에 실려 있다. 두 문헌
에서는 수인(垂仁) 혹은 응신(応神) 왕조에 건너온 것으로, 시대가 다
르지만 신라국의 왕자였다는 점에서 일치한다. 또한, 그는 조정의
사서뿐만 아니라 당시 지방의 기록인 풍토기(風土記)에서도 등장하
며, 토지 신들과 경쟁하는 외래 신으로 묘사되고 있어서, 본래 일본
에 건너왔던 여러 집단의 신으로 추정할 수가 있을 것이다.

여하튼 아메노히보코가 건너온 유래에 대해 기기(記紀)는 호칭이
나 전후과정이 서로 다르게 서술되고 있어서 몇 가지 전승이 있었던
것으로 생각되지만, 여기서는 하나의 스토리로 서술하고 있는 고사
기(古事記) 중권의 마지막장인 응신(応神)단에 실린 이야기를 중심으
로 살펴보고자 한다.

옛날 신라에 '아구누마'라는 늪 근처에서 어떤 천한 여자가 낮잠
을 자고 있었는데, 햇빛이 무지개처럼 여자의 음부 근처를 비추었다.
이 광경을 다른 천한 남자가 보고 이상하게 생각해 항상 여자의 행
동을 살피고 있었는데, 그녀는 낮잠을 잔 이래 임신하여 붉은 구슬
을 낳았다.

이 남자는 그 구슬을 얻어서 항상 허리에 차고 다녔다. 계곡 사이
에 논을 만든 남자는 인부들의 음식물을 소에 싣고 계곡으로 들어갔
을 때, 국왕의 아들인 아메노히보코를 만났다. 그는 이 남자에게 묻
기를 '어째서 음식을 소에 실어서 계곡으로 들어가느냐? 너는 틀림

없이 소를 잡아먹으려는 게지!'라며 즉시 잡아서 감옥에 가두려고 했다. 그래서 남자가 얼른, '저는 소를 잡으려는 것이 아닙니다. 그저 밭을 가는 인부들의 음식을 운반할 뿐입니다.'라고 대답하였다. 하지만 아메노히보코는 용서하지 않았다.

그러자 남자는 허리에 차고 있던 구슬을 풀어서 뇌물로 바쳤다. 그리하여 아메노히보코는 남자를 용서하고 구슬을 가지고 돌아와 방안에 놓아두었더니, 금방 아름다운 처녀가 되어서 결혼하여 본처로 삼았다. 그녀는 항상 여러 가지 맛있는 음식을 준비하여 남편에게 대접하였다. 그런데 국왕의 아들은 교만해져서 아내를 꾸짖자, 그녀는 '원래 저는 당신의 부인이 될 여자가 아니에요! 조상님의 나라로 가겠습니다.'라고 말하고, 곧바로 아무도 모르게 작은 배를 타고 도망쳐 건너와서 나니와(오사카)에 머물렀다. 그녀가 바로 나니와의 '히메코소노야시로'라는 신사에 진좌한 '아카루히메' 신이다.

한편, 아메노히보코는 아내가 도망갔다는 말을 듣고 서둘러 뒤를 따라 건너와 나니와에 내리려고 하였을 때, 나루터 신이 길을 막아서 들여보내지 않았다. 그래서 다시 신라로 돌아가려고 서쪽의 타지마 지방―효고(兵庫)현 북부―에 정박하였다. 그대로 거기에 머물면서 타지마 마타오의 딸, 이름은 마에쓰미를 얻어서 낳은 자식이 '가즈라키노타카누카히메'로, 이는 오키나가타라시히메노미코토(息長帶比賣命)―응신(應神)천황의 생모인 신공(神功)황후―의 어머니이다.

그리고 아메노히보코가 가지고 온 것은 다마쓰타카라(玉津寶)라 하여 구슬 두 줄과 파도를 일으키는 히레―천으로 된 목도리 같은 물건―, 파도를 가라앉히는 히레, 바람을 일게 하는 히레, 바람을 자게 하는 히레가 있고, 또한 바다의 거울인 오키쓰카가미(岸津鏡) 등의 여덟 가지로, 이즈시 신사(出石神社)에 모신 8위의 대신(大神)은 이러한 보물이다.

여기까지가 아메노히보코의 일본 도래에 얽힌 전승으로, 응신(応神)단에는 이어서 봄과 가을의 형제 산신이 아메노히보코의 후손으로 '이즈시오토메'라는 여신을 둘러싸고 벌어지는 구혼경쟁을 싣고 있다. 대단히 문예적인 내용이라 해석되고 있는 전승은 다음과 같이 전개되고 있다.

이즈시 대신(大神)의 딸로서 '이즈시오토메'라는 여신이 있었는데, 많은 신들이 그녀를 아내로 맞이하려 했으나, 아무도 결혼할 수가 없었다. 여기에 가을 산의 아름답게 물든 단풍을 칭송한 이름인 '아키야마노시타히오토코'라는 형과 봄 산에 낀 안개를 칭송한 '하루야마노카스미오토코'라는 동생이 있었다. 그런데 형이 동생에게 말하기를, '나는 이즈시오토메를 아내로 바랬지만, 결혼할 수가 없었다. 너는 이 처녀를 얻을 수 있겠느냐?'라고 하였다. 이에 동생은 '간단히 일이지요!'라고 대답했다. 그러자 형은 '만일 네가 그녀를 처로 맞이할 수 있다면, 위에서 아래까지 걸치고 있는 옷을 전부 벗어주고, 키를 재어 그 깊이만큼 술을 빚어서 술독에 넣어주겠다. 또 산하에 나는 산물을 골고루 준비하여 내기를 하자!'고 제의했다.

그래서 동생은 형이 말한 대로 자세히 어머니에게 말씀드렸더니, 곧바로 등나무 줄기를 베어서 하룻밤 사이에 상의와 하의, 그리고 버선과 신발을 짰다. 또 활과 화살도 만들어서 아래위로 옷을 입히고, 활과 화살을 들게 하여 처녀 집으로 보냈더니, 의복과 궁시가 일제히 등나무 꽃으로 변했다. 동생은 그것들을 변소에 걸어두었더니, 그녀는 꽃을 신기하게 여기면서 가지고 돌아갈 때, 뒤를 따라 집으로 들어가서는 그대로 결혼하여 아이를 하나 낳았다.

이리하여 형에게 '저는 이즈시오토메를 얻을 수가 있었어요.'라고 말씀드렸다. 그러자 형은 동생이 먼저 결혼한 것에 화를 내고, 약속한 물건을 주려고하지 않았다. 그래서 동생은 어머니에게 한탄하며 호소하였더니, '내가 살아있을 동안 해야 할 일은 신들의 행동을 잘 배워야 하는 것이다. 그런데도 형은 사람의 행위를 따랐기 때문에 약속한 물건을 갚으려 하지 않는 것일까요?'라고 말했다.

어머니는 형을 원망하면서, 당장 근처의 이즈시 강의 가운데 모래섬에 나있는 대를 잘라서 올이 거친 바구니를 엮고, 강의 돌을 가져다 소금에 섞어서 댓잎에 싸서 동생에게 이르기를, '이 댓잎이 파랗게 우거지고 시들 듯이, 우거지다가 시들어져라! 또, 이 바닷물이 들락거리듯이 찼다가 바짝 말라라! 또, 이 돌멩이가 물속에 가라앉듯이 가라앉아 엎드려라!' 라는 말로 저주를 하게 시키고, 그것들을 연기가 통하는 부엌 위에 올려놓았다. 그러자 형은 8년 사이에 조수가 마르듯이 생기가 없어지고, 댓잎이 마르듯이 시들고, 돌이 가라앉듯이 몸이 병들어 여위고 말았다. 그러자 형이 울면서 어머니에게 용서를 빌자, 즉시 저주했던 물건들을 거두게 하였다. 그러자 형은 이전처럼 건강해졌다. 이것이 바로 '신에 서약한 도박'이라는 말의 기원인 것이다.

이상과 같은 내용으로, 형제의 구혼담은 고사기에서만 보이는 독자적인 전설이기도 하다. 여신을 둘러싸고 봄과 가을의 산신이 경쟁하는 구도는 문학적 요소가 들어있는 가장 오래된 것이다. 이와 유사한 내용은 가집인 만요슈에도 실려 있어서, 학자들은 상대 문학에서 가장 아름다운 한편의 드라마라고도 평하고 있다.

한편, 앞서 언급한 것처럼 아메노히보코와 연관된 전설은 일본서기의 수인(垂仁)조에서도 보이는데, 일서(一書)에서는 '츠누가아라시토'라는 이름으로 다음과 같은 전승이 보인다. 즉, 이마에 뿔(角)이

나있는 사람이 배를 타고건너와 고시 지방(越国)의 '케히' 포구에 머물러서, 그곳을 츠누가(角鹿)라고 일컫게 되었다. 그런데, 사람들이 어느 나라 사람이냐고 묻자, 그는 대가야 국왕의 아들로서 이름은 '츠누가아라시토' 혹은 '우시키아리시칸키'라 한다고 대답하였다. 그리고는 듣건대 일본에 성군(聖君)이 계시다고 해서 귀화하러 왔다고 한다. 그러나 선왕이 붕어한 지 3년이 지나도록 뵙지 못하고 머물게 되었기 때문에, 수인(垂仁)천황은 너희 나라로 가고 싶으냐고 물었고, 그렇다고 대답하자 그러면 네가 흠모한 선왕의 이름을 따서 고국의 나라이름으로 삼으라 하여, '미마나노쿠니(任那國)'가 되었다는 것이다.

이 전설은 국명의 유래담처럼 싣고 있으나, 주인공이 처음 등장할 때의 모습이 마치 뿔을 달고 있다는 것으로 보아, 신라의 관리들이 쓰는 모자의 형상을 이름으로 결합시켜 와전된 것으로 해석되고 있다.

이와 같이 여러 가지 억측과 함께 소위 중화사상에 입각한 시각에서 서술되어 있다는 것도 알 수 있다.

그밖에, 본문에서는 신라의 왕자인 아메노히보코(天日槍)가 건너왔다는 사실과 신물(神物)인 7가지 보물을 열거하고 있으며, 본문의 분주인 일서(一書)에서는 8가지로 전한다.

또한, 히보코의 후손 계보에 타지마모리(田道間守)라는 인물을 들고 있는데, 그가 중병을 앓고 있는 수인천황을 위해 도코요노쿠니(常世國)로 건너가 10년 만에 당시 타치바나(橘)라고 부르는 열매식물을 가지고 돌아왔지만, 이미 사후라서 능에서 울며죽었다는 충신 설화와 함께 그의 후손을 미야케노무라지(三宅連)라고 하고 있다.

(4) 우타가키와 지명유래 전설

혼슈 동쪽인 관동지방에 속하며 태평양에 접한 이바라기 현(茨城県)의 고대지명인 히타치노쿠니(常陸国)에서 보고된 풍토기(風土記)의 가시마군(香島郡)조에는 다음과 같은 전설이 실려 있다.

가시마군 남쪽에 와라와(童子)의 마츠바라(松原)라는 들판이 있다. 옛날에 토지 말로 신의 남자, 신의 여자라는 나카(那賀) 사무타(寒田)의 도령(郎子)과 우나카미(海上) 아제(安是)의 낭자(孃子)가 있었다. 두 사람은 신에게 봉사하는 남녀로서, 용모가 빼어나게 아름다워서 인근 고을에 빛났다. 도령과 낭자는 미모라는 소문을 듣고서 서로 한번 만나고 싶다는 감정이 싹터서 참을 수가 없을 지경이었다.

세월이 흘러 이윽고 조가(燿歌)—토지 말로서, '우타가키' 혹은 '카가이'라고도 한다—를 여는 날, 행사 자리에서 곧바로 만나게 되었다. 그때 도령은 '아제의 잔솔에 목면(木棉)을 늘어뜨리고 나를 향해 흔들고 있는 게 보이네, 아제 호수 작은 섬의 소녀가!'라고 노래하였다. 그러자 낭자도 답례로, '바닷물이 드나드는 우타가키의 밤에 나란히 서자고 약속했지만, 사랑스러운 당신은 많은 섬들에 가려져도 나를 보고 밀려오듯 달려오네!' 라고 응답하였다.

그리하여 방해받지 않고 둘이서만 속삭이고 싶었으나 사람들에게 알려지는 것이 두려워서, 우타가키 장소에서 빠져나와 소나무 밑에 숨어서 손을 마주 잡고 무릎을 붙이고는 가슴 속에 품어왔던 상념을 토로하였다. 그동안 쌓였던 짝사랑의 괴로움은 죄다 가시고 즐거움만 가득했다. 한편으로 새로운 환희도 끊임없이 솟아올라 미소가 절로 나왔다. 마침 때는 옥처럼 영롱한 이슬이 내리고 가을바람이 부는 시기였다. 맑고 밝은 달이 비치는 서쪽 모래톱 위에 학이 울며 날아가고, 청아한 솔바람이 우는 산꼭대기로는 하늘을 가로지르며 기러기가 날아가고 있다. 고요한 저녁 무렵, 바위틈을 흐르는 맑은 샘물이 먼 옛날부터 나는 소리를 들려주고, 밤이 이슥해지자 쓸쓸한 가운데 안개와 서리가 내렸다. 가까운 산에는 단풍이 저절로 떨어져 숲을 물들이고, 먼 바다에는 푸른 파도가 바위에 부딪히는 소리가 들려온다. 오늘 밤보다 더한 즐거움은 이 세상에 없으리라!

두 사람은 오로지 한 마음으로 사랑의 달콤한 속삭임에 빠져들어 어느 틈엔가 밤이 새는 줄도 몰랐다. 갑자기 닭이 울며 개가 짖자, 하늘이 밝아지면서 아침 해가 비친다. 그래서 두 동자(童子)는 어찌할 바를 모르고, 사람들이 보게 되는 것이 부끄러워서 마침내 소나무가 되고 말았다.

도령을 나미마츠(奈美松)라 하고, 낭자를 고츠마츠(古津松)라고 한다. 먼 옛날에 붙인 이름은 지금까지 고치지 않고 토지에서는 그대로 불러왔다.

인용한 전설은 가시마군(香島郡)조에 실려 있는 기사의 전문으로, 본문 속의 표현으로 보아 전설의 배경에 '우타가키'라는 고대의 풍습이 있었음을 알 수 있다. 이는 소위 '하레(晴)' 행사의 일종으로 남녀노소가 이 날에는 자유로이 연애를 할 수 있다는 민속으로 널리 알려져 있다. 전설 그 자체도 지명의 유래로서 들고 있다.

종래의 해석에 의하면, 우타가키(歌垣)란 산속의 샘물 근처나 바닷가 등지의 수변, 혹은 사람들이 모이는 장마당에서 미리 정해진 때에 맞추어 여러 공동체에 속한 남녀가 서로 사랑노래로 흥정을 하며 합일에 이르는 의례(儀禮)라고 한다. 어원적으로 노래인 우타(歌)와 거는 뜻의 가키(掛)가 결합한 것으로 동국(東國)지방에서는

‘카가히’라 불렸고, 한자어로 조가(嬥歌)―文選의 ‘魏都賦’에 보인다―로 표기한다. 그리고 우타가키의 기능은 봄의 산신 제사에 기원을 두고, 남녀가 합일함으로써 오곡을 익게 한다는 행위를 주술적으로 표현한 소위 감염 예축(豫祝)과 성년식에 준하는 의의도 있다고 한다. 하지만, 우타가키가 공동체 내에서가 아니라 외부로 퍼지는 확장성을 가지는 것이므로, 공동체 사이의 사회적 교환으로서 혼인의 기능을 가진다고도 해석한다. 다만, 두 가지 학설은 서로 대립하는 내용이 아님은 고대 중국이나 캄보디아의 민속에서 찾아볼 수가 있을 것이다.

한편, 오리구치 시노부(折口信夫)는 내림하는 신인 ‘마레비토’와 토지의 정령(精靈)을 대변하는 신의 여자로서 미코(巫女)에 의한 문답과 신혼(神婚)이라는 구도가 들어있다고 한다. 그러나 신혼이라기보다 풍요와 번영의 주력(呪力)을 바깥으로 넓혀가는 인간의 행위로 보아야 한다는 견해도 있다.

여하튼 위에 인용한 풍토기의 전설에서 주인공 남녀가 살아서는 사랑을 이루지 못하고, 결국 불행으로 끝나게 된 이유에 대해 종래 다음과 같이 세 가지 금기(taboo)를 범했기 때문이라고 한다. 즉, 신을 모시는 입장으로서 억제해야 하는 연애를 했고, 우타가키의 허용된 장소가 아닌 다른 곳에서 맺어진 일이며, 밤이 아닌 낮에까지 이어진 잘못이다. 요컨대 주인공의 무절제와 함께 축제의 장소 및 시간을 모두 어겼기 때문에, 이에 대한 대가로서 신벌(神罰)이 내렸다고 해석되는 것이다.

4) 귀족시대의 문학

　일본문학에서 작품명으로 모노가타리(物語)를 붙인 경우가 많다. 그 최초의 작품이 "다케토리모노가타리(竹取物語)"로 이후의 창작품에는 대부분 모노가타리라는 명칭이 쓰이게 되었다.

　그런데, 모노가타리의 어원에 대해서는 대략 다음과 같이 설명되고 있다. 즉, 고대에는 '가타리베(語部)'라 일컫는 전문가가 문자로 기록되기 전부터 신화나 전설을 구두로 후대에 전했다는 것이다.

　이와 같은 성격을 가진 그들이 담당했던 전문분야가 제례의식 등에서 읊는 '가타리'로서, 여기에 '모노'가 붙은 것이다. '모노'는 신이 되지 못한 요괴나 정령 따위를 가리키는 말이었다고 하지만, 작품에 쓰인 '모노'는 창작된 허구를 뜻한다.

　그리고 본래 신화로 수렴되지 못한 대상을 진혼한다는 의미가 배경에 들어있었다고도 보이지만, 첫 번째 작품이 작자미상인 것은 당시 새로운 문자인 가나(仮名)로 기록한 일과도 무관하지 않다. 가나는 남성 관료가 대외적으로 쓸 수 없다는 것은 기노 츠라유키(紀貫之)가 도사 일기(土佐日記)를 여자인양 썼던 바와 같다.

　여하튼 이하에서는 "다케토리모노가타리"를 비롯한 귀족시대의 주요 작품들을 소개한다.

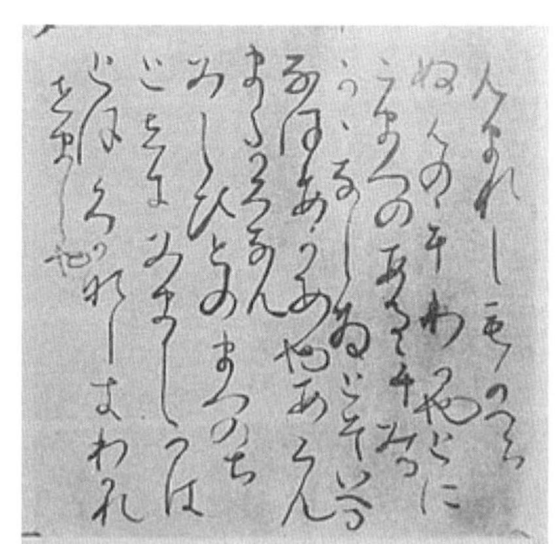

(1) 가구야 히메 이야기

'가구야 히메(かぐや姫) 이야기'—다케토리모노가타리(竹取物語)—는 헤이안(平安)시대 초기에 성립한 가나(仮名)로 쓴 산문작품이지만, 자세한 창작연도나 작자는 알려져 있지 않다. 그러나 '가구야 히메'를 주인공으로 하는 작품 자체는 이후에 성립된 겐지 이야기(源氏物語)에서 모노가타리(物語)의 원조라 하고 있는 것으로 보아 가장 오래된 창작 소설로 보이며, 당시에 이미 유명해져서 널리 유포된 작품이라는 것도 알 수 있다. 통실에 의하면, 9세기말에서 10세기전반 무렵에 성립되었을 것으로 추정하고 있는데, 작품의 줄거리는 다음과 같다.

대나무를 꺾어 생계를 유지하던 할아버지(竹取の翁)가 우연히 대나무마디 속에서 키가 3치정도(약 10㎝)되는 여아를 발견하고서 집으로 데려 왔다. 늦도록 자식이 없었던 탓에 노부부는 신이 점지한 것이라 여기고 소중하게 키웠는데, 불과 석 달 만에 아름다운 여인으로 성장하였고, 제사를 관장하던 인베씨에게 부탁하여 이름은 지었는데, 그녀의 아름다운 용모에 빗대어 잘 휘고 낭창낭창한 대나무 같은 외모에 빛나는 아가씨라는 뜻으로 '가구야히메'라 하였다. 그녀는 이 세상에 둘도 없는 빼어난 미모였기에 뭇 남성들의 애간장을 태웠고, 소문을 듣고 두 왕자를 비롯한 당시의 대표적인 '이로고노미(色好み)'라 일컫던 다섯 명의 귀족(귀공자)이 모여들었다. 그들은 양부모에게 딸과 만나게 해주라며 끊임없이 압박을 가해오자, 가구야히메는 귀공자들에게 다음과 같은 물건을 가져오면 허락하겠다는 조건을 제시하였다. 즉, 이시츠쿠리노미코(石作皇子) 왕자에게는 석가모니의 탁발 돌그릇을 요구하였다. 전설에 따르면 저절로 빛이 나

는 물건이라고 하는데, 왕자가 가지고온 물건은 반딧불만큼도 빛나
지 않아서 들통 나고 말았다. 그리고 구라모치노미코(庫持皇子) 왕자
는 신선세계인 봉래산의 금은과 보석구슬로 이루어진 나뭇가지를
가지고 왔다고 말했지만, 꾀가 많은 왕자는 미리 일을 꾸며서 성취
하려 했던 것이다. 즉, 당시의 최고 장인들을 모아 만들게 했던 보물
로, 성공하기 직전에 품삯을 요구하여 오는 바람에 가공한 사실이
탄로 나고 말았다. 세 번째로 우대신(右大臣) 아베노미우시(阿倍御主
人)에게는 불속에 사는 쥐(火鼠)의 털로 만든 불에 타지 않는 가죽옷
을 요구했는데, 그는 자신의 재물을 이용해서 중국의 무역상에게 건
네어 구입하여 오게 했다. 그러나 그럴듯하게 만든 물건은 불에 넣
자마자 불에 타는 바람에 실패하였다. 또한 다이나곤(大納言) 오토모
노미유키(大伴御行)에게는 용의 목에 있다는 오색으로 빛나는 구슬을
요구하였는데, 그는 직접 바다로 나가 용을 만나 도전했지만, 배는
난파되고 목숨만 겨우 건져서 귀국하였다. 생고생을 너무 많이 했던
탓에 눈이 자두처럼 붉어졌는데, 작품에서는 이를 두고 먹을 수도
없는 자두라는 우스개로 만들어서 비아냥거리고 있다. 마지막으로
추나곤(中納言) 이소노카미노마로타리(石上麿足)에게는 제비가 낳는
다는 고야스가이(子安貝)라는 보물조개를 가져오라고 주문하였다. 전
설에 제비가 새끼를 낳을 때 나온다는 보물조개로서, 안산(安産)이나
건강에 특효라는 전설이 있지만, 구할 수가 없어서 직접 제비집에
올라가 꺼내려다가 사다리에서 떨어져 반신불수가 되고 말았다. 소
식을 들은 가구야히메로부터 동정을 사긴 했지만, 원하던 물건도 결
혼도 포기해야만 했기에 아무 보람도 없었다는 조개(貝)라는 말과
같은 표현인 보람을 미묘하게 겹쳐서 언어유희로서 마무리한다. 이
와 같이 다섯 명의 청혼자들은 갖가지 고생을 하면서 문제의 물건을

손에 넣으려고 노력했지만, 모두 해결하지 못해 물러나게 되었던 것
이다.

　이상과 같이 작품주제의 하나가 된 현실적으로 얻을 수 없는 것이
지만, 결혼을 조르는 귀공자들에게 그런 것을 가져오라는 가구야 히
메의 무리한 요구—학자들은 구혼난제(求婚難題)라고 한다—를 내세워
서, 모두 실패하는 바람에 물러나게 하였다. 그러자 이번에는 천황이
직접 나서 칙사를 파견하여 입궐을 종용하지만 거부하였고, 이에 사
냥을 핑계 삼아 찾아와서는 갑자기 히메의 방으로 들어가서 만났는
데, 그녀가 보통사람이 아니라는 것을 보고 강제로 아내로 삼을 수
없다는 사실을 깨달았다. 결국 입궐하지 않겠다는 의지를 꺾을 수가
없어서, 편지로만 서로의 마음을 주고받는 상황이 되었다. 그러한 세
월이 삼년 가까이 흐른 어느 날, 가구야 히메는 달을 보면서 심히 슬
퍼하였고 이를 수상히 여긴 부모에게 자신의 본향과 지상에 오게 된
이유 등을 알려주고서, 숙명처럼 거부할 수 없다는 사실을 전하며 노
부부와 함께 통곡하였다. 이윽고 팔월 대보름날 밤, 궁궐에서 파견한
2천의 병사가 힘도 못쓴 채로 하늘에서 내려온 천인(天人)들에게 둘
러싸여 그녀는 고향인 달세계로 돌아갔다. 상심한 천황은 가구야히메
가 남기고 간 불로장수 약(不死藥)을 수많은 무사(土)들로 하여금 하
늘에서 가장 가깝다는 후지 산(富土山)의 꼭대기에서 편지와 함께 불
태우게 하여 그리는 마음을 전하였다. 참고로, 작품의 마지막에 편지
를 태운 연기가 하늘로 올랐다고 서술하고 있는데, 이는 당시 후지산
이 활화산이었음을 증명하는 실제상황이라고도 한다.

　이상과 같이 귀족과 천황에게까지 청혼을 받았지만, 결코 이룰 수
없는 무리한 요구를 들이대어서는 계속 거절하고, 끝내는 사람들의
탄식을 뒤로하여 8월 15일 대보름날 밤에 달세계로 올라간다고 하

는 내용으로, 소위 귀종유리(貴種流離) 형식에 속하는 소설이 '가구야 히메 이야기'인 것이다.

현세(現世)를 사는 인간들의 비탄만 남기고, 날개 옷(羽衣)으로 갈아입고서 천인(天人)들의 호위를 받으며 승천하는 주인공의 모습에는 신비하고 환상적인 아름다움이 흐르고, 그녀가 구혼자를 물리치는 장면에서는 귀족들의 오만과 교활함에 대한 풍자와 웃음을 담고 있다. 환상과 현실이 훌륭하게 뒤섞인 작품인 것이다. 고대로부터 중국에 왕래한 견당사(遣唐使)들이 가져온 책자에는 전기(伝奇)적이고 공상적인 작품들이 있었다. 그것들은 당시 사람들에 있어서 새로운 재미를 느끼게 하여 문학에 대한 흥미를 불러일으켰을 것이다. 여기에 가나 문자가 고안되어 본 것이나 느낀 바를 생각대로 써서 나타낼 수 있게 되었다. 가구야 히메의 이야기에는 민간 설화와 선녀전설, 무리한 구혼을 물리치는 슬기―求婚難題― 등을 내포하고 있는데, 이는 아마도 당나라로부터 전해진 중국과 인도의 설화와 전설 등의 고사(故事), 그리고 당시 귀족사회의 모습 등 세 가지를 소재로 하여, 발명된 지 얼마 되지 않은 새로운 문자인 가나를 이용하여 만들었다고 해석하고 있다.

(2) 마쿠라노소시

서기 1001년경에 성립된 "마쿠라노소시(枕草子)"는 일본문학 최초의 수필작품으로, 작자는 세이쇼나곤(清少納言)이다. 길고 짧은 것을 합쳐서 300여개의 단으로 나눌 수 있도록 서술되어있는데, 작품 내용을 종류별로 분류해보면, 먼저 일정한 주제를 가지고 비평할 대상을 나열해 놓은 유취(類聚)적인 것이 있으며, 여기에는 그녀의 예리한

관찰과 독자적인 시점이 잘 나타나 있다. 그리고 아래에 인용한 제1
단처럼 작자의 독특한 미의식이나 예리한 감성을 유감없이 드러낸
수상(随想)적인 단이 있고, 또한 작자의 궁중 생활에 겪었던 이모저모
를 담은 일기(日記)적인 부분 등 세 가지로 나눠볼 수가 있다. 다음은
작품의 일부로서 널리 회자되는 단에 실린 내용에 대해 소개한다.

먼저, 아래에 인용한 본문은 서두인 제1단의 전문으로, 사계를 소재
로 하여 각 계절에 따른 풍경을 서술하고 있다. 작자의 미적이고 감각
적인 판단과 함께 그녀의 호오를 잘 알 수 있는 부분이기도 하다.

봄은 새벽녘이다. 점점 희고 뚜렷하게 드러나는 산등성이가 조금
붉은 기를 띠며 밝아지고, 자줏빛을 띤 구름이 가늘게 옆으로 흐르
고 있는 풍경. 여름은 뭐니 뭐니 해도 밤이다. 달이 뜬 때는 말 할
것도 없다. 어둠도 역시, 반딧불이 수없이 뒤엉켜서 어지럽게 날고
있는 모습. 또 많지도 않고 단지 한 마리 두 마리, 희미하게 빛나며
날아가는 것도 여름밤의 풍취를 자아낸다. 비 따위가 내려도 재미있
다. 가을은 해질 녘. 석양이 비치고, 능선이 곧 닿을락말락하게 되었
을 때 까마귀가 둥지로 가려고 셋 넷, 둘 셋 등으로 날아서 급히 돌
아가는 모습까지 절실한 느낌이 든다. 하물며 기러기 따위가 줄을
짓고 있는 것이 몹시 작게 보이는 모습은 대단히 재미있다. 해가 완
전히 지고 말아 바람소리나 벌레소리가 들리는 것도 역시 말로 나타
낼 수도 없이 좋은 것이다. 겨울은 이른 아침이다. 눈이 내려 있는
풍경은 말할 나위도 없다. 서리가 아주 하얗게 내린 것도, 또 그렇지
않아도 매우 추운 때에 불씨를 급히 일으켜서 숯불을 가지고 오가는
것도 더없이 겨울아침에 걸맞다. 대낮이 되어 추위가 점점 누그러져
풀어지면, 화로의 불도 약해져서 흰 재만 많아져버린 것은 형편없는
느낌이 든다.

봄은 새벽녘이 운치가 있다든지, 여름은 밤이며, 가을은 해질 녘, 겨울은 이른 아침이 좋다는 등, 춘하추동을 관찰대상으로 삼아 대자연의 조화와 함께 생명체에 대해 작자 고유의 감성으로 호오를 그려내고 있다. 사계를 독특한 관점에서 바라본 것으로, 계절에 어울리는 풍물과 주변 환경을 작자다운 시각에서 단도직입적으로 서술하고 있다. 특히 둥지로 돌아가는 까마귀나 겨울날의 화롯불을 미적인 판단대상으로 삼고 있었다는 점도 이채롭다.

한편, 작자는 제26단의 '얄미운 것'이라는 주제에서 다음과 같은 사례를 들어 비평한다. 즉, 급한 일이 있는데도 찾아와서 장황하게 늘어놓은 사람이라든지, 타인을 부러워하고 자신의 처지는 불평만 한다든지, 하찮은 일인데도 알고 싶고 듣고 싶어서 안달이 나서, 말해 주지 않으면 앙심을 품어 험담을 하고, 또 그저 약간 얻어들은 것은 자신이 이전부터 알고 있는 일처럼 다른 사람에게도 기세를 올리며 이야기하는 사람도 아주 밉살스럽다고 한다.

이와 같이 생활 주변에 일어나는 사소한 일이지만, 현대인도 공감할 수 있는 다양한 장면을 예로 들어 자신의 감상을 제시하고 있다.

또, 제145단에서는 '귀여운 것'이라는 주제로, 오이에 새긴 아기얼굴이라든지, 두세 살쯤 되는 아이가 티끌을 발견해서는 작은 손가락으로 집어서 어른들에게 보이고 있는 것은 정말 사랑스럽다고 한다. 그리고 궁중예절을 배우기 위해 입궐한 당상관의 아이가 복장은 훌륭하게 갖춰 입혔지만 아직 몸집은 크지 않아서, 아주 조심스레 걸어가는 것도 귀엽고, 또한 수면 위에 떠있는 연꽃의 아주 자그마한 잎을 연못에서 집어 올린 것이나 접시꽃이 아주 작은 것 등, 무엇이든지 작은 것은 모두 예쁘다는 작자의 여성다운 일면을 드러낸 부분도 있다.

작품의 일부만 예로 들어 보았지만, 그녀의 예리한 관찰력과 함께 당시 상층 귀족 여성들의 생활이나 궁중에서의 생활 감각까지 알 수 있다. 일본 최초의 가나 문자로 쓴 수필로서, 작자인 세이쇼나곤은 겐지 이야기의 작자인 무라사키시키부(紫式部)와 같이 중궁의 시녀로서 입궐하였던 궁인 뇨보(女房)였다. 그녀는 다른 시종들이나 당상관들 속에서 깊은 학식과 회전이 빠른 명석한 두뇌, 지기 싫어하는 성격 등에 의해 항상 주목받고 있었다고 한다. 와카를 읊는 가인(歌人)의 가문이자 대를 이어 학문을 세운 집안에서 성장하였으며, 16살이 되던 해에 결혼하여 아이를 가졌지만, 이후에 부부관계를 해소하고 궁중에 출사하였다고 보인다. 993년에 이치조(一条)천황의 중궁인 데이시(定子)를 모시게 된 것은 그녀가 28세 때의 일이었다. 입궁하여 중궁의 총애를 받아 활약했지만, 데이시가 출산하면서 젊은 나이로 세상을 떠나는 바람에 궁궐에서 물러나왔다. 그 후의 소식은 알려지지 않지만, 교토를 떠나 살았던 것 같으며 만년은 불우하였다고 한다.

(3) 겐지 이야기

고전의 백미로 일컬어지는 '겐지 이야기'―겐지모노가타리(源氏物語)―는 앞서의 "마쿠라노소시"와 함께 귀족문학의 쌍벽으로 평가되며, 귀족사회인 헤이안(平安)시대의 로망소설로, 무라사키시키부(紫式部)라는 궁인이 쓴 작품이다. 서기 1008년경에 성립되었으며, 한 면이 400자인 일본어 원고지로 환산하여 2400장 분량에 약 백만 자에 달하는 대 장편소설로, 54권으로 구성되어 있다. 내용은 '히카루 겐지'(光源氏)라 일컫는 겐지노키미(源氏君)의 일생과 그의 아들이 되는 '가오루'(薰)를 중심으로 펼쳐지는데, 주인공을 기준으로 하자면 전편과 속편으로 볼 수가 있지만, 작품 주제의 전개에 따라 전편을 둘로 나누어, 종래 다음과 같이 3부 구성이라고 분석되고 있다.

제1부는 천황의 총애를 받던 후궁의 아들인 겐지의 출생에서부터 시작하여 영화의 절정에 이르기까지의 이야기이고, 이후 제2부에서는 불행해져 가는 그의 만년에 이르는 인생이 그려지고 있다. 겐지가 주인공인 여기까지의 분량이 작품전체의 4/5 가량을 차지하고, 이후 제3부에서는 겐지의 사후에 펼쳐지는 이야기로, 그의 아들로 성장한 가오루(薰)와 니오우노미야(匂宮) 왕자 사이에서 고뇌하는 우키후네(浮舟)와의 사랑이야기 등이 전개되고 있다.

겐지 이야기는 내용에 걸맞은 아름다운 제목이 각 권마다 붙어 있는데, 다음은 앞서 설명한 것처럼 3부 구성에 맞추어, 전반적인 작품의 흐름을 파악하기 위해 내용을 개략적으로 소개하기로 한다.

제1부1)는 출중한 용모와 자질을 갖춘 주인공 겐지의 출생에서부

---

1) 제1부에서의 일본어 제목은 桐壺, 帚木, 空蟬, 夕顔, 若紫, 末摘花, 紅葉賀, 花宴, 葵, 賢木, 花散里, 須磨, 明石, 澪標, 蓬生, 關屋, 繪會, 松風, 薄雲, 朝顔, 少女, 玉鬘, 初音, 胡蝶, 螢, 常夏, 篝火, 野分, 行幸, 藤袴, 眞木柱, 梅枝, 藤裏葉로 모두 33권(帖)에 이른다.

터 39세까지의 화려한 반생을 그린 것으로, 첫 번째 기리쓰보(桐壺)권부터 후지노우라바(藤裏葉)권까지 모두 33첩에 걸쳐 펼쳐지고 있다.

왕비 서열로서 제일 낮은 고이(更衣)계급이었던 주인공의 생모는 기리쓰보(桐壺)천황의 총애를 오롯이 받았던 탓에, 다른 후궁들의 질투와 노골적인 시샘을 견디다 못해 주인공이 세 살 무렵에 병사하였다. 이후 부왕은 점괘가 용하다는 고려(高麗)의 사신에게 왕자를 보게 했더니, 제왕이 될 비범한 관상이지만 즉위하면 나라가 어지러워질 것이고, 신하로서 국정을 도울 수도 있겠지만 대신으로만 끝날 인물은 아니라는 예언을 들었다. 이에 훗날을 염려한 부왕은 황자(皇子)가 아닌 귀족신분으로서 자랄 수 있도록 배려하여, 여덟 살이 되던 해에 겐지(源氏) 성을 하사했다. 히카루겐지(光源氏)라 부르게 된 주인공의 별칭은 여기서 비롯된다. 이후 그가 12세가 된 해에는 성인식 의례인 원복(元服)과 함께 좌대신(左大臣)의 외동딸이자 4살 연상인 아오이노우에(葵上)와 결혼하여 니죠인(二条院)저택에서 살게 되었다.

장마가 그치지 않던 날, 겐지는 궁궐에서 숙직하던 친구인 도노주조(頭の中將) 등 세 명의 동료들과 어울려 이상적인 여성담론을 펼치게 되는데, 중류계급의 여성이 가장 매력적이라는 결론과 함께 자신들이 만났던 여성들에 대한 경험담을 주고받았다. 이후 겐지는 앞서 들었던 연애대상으로 이상적이라 생각했던 유가오(夕顔)에게 끌려 자주 드나들게 되었는데, 그러던 중 연상의 애인이었던 로쿠조미야슨도코로(六条御息所)가 자신에게 뜸해진 겐지를 질투하였고, 그 증오는 원령(物の怪)이 되어 유가오에게 그녀의 생령(生靈)이 달려드는 바람에 급사하고 말았다.

이를 목격한 겐지는 충격에 빠져 병상에 눕고 말았다. 열병을 앓던 겐지는 치료차 교토 북쪽 기타야마(北山)의 절에 요양하러 가다가 우연히 사모하던 후지쓰보(藤壺)중궁과 빼닮은 소녀를 보게 되었다. 그녀가 바로 평생의 연인이 된 무라사키노우에(紫上)의 어릴 적 모습이었던 것이다.

그리고 병을 치료하기 위해 시골에 내려온 후지쓰보(藤壺)중궁을 찾아서 몰래 만나 함께 밤을 지새웠다. 그러나 후지쓰보는 천황의 허락도 없이 몰래 만난 것을 후회했지만, 이미 회임한 상태였고, 두 사람의 관계를 모르는 부왕은 크게 기뻐했다.

그런데 앞서 소녀를 돌보던 비구니 외할머니가 사망하자, 계모가 있는 친부 곁으로 돌아가야 한다는 일을 걱정한 유모의 넋두리를 기회로 삼아, 겐지는 한발 앞서 소녀를 자신의 집으로 데려오고 말았다. 이리하여 와카무라사키(若紫)는 겐지의 노력으로 훌륭한 숙녀로 자라나게 되었고, 성장한 그녀는 나중에 정식으로 아내로 맞이하면서 무라사키노우에(紫上)라고 부르게 된다.

한편, 겐지는 여전히 다양한 계층의 여인들과 연애하는 등 갖가지 사랑을 경험하게 된다. 한번은 후견인도 없이 폐옥에 가까운 초라한 집에서 시녀와 단둘이 살고 있었던 스에츠무하나(末摘花)라는 왕녀의 집에 들르게 되었다. 그녀는 빨갛고 기다란 코에 기둥 같은 다리를 가진 추녀이기도 하여 아무도 관심을 주지 않았고, 이후 겐지는 자신을 향한 그녀의 올곧은 마음씨에 감동하여 뒤를 돌봐주게 되었다.

세월이 흘러 기리쓰보 천황의 양위를 받아 배다른 형인 우대신 계열인 스자쿠(朱雀)천황이 등극하고 나서부터는 이전과 다른 세상이 되었는데, 그런 와중에 정적(政敵)인 우대신(右大臣) 집안에서 장차 후궁에 입궐시키려고 기대했던 오보로쓰키요(朧月夜)와의 밀회를 우대신에게 발각되고, 이에 격노한 고기덴뇨고(弘微殿女御)는 겐지를 제거하고자 마음먹게 되었다.

이후의 상황은 더욱더 심각해져서 겐지가 실각할 것이라는 소문까지 나돌게 되자, 스스로 멀리 남쪽 바닷가 마을인 스마(須磨)로 떠났다. 실의에 찬 방랑 생활 중에 계시를 받아 아카시(明石)로 옮겼는데, 거기서 만난 호족 소생의 아카시노키미(明石の君)와 혼인을 하여 후일 중궁이 되는 딸을 얻었다.

한편, 겐지가 떠난 교토에서는 정적관계였던 사람들이 전염병에 시달렸고, 게다가 스자쿠(朱雀) 천황은 꿈속에서 선왕의 질책을 받아 눈병까지 얻고서는, 고기텐뇨고의 반대를 무릅쓰고 떠난 겐지를 불러들이라는 선지(宣旨)를 내렸다. 교토로 되돌아온 겐지는 정계로 복귀했고, 스자쿠의 양위로 겐지의 친생자인 레이제이(冷泉) 천황이 즉위하였다.

이와 같이 모든 일이 순조롭게 진행되어 영광을 되찾았지만, 그러나 한편으로는 그가 18세였던 혈기왕성했던 시절에 후지쓰보(藤壷) 중궁과 금기를 깬 불륜이 있었고, 그 결과로서 불의(不義)로 태어난 레이제이(冷泉) 천황은 이후 자신의 출생 비밀을 알게 된다. 이러한 과거에 저지른 죄과는 히카루 겐지가 짊어지고 가야 하는 비극과 어두운 인생을 걷게 되는 복선으로 깔려 전개되고 있다.

겐지는 미야슨도코로(御息所)의 집터를 포함한 교토 로쿠조(六条) 부근에 로쿠조인(六条院)이라는 사계절의 경물을 배치한 대저택을 조성했는데, 여기에 자신과 정부인이 된 무라사키노우에(紫の上)는 봄을 주제로 한 남동쪽에 기거하고, 가을의 저택은 로쿠조미야슨도코로(六条御息所)의 딸인 아카고노무(秋好) 중궁, 여름은 하나치루사토(花散里), 그리고 서북쪽 겨울에는 아카시노키미(明石の君)를 각각 불러들여 각각 살게 하였다. 이듬해 그가 36세가 된 때에는 로쿠조인 남동쪽 봄의 저택에서 뱃놀이를 개최하였다. 특히 용두익수(竜頭鷁首)라는 배는 그의 영화를 상징하는 것처럼 빛났다.

　이후에도 겐지는 승승장구하여 최고의 권력을 누렸는데, 제1부 마지막 장인 제33권(藤裏葉)에서는 준 태상천황(準太上天皇)이 되어 영화의 절정에까지 이르렀다. 또한 친구이자 손위 처남인 도노주조(頭の中將)도 내대신(內大臣)에서 다조다이진(太政大臣)으로, 장남 유기리—고인이 된 본처 아오이노우에(葵の上) 소생의 장남—도 주나곤(中納言) 벼슬에 올라 청년귀족으로서는 손색이 없었다.

겐지와 레이제이인 부자(父子)가 만나는 장면으로, 마루에서는 장남인 유기리(夕霧)가 난간에서 피리를 불고 있다.

34번째 와카나(若菜)상권으로부터 시작되는 제2부2)는 마보로시(幻)권까지 모두 8첩에 걸쳐 펼쳐진다. 화려했던 제1부와 달리 비극의 이야기로 바뀌는데, 불의(不義)의 결과인 아들 가오루(薰)의 탄생과 애처 무라사키노우에(紫の上)의 죽음 등, 갖가지 사건으로 고뇌하는 겐지가 출가를 결심하고, 죽음을 맞이하기까지의 후반부 인생이 그려져 있다.

겐지는 스자쿠인(朱雀院)의 간곡한 부탁으로 딸인 온나산노미야(女三宮) 공주를 본처로 받아들이게 되었는데, 이는 결과적으로 그때까지 정부인으로 자리매김 되었던 무라사키노우에(紫の上)를 흔들리게 하였다. 더욱이 자신이 저지른 과거의 잘못을 재연이나 하는 듯이, 친구인 도노주조(頭の中将)의 장남인 가시와기(柏木)가 무라사키노우에를 간병하기 위해 집을 비운 사이에 온나산노미야와 과오를 범했다.

사실 가시와기가 온나산노미야를 몰래 사랑하고 있었던 일은 이전부터 있었다. 즉, 앞서 와카나(若菜上)권에 등장하는 사건으로 가시와기는 제기차기와 닮은 놀이인 게마리(蹴鞠)에 열중하고 있었는데, 갑자기 발 안쪽에서 고양이가 뛰어나오는 바람에, 밖을 보고 있었던 뇨보들 사이로 온나산노미야(女三宮)를 직접 보고서 가슴이 설레었던 일이 계기가 된 것이었다. 여하튼 두 사람이 맺은 관계는 가시와기가 보낸 와카(和歌)의 연애편지를 통해 알아챘고, 겐지의 냉대에 가시와기는 괴로워하다 중병이 들고 말았다. 결국 불의로 태어난 가오루(薰)는 스스로의 업보를 되받은 꼴이 되고 말아서 운명의 참담함을 뼈저리게 느꼈고, 탄생 50일 잔치를 치루면서 가시와기를 닮은 가오루의 모습에 착잡해지기만 하였다.

---

2) 34권부터 41권까지 제2부의 일본어 제목은 若菜上, 若菜下, 柏木, 横笛, 鈴虫, 夕霧, 御法, 幻이다.

　　한편으로 가오루를 출산한 온나산
노미야(女三の宮)는 겐지의 만류에도
불구하고, 찾아온 부친 스자쿠인(朱雀
院)에게 출가를 부탁하여 머리를 자르
고 말았다. 출가소식을 접한 가시와기
(柏木)는 절망에 빠져 병세가 더욱 악
화되었고, 병문안 온 겐지의 장남인 유기리(夕霧)에게 자신과 부친사
이를 중재해 달라고 부탁하고는 결국 죽음을 맞이한다.

누워있는 온나산노미야(女三の宮) 딸과 부친 스자쿠인(朱雀院) 아래쪽에 고개를
숙인 인물은 히카루겐지이다.

친구인 가시와기(柏木)에게 병문안 온 겐지의 장남 유기리(夕霧)의 모습.

유기리는 친구 가시와기의 죽음으로 미망인이 된 오치바노미야(落葉の宮)—스자쿠인(朱雀院)의 딸—를 동정하다가 사랑에 빠지게 되었다. 하지만 도노주조(頭の中将)의 딸인 구모이노카리(雲居の雁)는 우여곡절 끝에 결혼에 성공한 첫사랑이었던 유기리를 포기할 수가 없었다. 질투심으로 남편에게 온 편지까지 의심하였지만, 이미 그는 '오치바노미야'에게로 마음이 떠나 있었다.

구모이노카리(雲居の雁)가 불륜을 의심하여 남편 유기리(夕霧)에게 온 편지를 빼앗으려고 한다. 하지만, 결국 오치바노미야(落葉の宮)는 가시와기(柏木)의 사후에 남편친구인 유기리와 맺어진다.

온나산노미야와의 결혼 이후로 중병에 걸렸던 무라사키노우에(紫の上)는 겐지(51歳)가 정성을 다해 간호한 보람도 없이 세상을 떠났다. 평생 동안 가장 사랑하였던 무라사키노우에(紫の上)마저 곁을 떠나자, 평소 소원했던 출가를 허락하지 않았던 일을 후회하였다. 온나산노미야의 출가와 무라사키노우에의 덧없는 죽음, 자신의 주변에 있던 사람들의 연이은 불행으로 깊은 슬픔에 빠졌던 겐지는 아내의

일주기 공양을 마치고, 신변 정리와 함께 자신도 출가할 결심을 굳히게 된다. 이상과 같이 제2부에서는 만년에 들어선 겐지의 인간적 고뇌가 묘사되어 있는 것이다.

제3부3)는 니오우노미야(匂宮)로부터 마지막 장인 제54권 유메노우키하시(夢浮橋)까지 겐지가 세상을 떠난 이후에 일어난 사건들로 엮어진다. 겐지의 아들로 성장하여 곰곰이 생각하는 성격인 가오루(薰)와 겐지의 손자가 되는 적극적 행동파인 니오우노미야(匂宮)를 중심으로 진행되는데, 서로 다른 성향인 두 사람이지만, 모두 신비한 향내가 나는 귀공자로서 세상 사람들의 주목을 받았다. 또한, 서로 경쟁상대이기도 하여 연애나 결혼 등, 여러 가지 사건들이 얽히고설키면서 진행된다. 특히 우지노히메기미(宇治の姫君)를 둘러싼 채워지지 않은 사랑은 안타까움마저 일으키고 있으며, 나아가 앞서 제2부에서 볼 수 있었던 인물들의 내면 묘사는 더욱 깊어져서, 불교사상과 함께 깊은 비애가 감돌고 있다. 참고로, 학자들은 하시히메(橋姫)로부터 유메노우키하시(夢浮橋)에 이르기까지 후반부의 10권은 모두 우지(宇治)를 무대로 하고 있어서 우지주조(宇治十帖)라고도 부른다.

제3부에서는 겐지 이야기가 성립된 동시대에 소위 에마키(絵卷)로도 만들어졌는데, 다음은 글과 함께 작품을 감상해보기로 한다. *

*다마가즈라(玉鬘)—히게쿠로(髭黑)의 아내로 유가오(夕顔)의 딸—소생의 자매(大君·中君)가 마당의 벚꽃을 걸고 내기바둑을 두고 있다. 그 모습을 바깥 쪽 담 사이로 유기리와 구모이노카리사이에서 태어난 구로도노쇼쇼(蔵人少將)가 엿보고, 큰딸(大君)에게 반하고 말았다. 옆에서 시녀들도 감상

---

3) 제3부는 匂宮, 紅梅, 竹河, 橋姫, 椎本, 總角, 早蕨, 宿木, 東屋, 浮舟, 蜻蛉, 手習, 夢浮橋이다.

하고 있는 장면으로, 뇨보(女房)의 한가로운 일상을 표현하고 있다.

　*만추의 달밤에 겐지의 배다른 동생인인 하치노미야(八宮)가 기거하는 우지(宇治) 산장을 방문한 가오루(薫)-우측는 八宮의 자매가 쟁과 비파를 합주하는 모습을 엿보고 있다.

　*궁궐에서 가장 깊숙한 곳인 세이료덴(清涼殿) 안에서 겐지의 처남이자 사위인 금상(今上帝)과 겐지의 아들 가오루(薫)-아래-가 바둑을 두고 있다.

금상이 편한 자세로 오른 손으로 한 수 두고 있는 모습으로, 본문에서는 3
대 2로 금상이 지고 말았다. 옆방에서는 뇨보(女房)들이 훔쳐보고 있다.

　*로쿠조인(六条院)의 큰사랑 풍경으로, 니오노미야(匂宮)-우측-와 로쿠노
키미(六君)의 신혼 3일째 되는 아침을 그려놓았다. 니오노미야가 부끄러운
듯이 얼굴을 묻고 있는 그녀(六君)를 다정하게 돌보고 있다. 옆방에서는 뇨
보들이 혼례직후의 화사한 의상으로 즐겁게 대기하고 있다.

*가을저녁 무렵, 니조인(二条院)뜰에서의 장면으로, 니오우노미야(匂宮)가 나카노키미(中の君)를 위해 악기를 연주하고 있다. 실은 자신보다 젊은 로쿠노키미(六君)가 니오우노미야(匂宮)와 결혼했기 때문에 임신한 나카노키미(中君)의 마음은 마냥 슬프기만 하다. 본가인 우지(宇治)를 그리워하는 그녀를 달래려고 니오노미야(匂宮)가 비파를 뜯고 있는 풍경이다. 에마키 그림에는 가을저녁의 뜰이 화면을 크게 메우고 있으며, 이야기의 주역은 끝자리에 놓여있다. 전체적으로 쓸쓸함을 표현하여, 난간과 복도 및 지붕이 보이는 건물은 오른쪽 구석으로 기울어진 소위 반대구도이다. 인물의 배치도 불안정한 위치로서 불안한 심리를 나타낸다.

*니조인(二条院)에서 우곤(右近) 뇨보가 와카의 지문을 펼쳐서 읽는 것을 들으며 우키후네(浮舟)가 그림을 쳐다보고 있다. 좌측 아래에서 시녀가 나카노키미(中の君)의 젖은 머리를 빗고 있는 모습도 보인다.

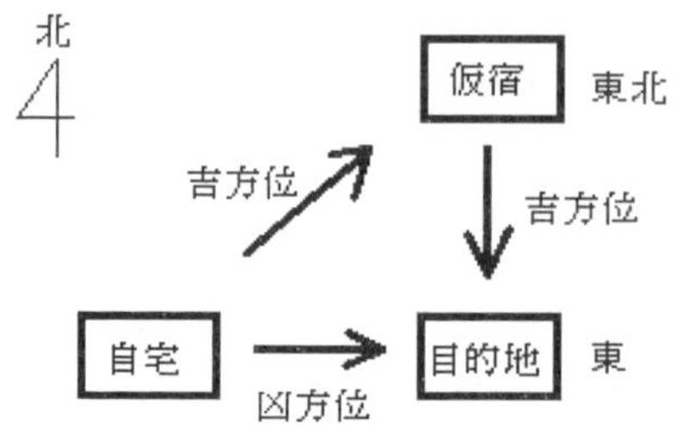

사랑했지만 이룰 수가 없었던 오키미(大君)와 닮은 우키후네(浮舟)—두 사람 모두 하치노미야(八の宮)의 딸—를 만나러 가오루(薫)가 니오노미야(匂宮)를 피해서 머무는 산조(三条)근처의 은신처에 찾아갔다. 그곳은 본인의 사주에 따라 흉한 방위를 피하기 위해 잠시 머문다는 소위 '가타다가에(方違え)'로 들어간 곳이기도 하다. 애써 찾아 온 가오루를 뇨보들이 만나라고 종용하지만, 자신이 아닌 오키미의 대역임을 알기에 그녀(浮舟)는 괴로워하며 엎드려 있다.

*어두운 밤의 바깥뜰과 초록에 빗대어 가오루는 노래를 읊고 홀로 기다린다. 밝은 안방에 숨은 그녀(浮舟)가 말없이 엎드린 뒷모습이 안쓰럽게 보인다. 등불에 비친 밝은 방안풍경과 우키후네(浮舟)의 괴로워하는 모습이 대비되도록 짜여있는 구도이다.

이윽고 작품의 종반부에 이르러서는 우키후네(浮舟)를 둘러싼 각축전이 벌어진다. 그녀는 자신을 향한 가오루의 믿음직하고 지극한 사랑과 니오우노미야의 열정적인 애정행각에 휘둘리면서 번민을 거듭했지만, 마땅한 해결책은 보이지 않았다. 결국 두 남자의 집착을 끊을 수 없었던 그녀는 이별의 편지를 남기고, 우지강(宇治川)에 투신하였다. 그러나 쓰러져있었던 그녀(浮舟)를 요카와 소즈(横川僧都)라는 고승이 살려냈고, 건강이 회복되자 곧바로 고승에게 출가를 간청하여 비구니가 되고 말았다.

이후 소즈(僧都)는 너무 성급하게 득도로 이끈 일을 후회하게 되었는데, 소즈로부터 그간의 상황을 듣게 된 가오루는 우키후네와 다시 시작해보려고 노력하지만, 냉담해진 그녀는 다른 사람이라며 답장도 주지 않았다. 낙심한 가오루는 혹여 다른 남자를 숨기고 있는 것은 아닌가라는 생각도 들었다.

이리하여 겐지모노가타리(源氏物語)는 마지막 장면에서 가오루와 우키후네라는 두 사람의 미래에 대한 뚜렷한 결론도 내리지 않은 채로 대단원의 막을 내리고 있다.

이상과 같이, 작자 무라사키시키부(紫式部)는 제1부에서 보였던 격랑과 영광의 시대와 달리, 제2부에 들어서고 나서부터 화려한 귀족사회의 배후에 가려진 어두운 그림자를 그려내어 인간의 속마음을 응시하려고 했는데, 이는 기존의 작품들과 차별되는 뛰어난 점이라 볼 수 있을 것이다. 또한, 제3부에 있어서는 삼각관계에 번뇌하던 우키후네의 자살사건과 이후 출가한 그녀와 가오루의 사랑에 대한 결말을 제시하지 않아서 결국 독자의 상상에 맡기며 끝내고 있는 것이다.

일본고전 최고의 걸작으로 평가되는 겐지 이야기(源氏物語)에 그려진 시대는 천황 4대조 74년으로, 등장인물만 약 490명이라는 방

대한 작품세계이다. 그럼에도 불구하고 각 인물의 설정과 각각의 성격이 훌륭하게 나뉘어 있으며, 스토리를 전개하는 데에도 전혀 파탄이 없다.

이야기의 본질은 연애 소설이지만 실은 다양한 교제가 질서 있게 그려져 있고, 그것이 각 등장인물들의 인생을 보다 깊게 하면서도 인간적으로 그려내는데 성공하고 있다. 더구나 세상과 자연을 접하는 마음속에 떠오르는 절절한 정취와 무상한 애수를 자아내는 소위 '모노노아와레'라는 서정이 흐르고 있는 작품이기도 하다.

'모노노아와레'란 중고문학을 대표하는 미적 이념의 하나로서, 통절하면서도 조화로운 정취의 아름다움으로 평가되며, 근세 국학자 모토오리 노리나가(本居宣長)가 작품을 분석하면서 정의한 용어이기도 하다. 그는 모노노아와레를 그린 지극히 뛰어난 고전이라고 평하고 있는 것이다.

무라사키시키부(紫式部)는 뛰어난 학자로 알려진 부친 후지와라다메토키(藤原為時)로부터 일본과 중국의 고전을 배웠다고 한다. 어릴 적 오빠가 아버지로부터 "사기(史記)"를 배우고 있는 것을 곁에서 듣고 먼저 깨달아, 부친으로 하여금 '이 아이가 남자였다면!' 하고 한탄을 자아내게 했다는 일화를 일기―紫式部日記―에 적어놓고 있다.

4살 때 어머니를 여읜 까닭에 늦도록 결혼을 못하고 있다가 혼기를 놓치고, 29살이 되던 해에 17세 연상인 후지와라 노부타카(宣孝)와 결혼하였지만, 딸 하나를 두고 약 2년 반 만에 남편과 사별하고 말았다.

이즈음부터 여자 친구들 사이에서 모노가타리(物語)를 만들어 견주는 유희가 있었고, 그러던 중 작품(源氏物語)을 구상하기 시작하였던 것 같다. 내향적이며 내성적인 성격을 가진 그녀는 창작에 의해 현실의 불행과 비애를 메우려 했다고 생각된다.

36세가 되는 1005년에 이치조(一条) 천황의 중궁인 쇼시(彰子)의 뇨보(女房)로서 입궁하게 되었지만, 작품 집필은 궁중생활에 들어가서 더욱더 밀도를 높여갔다. 궁궐에 들어온지 3년 정도 지난 뒤에 이미 작품은 호평을 받기 시작했고, 40세가 된 그녀의 숙소에는 당시의 최고 권력자였던 후지와라 미치나가(藤原道長)도 찾아왔다고 한다.

작품이 완성된 것은 그녀가 41세가 되던 무렵이다. 그 후 44살 때에 궁중에서 물러나왔다고 하며, 그로부터 얼마 되지 않아 세상을 떠난 것으로 추정되고 있다.

(4) 벌레를 사랑하는 아가씨

겐지 이야기가 나온 이후로는 이전의 아류적인 수준에 그치고, 가치를 평가할 만한 완성도가 높은 작품이 없었지만, 그중에서 문학성을 인정하고 오늘날까지 회자되는 작품이 10편의 단편을 모은 "츠츠미추나곤모노가타리(堤中納言物語)"이다. 작품 중에서 '벌레를 사랑하는 아가씨(虫めづる姫君)'라는 제목이 달린 단편으로, 인기 애니메이션 감독인 미야자키 하야오의 "원령공주(もののけ姫)"에서 주인공의 모델이 되었다는 매우 특이한 여성에 관한 작품의 전문을 소개한다.

1

　나비를 좋아하는 규수(姫君)가 사는 옆집에 안찰사(按察使) 다이나곤(大納言)의 따님 저택이 있다. 여느 심창의 규수에 못지않게 부모는 더없이 귀하게 아가씨를 양육하셨다. 그런데, 이 따님 말씀이 좀 유별나다. '세상 사람들이 꽃이네, 나비네 라면서 좋아하는 건 아주 천박하고 바보 같은 생각입니다. 모름지기 사람이란 성실한 마음이 있고, 사물의 본체를 탐구하는 일이야말로 마음씨도 그윽하다고 생각돼요.' 라고 하시며, 온갖 꺼림칙한 벌레를 모아 '이것이 어떻게 변하는지 모습을 관찰하자!'고 하고서는 갖가지 관찰용 벌레 바구니에 넣어두도록 하였다. 그중에서도 털벌레인 모충(毛蟲)이 사려 깊은 모습을 하고 있으므로 고풍스럽다며, 아침저녁 이마에 내린 머리카락을 귀 위로 갈라놓고, 벌레를 아무리 좋아해도 같이 자는 것은 무리라서, 손바닥위에 두고 싫증도 내지 않고 지켜보고 계신다.

　젊은 시녀들은 두려워서 어쩔 줄을 모르기 때문에, 사내아이로 무서워하지 않고 하찮은 신분인 아동들을 가까이 불러 모아, 상자의 벌레를 끄집어내게 하여 벌레 이름을 묻고, 또 신종 벌레에는 이름까지 붙여서 재미있어 하신다. '사람은 어떻게든 모두 꾸미려고 하는 데가 있어서 좋지 않다'는 자연주의로, 또래 여자들처럼 눈썹을 뽑아서 꾸미는 얼굴 화장 따위는 일절 하지 않는다. 게다가 이를 검게 물들이는 흑치(黑齒)도 '도대체 귀찮고 불결해!' 라고 하며, 전혀 바르지도 않고 새하얀 이를 드러내어 웃으면서 아침이나 저녁이나 오로지 벌레들을 귀여워하고 있었다. 사람들이 못 견디고 무서워서 도망가면, 아가씨 방 쪽에서는 평소와 다르게 위로 아래로 대소동이 일어난다. 이런 벌레를 무서워하는 시녀들을 아가씨는 '괘씸하다, 천박하게 굴지 말아요!'라고 말하며 털이 많아 새까만 눈썹으로 노려보았기 때

문에, 사람들은 으스스해서 어찌할 바를 몰랐다. 부모는 '대단히
별나서, 세상 여느 규수들과 달라 정말 걱정이네!'라고 생각하지
만, '별나기는 해도, 필시 무언가 깨달은 바가 있어서 그러겠지.
딸아이를 위해 충고해도 거꾸로 진지하게 확신에 차서 반론하
는데 말이야, 아무래도 곁에 다가서기가 힘들어!' 라고 하며, 딸
의 그럴싸한 논리에 일일이 반박하는 것도 거북하다고 생각하
셨다. '이치는 그렇다 해도 떠도는 소문이 나쁘지 않은가! 세상
사람은 누구나 아름답게 보이는 것을 좋아해요. 그런데 보기에
도 꺼림칙한 털벌레와 놀고 있다는 소문이 세상 사람들의 귀에
들어가면 아무래도 꼴불견이야' 라고 부모가 타이르면, 그녀는
'소문 따위 개의치 않습니다! 어떤 일이든 그렇게 된 근원을 찾
아보고, 그 끝을 보아야만 세상사에는 의미가 있는 법이죠. 그
런 이치도 모르고 벌레를 재미있어 한다고 비난하는 건 아주 유
치해요! 꺼림칙하다는 모충이 결국 나비가 돼요.'라고 하며, 나
비로 바뀌려는 것을 끄집어내어 보여준다. '옷감이 비단이네 하
며 세상 사람들이 입고 있는 옷도 누에가 아직 날개가 생기지
않은 때에 만들어내는데, 나비가 되어 버리면 실을 토해 내는
일도 끝이 나고 쓸데없는 무용지물이 되고 말아요!'라고 하기에,
부모도 그걸 대놓고 반박할 수는 없어서, 결국 기가 막히고 어
이가 없어진다.

만사가 상식 밖이지만, 그러나 그렇게 말은 하면서도 역시 규
수라서, 부모에게 직접 얼굴을 맞대어 응답하지는 않고, '도깨비
와 여자란 함부로 사람 앞에 나오지 않는 편이 제일 좋아!'라고,
자기 나름 신중하게 대처하고 있다. 오늘도 안채의 발을 약간
말아 올려서, 가리개 너머 이런 식으로 현명하게 자신에 찬 변
명을 늘어놓는 것이었다.

2

젊은 시녀들이 부모님과 주고받는 말을 듣고서, '아가씨가 모
충을 치켜세우면서 잘난 체 하고 계시지만, 이쪽은 벌레 때문에

정신이 이상해져요.’ ‘도대체 누가 나비를 사랑하는 아가씨에게 시중을 들 수가 있겠어요?’라며 불평을 늘어놓았다. 그리고 효에 (兵衛)라는 시녀는 ‘내가 아가씨에게 인간의 도리를 설명하는 일은 없을 것이고, 어떻게 해서든지 이 저택에는 계속 있고 싶네! 아가씨라 해도 언제까지나 모충인 채로 있지는 않을 테고, 언젠가 나비가 될 거니까!’ 라고 느긋하게 말하니, 고다유(小大輔)라는 시녀가 웃으며, ‘부러운 일이네요! 사람들은 누구나 꽃이네, 나비야 라고 즐거워하고 있는 것인데, 우리들은 털벌레 같은 아가씨 눈을 매일 보고 있으니 말이야!’ 라고 말하며 웃자, ‘아유, 정말 힘들어! 아가씨 눈썹이 정말로 모충 같지 않나요?’ ‘그래그래, 게다가 잇몸은 털벌레 껍질이 벗겨진 것 같다니까!’라고 하며 제멋대로 늘어놓는다. 그러자 사콘(左近)이라는 시녀가 ‘겨울이 와도 이 댁에 옷만큼은 넉넉하게 많으니 든든한 일이야! 털벌레가 많으니 추위조차도 전혀 걱정이 안돼요.’라고 한다. 또, ‘아가씨는 옷 따위 입지 않으셔도 좋을 텐데!’ 라는 등, 수다를 떨고 있는 것을 성가신 선임자 시녀가 듣고서, ‘젊은 분들, 무얼 그리 시끄럽게 떠들고 계십니까? 나비를 좋아한다던지 뭔지 하는 옆집사람 따위 조금도 훌륭하다고 생각하지 않아요. 아니 그거야 말로 상식 밖이라는 것. 그렇다고 해도 모충을 늘어놓고, 그걸 나비라고 할 사람은 없습니다! 아가씨가 하시는 말씀은 단지 그 모충이 탈피해서 나비가 된다는 사실입니다. 모충을 사랑하시는 것도 그 과정을 조사하는 것입니다. 이러한 탐구심이야말로 생각이 깊다고 해야겠지요. 나비를 잡으면 손에 가루가 묻어서 기분이 나쁠 겁니다. 게다가 나비를 잡으면 열병을 앓는다고 해요. 아아, 정말로 징그럽구나!’ 라고 하며 아가씨 편을 들기 때문에, 젊은 시녀들은 더욱더 반감을 가지고, 밉살스럽게 흉을 보는 것이었다.

이런 벌레를 잡아오는 아동에게는 아가씨가 좋은 거나 갖고 싶은 것을 수고비로 주기 때문에, 아이들은 이것저것 무서운 벌레들을 채집해서 갖다 바쳤다.

‘모충은 털빛이 재미있지만, 시가나 고사(故事)에 나오지 않아

서 그것이 생각나게 하는 실마리가 되지 않는 건 아쉬워!' 라고
하며, 사마귀나 달팽이 따위를 모아서 큰 소리로 그것에 관한 노
래를 부르게 해서 들으시고, 스스로도 남자보다 더 힘차게 소리
를 질러, '가타츠무리(달팽이)가아…, 츠노(뿔)로…, 싸우는 건 무
엇이더냐'라며, 시구를 읊조린다. 아동의 이름도 평범한 것은 시
시하다며, 벌레명칭을 각각 붙이셨다. 케라오(땅강아지), 히키마
로(두꺼비), 이나카타치(장지 뱀), 이나고마로(방아깨비), 아마비
코(노래기) 등, 여러 종류로 붙여서 머슴으로 부리는 것이었다.

3

   이러한 일이 세상에 알려져서 사람들이 듣기에도 민망한 소
문을 내고 있다. 그 중에서 어떤 당상관(上達部)의 도련님으로,
혈기가 왕성하여 주눅 들지 않고, 게다가 용모도 매력적인 남자
가 있었다. 이 아가씨 소문을 듣고서, '모충을 좋아한다 해도 이
것은 무서워하겠지!'라며, 매우 훌륭하며 고급스러운 허리에 두
르는 띠의 조각으로 뱀 모양을 본떠 움직이도록 장치를 만들고,
그것을 비늘 모양의 목에 거는 걸게 주머니에 넣어서 편지를 묶
었다. 그렇게 묶어놓은 편지를 시녀가 펼쳐 보니,
   '땅에 기어서 가더라도 당신 곁에 붙어있을 게요! 오래도록
변함없는 마음을 가진 나는,' 라는 노래가 쓰여 있다. 이 선물을
시녀가 아무 생각 없이 아가씨 앞에 들고 가서, '보자기인지 무
언지일 것이고……. 여는 것만으로도 이상하게 무거운 느낌이
들어요.' 라고 말하면서 열어보자말자 뱀이 대가리를 쳐들었다.
시녀들이 혼비백산해서 대소동을 일으키고 있는데, 아가씨는 조
금도 당황하지 않고, '나무아미타불, 나무아미타불!' 하며 염불
을 외우고, '이 뱀은 내 전생의 부모이겠지요. 떠들지 마세요!'라
고 시녀들을 나무라면서도 목소리는 떨렸고, 얼굴은 딴 곳을 보
고서, '아름다운 모습을 한 동안만 특별히 귀여워하는 것은 정
말 발칙한 생각이야!'라고 중얼중얼 내뱉고서, 뱀을 가까이 끌어
당긴다. 그래도 역시 무섭게 생각하셨기에 서거나 앉거나 하면

서, 꽃을 맴도는 나비처럼 침착하지 못하고, 목소리는 매미소리 같이 날카롭고, 말을 하는 목소리가 너무 이상하였기 때문에 시녀들은 배길 수가 없어서, 아가씨 앞에서 도망 나와 배를 잡고 웃으며 데굴거렸지만, 이윽고 어르신네에게 자초지종을 보고하였다.

부친 다이나곤(大納言)은 '참으로 한심하고도 기분 나쁜 일을 듣는 구나! 그러한 뱀 따위가 있는 걸 보면서도, 모두 아가씨를 팽개치고 도망가다니, 말도 안 되는 처사다!'라고 화를 내며, 다이나곤은 스스로 대범하게 긴 칼을 차고서 달려왔다. 자세히 보니까, 진짜 뱀과 다름없이 빼닮게 만든 모조품 이었기에 손에 들고 요모조모 살펴보고, '아주 솜씨가 좋네!'라고 감탄하면서, '현명한 척하며 네가 벌레 따위를 가까이 두고 좋아한다고 들어서, 이런 못된 장난질을 했겠지. 빨리 답장을 써서 보내세요!"라는 말을 남기고, 거실로 돌아가셨다.

시녀들은 본떠서 만든 가짜 뱀이었다는 말을 듣고서, '어쩌면 이렇게 못된 장난질을 하는 사람도 있네!'라며 얄미운 짓이라 하면서도, '답장을 안 하면 뒷일이 걱정됩니다.' 하고 모두 권하기에, 아가씨는 대단히 뻣뻣하고 멋없는 종이에 답장을 적었다. 어려서 히라가나는 아직 쓰지 않았기에 가타카나(片仮名)로서,

'인연이 있다면 정토(淨土) 9품 중 제일 높은 상품(上品) 극락에서 만나요. 하지만, 당신은 뱀 모습일 테니, 내 옆에 있기는 어려울 거예요. 속세에서 석가모니의 왕비였다는 야수다라(耶輸多羅)가 계신 후쿠치(福地) 뜰에서 만납시다!' 라는 답가를 적었다.

<h2 style="text-align:center">4</h2>

우마노스케(右馬佐)는 이와 같은 답장을 보시고서, '용지, 문자, 발상을 보니 대단히 진기하고도 별난 편지로구나!' 라고 생각하였다. 그래서 '어떻게든 아가씨 모습을 내가 직접 보고 싶다.'고 마음먹고서, 친구 추조(中將)와 의논해서, 신분이 낮은 여자 모습으로 변장하여 안찰사 다이나곤이 외출한 사이에 저택으로 찾아왔다.

아가씨가 살고 있는 거처의 북쪽 가림담 옆에서 살펴보니, 때마침 사내아이가 특별히 다른 모습은 없지만 정원수 사이에서 가다서다 반복하면서 말하기를, '이 나무 전체에 수없이 기어다니고 있네, 이거 굉장한 풍경인데!' 라고 연신 감탄한다. 그리고 '이걸 보세요!'라고 하며 가리고 있던 발을 걷어 올려서, '정말 대단한 모충 행렬이 있습니다!'라고 보고하자, 아가씨는 시원시원한 목소리로, '그래, 멋지네! 이쪽으로 가지고 오세요.'라고 분부하니, '너무 많아서 고를 수도 없어요. 바로 여기이니까 직접 와서 보십시오!'라고 말하기에, 아가씨는 거친 발걸음으로 나온다.

발을 앞으로 미듯이 몸을 내밀고 모충이 있는 가지를 눈을 크게 뜨고 관찰하고 있는 것을 보니, 옷은 머리까지 두른 것처럼 입고, 머리칼도 앞머리가 내려온 근처는 아름답지만, 빗으로 손질하지 않은 탓인지 부스스해 보인다. 눈썹은 새까맣고 짙어서 선명하게 두드러져 시원하다. 입가도 귀여워서 예쁘지만, 치아를 까맣게 물들이지 않아서 아무래도 요염한 매력은 없다. '화장(化粧)이라도 하고 있다면 필시 예쁠 텐데, 딱한 일이야!'라고 생각했다. 이렇게까지 스스로 볼품없는 모습을 하고 있지만, 못생기지는 않고 아주 선명하고 각별한 인상과 기품이 있어서, 맑은 하늘처럼 시원스레 하고 있는 것이 조금 더 어찌 할 수 없는 걸까 아쉽다. 볼품없는 얇은 연노랑 능직으로 된 외겹인 겉옷, 그 위에 귀뚜라미 문양의 웃옷 한 겹을 걸쳐 입고, 흰 치마를 즐겨 입고 계신다. 나뭇가지의 벌레를 자세히 보려고 생각해서, 몸을 내밀고 '어머, 훌륭해! 해에 비치는 것이 괴로워서 이쪽으로 온 것이로구나! 이것을 하나도 떨어뜨리지 말고 이쪽으로 몰아와주세요. 얘들아!' 라고 지시해, 소년이 밀어 떨어뜨리자 모충은 후드득 떨어진다.

아가씨는 흰 바탕의 부채에 먹도 까맣게 한자(漢字)를 연습한 걸 내밀어서, '여기에 주워 넣으세요.'라고 말씀하시니, 소년이 주워 담는다. 엿보고 있던 우마노스케와 추조(中將)는 아주 질려서, '재능과 학식이 출중한 다이나곤 님 댁에, 이 또한 상식을 깨는 대단한 아가씨가 태어난 게야.'라고 생각한다. 이러한 규수에게 관심을 품었다고 생각하니, '큰일이로구나!'라고 우마노스케는 보고 계신다.

밖에 서 있던 동자가 우마노스케 일행이 엿보고 있는 것을 수상쩍게 생각하고서, '저기 가림 막 근처에 미끈하게 잘생긴 남자가, 그렇지만 묘한 차림새를 하고 서서 훔쳐보고 있습니다.'라고 보고해서, 거기에 있었던 다유노키미(大輔君)라는 시녀가, '어머나, 큰일이네! 아가씨는 언제나처럼 벌레에 푹 빠져서 밖에서 다 보이는 건 아닐까? 알려드려야 되겠어.' 라고 말하며 와보니, 언제나처럼 아가씨는 발의 밖에 계셔서 모충을 소란스럽게 털어서 떨어뜨리고 있다. 너무 무서워서 아가씨 곁에는 가지 않고, '안으로 들어오세요! 툇마루 쪽은 다른 사람 눈에 띄어요.'라고 말씀드리니, 아가씨는 언제나처럼 벌레 수집을 관두게 하려고 그러는 거라 생각하고, '사람 눈에 띈들 뭐 별것 아니야, 전혀 부끄럽지 않으니까!'라고 하신다. '무슨 말씀을! 제가 거짓말을 한다고 생각하세요? 저 울타리 가림 막 옆에 이쪽이 부끄러울 정도로 훌륭한 분이 계십니다. 벌레는 방 안에서 보세요.'라고 말하니, '그럼, 게라오(동자)야! 그곳에 가보고 오렴.' 하고 시켰다. 게라오가 일어서서 뛰어가서는, '정말로 계시네요!'라며 보고하자, 아가씨는 일어서자말자 재빨리 뛰어가서 모충을 소매에 주어 넣더니, 곧장 방안으로 뛰어 들어가고 말았다.

키는 크지도 작지도 않고, 머리카락도 겉옷 정도의 길이로 아주 많다. 머리끝도 가지런히 잘라놓아 손질은 하지 않기 때문에, 풍성하다고는 할 수 없지만 깔끔하게 정리되어서 오히려 귀엽게 보인다. '이 정도의 용모가 아닌 여자라도 일반적으로 세상 평균보다 괜찮은 수준으로, 옷차림이나 행실만 잘 꾸미고 있다면 더할 나위 없이 좋다고 평가되는 법이다. 도무지 친해질 것 같지 않는 언동이지만, 깔끔하고 아름다워 기품이 있고, 마음에 드는 점은 보통 여성과는 틀리다. 아! 정말 유감스럽네. 어째서 벌레를 좋아한다는 따위 꺼림칙한 기질인 게야. 이렇게 뛰어난 용모인데!' 라고 우마노스케는 개탄하는 것이었다.

5

　우마노스케는 '아무 것도 하지 않고 그냥 이대로 돌아가는 건 아깝다. 적어도 아가씨 얼굴을 보았다는 것만이라도 알려주고 가자!'라고 해서 접은 종이에 풀의 즙으로 노래를 적었다.

　'털이 무성한 벌레 모습을 자세히 본 뒤로는, 모충이 마음에서 떠나지 않아서 손에 잡고 (애완하는 당신처럼) 늘 돌보고 싶은 생각뿐이네요!' 라고 쓰고서, 부채로 손을 두드리며 사람을 부르니까, 안에서 소년이 나왔다. '이것을 아가씨에게 갖다 드리세요!' 라며 건네니, 다유노키미(大輔君)라는 시녀가 '저…, 저기에 서계셨던 사람이 아가씨에게 드리라고 하시기에…' 라고 하는 아동의 전언을 받아서, 이걸 가지고 아가씨에게 전달하며, '아이! 큰일 났네, 큰일! 우마노스케가 저지른 게 틀림없어. 하찮은 벌레 따위를 재미있어 하시는 아가씨 얼굴을 분명히 보셨을 거야!' 라며, 온갖 푸념을 늘어놓으며 참견하자, 아가씨 말씀이 참으로 기발 나다. '깨닫게 되면, 무슨 일이든 부끄러운 일 따위 없어요. 사람은 꿈과 환상 같은 이 세상에서 누가 오래도록 살아서 저건 나쁜 일, 이건 좋은 일이라고 모든 것을 밝혀서 판단할 수가 있을까?' 하고 말씀하시니, 이제 충고하는 보람도 사라지고 젊은 시녀들은 각자 딱한 일이라고 서로 아쉬워했다. 엿보고 있었던 우마노스케 일행은 답가(答歌)가 없을 리가 없다고 잠시 서서 기다렸지만, 저택 내에서는 아동들까지 모두 집안으로 불러들여서, '정말 한심하다.'며 두 사람은 서로 개탄하고 있었다. 거기에 있던 시녀 중에는 답장을 하지 않으면 하고 눈치 있는 자도 있었는지, 역시 계속 기다리게 하면 딱하기 때문이라 생각해서, 아가씨를 대신해서 노래를 지어 보냈다.

　'세상 사람과 닮지 않은 내 마음 속은 모충의 이름을 묻는 것처럼, 당신의 성함을 물어보고 나서 이제 말하려고 생각합니다.' 우마노스케는 이 노랫말을 보고, '모충으로 착각할 것 같은 당신의 눈 근처, 눈썹의 털끝만큼도 당신에게 필적할 사람은 세상 어디에도 없을 거요!' 라고 말하며 웃으면서 돌아가 버렸다고 한다. 뒷이야기는 아마 제2권에 있을 겁니다. 뭣하면 독자 여러분도 속편을 써보지 않으시렵니까?

이상과 같이, 작품에는 별난 아가씨의 이야기를 전하고 있는데, 주인공의 묘사를 통해 학자들은 다음과 같이 추정한다. 즉, 그녀를 의학적 견지에서 보자면, 대략 10대에서 20대 초반의 여성들이 걸리는 위황병(萎黃病) 환자와 같은 증상이다. 남성에게는 없는 증상으로 늘 앉아만 있거나 운동부족으로 건강하지 않은 상태가 지속되면, 난소나 갑상선 등의 호르몬 분비기능에 장애가 발생하여 빈혈증과 발육 이상, 치주병 등을 일으킨다. 또한, 이 아가씨처럼 남들이 꺼려하는 것에 집착하는 기호를 나타내거나 부신피질부 기능에 이상을 일으키면 남성화 혹은 탈 여성화로도 진행된다고 한다.

어쨌든 상식과 다른 취미이기는 하지만, 곤충을 관찰하는 자체는 프랑스 곤충학자 파브르를 연상하게 되므로, 일본판 여자 파브르라고도 일컫는 경향도 있다. 여하튼 매우 특이한 젊은 여성의 일화로서, 학자들은 당시 아가씨의 모델로 추정되는 귀족이 있었을 것으로 추측하고 있다.

(5) 바꿨으면 좋겠다는 남녀 이야기

작자미상의 4권으로 엮은 장편소설로 대략 12세기 후반에 성립되었을 것이라 추정하고 있다. 바꿨으면 좋겠다는 작품 제목은 남녀의 성(性)을 서로 바꾸고 싶다는 말인 '도리카에바야'에서 비롯되었다. 배다른 형제로 태어난 남매가 원래의 성별과 정반대인 성향 탓에 성인이 되어서도 그대로 서로 다른 성을 가지고 살게 되면서 겪는 이야기로, 줄거리를 소개하면 다음과 같다.

주인공 남매의 아버지는 곤다이나곤(權大納言)이자 다이쇼(大將)를 겸한 귀족으로 인품도 훌륭해서 부족한 데가 없었지만, 남모르는 고민이 있었다. 그것은 바로 배다른 두 자식으로 아들로 태어난 쪽은 상냥하고 내성적이며 낯가림이 심했지만, 딸은 활발하고 사교적인 성격이어서 늘 바깥에서 게마리(蹴鞠)라는 가죽 공차기나 활쏘기 등으로 나돌아 다니고 있었다.

그래서 성을 서로 바꿨으면 좋겠다고 탄식하였지만 소용이 없었고, 게다가 둘은 쌍둥이처럼 빼닮아서 주위사람들은 오누이의 원래 성에 대한 구분이 안 되었다. 그런 상황은 성인이 되고나서도 바꿀 수 없어서, 결국 딸(女君)은 주나곤(中納言)으로서 출사했고, 아들(男君)은 빼어난 미모를 탐내어 천황과 동궁 쪽에서 입궐하기를 바랐지만, 부친은 당연히 거절할 수밖에 없었다.

치세의 대가 바뀌면서 동궁이 될 왕자가 없었기에, 퇴위한 스자쿠인(朱雀院)의 딸 온나이치노미야(女一宮)를 태자로 책봉하였다. 이에 후견이 없는 동궁을 보좌하기 위해 여자로 자란 아들이 상궁인 나이시노카미(尙侍)로서 입궐하였는데, 그는 동궁과 친밀하게 지내는 사이 자연스레 연인관계로 발전하여 비밀의 아이까지 낳게 되었다.

　한편, 오누이의 부친이 결원이 된 관백(關白)과 함께 좌대신이 되자, 딸은 3품 벼슬인 주조(中將)로 승진하였는데, 우대신(右大臣)쪽에서 사위로 소망하여, 관료로서의 장래를 위해 본성을 감추고 우대신의 딸 욘노키미(四の君)와 결혼하였다. 그런데, 이전부터 욘노키미를 탐하던 재상 주조(宰相中將)는 홀로 사색중인 그녀를 엿보고 강제로 정을 통하는 바람에 아이까지 낳게 되었다. 두 사람 사이를 알게 된 딸 주나곤은 남장을 하고 있는 자신에 대한 혐오감마저 생겼고, 견디기 힘든 마음을 진정시키기 위해 요시노 산(吉野山)의 고승을 찾아 위안을 받았다. 하지만, 아내와의 관계가 지속되던 사이에 호색한 재상은 누이도 여자인 것을 알아채고 관계를 맺는 바람에 회임하게 되어 곤경에 빠졌다.

　결국 조정에는 알리지 않고 홀로 우지(宇治) 산장으로 숨어버렸고, 그 동안 여자에서 남자 모습으로 돌아왔던 '나이시노카미' 오빠는 그녀를 찾아내어 재회하게 되었다. 그간의 자초지종을 듣고서 원래의 남녀로 역할을 바꾸기로 하고는 제자리로 돌아왔다.

　이리하여 여자로 돌아와 동궁 전에 들어갔던 딸은 천황의 사랑을 받게 되는데, 그녀가 처녀가 아니라는 사실을 알고는 이전에 입궐을 거절했던 이유를 깨닫게 되었다. 이후에도 천황의 총애가 이어진 딸은 이윽고 임신하였고, 태어난 왕자가 태자로 책봉되면서 중궁이 되었다. 남자 몸으로써 조정에 복귀한 아들은 좌대신(左大臣)으로 승진하여 관백(関白)이 되었다. 호색한 재상도 내대신(內大臣)까지 승진했지만, 오누이가 바뀐 진상을 알지 못해 어리둥절한 마음과 함께 연인을 잃어버렸다는 슬픔에서 벗어 나오지 못했다.

　이상과 같은 작품의 내용에 대해, 학자들은 귀족시대 후반 문학에 있어서의 퇴폐적인 경향을 나타낸다고 하지만, 현대 작가들은 여기

에 힌트를 얻어 소위 트랜스젠더라는 설정에 맞추어 다양한 스토리를 만들어내고 있다. 특히 2016년에 개봉한 작품으로, 폭발적인 인기를 얻고 있는 '너의 이름은(君の名は。)'이라는 애니메이션도 여기에 속하는 내용이며, 소설뿐만이 아니라 영화에서도 널리 응용된 작품소재로서 쓰이고 있다. 이와 같이 일본의 고전 명작은 시대를 초월하여 현대인에게 까지 영감을 주는 소재로서 널리 활용되고 있는 것이다.

5) 설화 문학

(1) 라쇼몬과 덤불 속 이야기의 원화

근대 소설가로서 단편의 귀재로 알려진 아쿠타가와 류노스케(芥川竜之介)의 초기 작품이 "덤불 속(薮の中)"으로, 이를 바탕으로 구로사와 아키라(黒沢明) 감독은 영화 "라쇼몬(羅生門)"을 만들었다. 그런데, 소설의 원화는 귀족이 몰락하기 시작한 헤이안시대 말기에 성립된 "곤자쿠모노가타리슈(今昔物語集)"라는 작품에 실린 설화로, 당시 사회나 사람들의 정서를 알 수 있는 다음과 같은 내용이다.

아내와 함께 산길을 가던 무사는 우연히 길동무가 된 젊은 남자가 훌륭한 긴 칼을 보여주며 활과 교환하자고 제안했다. 괜찮은 거래라고 생각하여 활과 바꾸자, 남자는 활만 들고 가는 것은 이상하니 화살 두 개를 빌려달라고 해서 허락하였다. 이윽고 점심때가 되자, 길가의 풀숲에서 먹는 모습은 흉하니 좀 더 산 속으로 들어가자고 하였다. 이에 따라 일행이 점심 장소로 가는 도중에 갑자기 화살로 위협하여 무사를 나무에 묶어놓고 그가 보는 앞에서 아내를 겁탈했다. 사건 이후 아내는 지켜주지 못한 남편을 질책하며 목적지를 향해 계속 갔다고 한다. 그런데 작품에서는 이 사건에 대해 욕심 때문에 아내를 곤경에 빠트린 남편을 비난하고, 오히려 도적에게는 목숨을 살려준 것을 칭찬하고 있다.

현대의 도덕관과는 전혀 다른 평가이지만, 아쿠타가와(芥川)는 이 사건을 소재로 삼아서 "덤불 속(薮の中)"이라는 제목으로, 설화 속의 무사가 살해당한 이야기로 바꾸고, 또한 아내와 도적, 그리고 무사 자신까지도 유령으로 등장시켜서 사건을 둘러싼 각기 다르게 회상

시키는 스토리로 재구성하고 있다. 법정에 선 관계자들의 변론처럼 진행되는 이야기는 결국 사건의 실체는 하나인데, 서로 다른 식으로 실토하게 함으로써 독자들의 판단을 흐리게 하여, 과연 인간에게 진실이란 있을 수 있는가하는 회의를 낳고 있다. 소위 인간의 에고이즘을 바탕으로 구제받을 수 없는 인간세계의 실체를 드러내 보이고 있는 것이다.

이러한 내용은 또다시 구로사와 감독에 의해 '라쇼몬'이라는 제목의 영상으로 재창조되면서, 베니스영화제의 그랑프리를 거머쥐게 하였고, 이후의 영화와 소설에까지 큰 영향을 끼쳤다. 현재도 '라쇼몬 효과'라는 용어로서 특정 사건에 얽힌 실체가 아리송할 때 쓰이기도 한다. 그만큼 인간 세상에 있어서 진실과 실체는 가려내기가 정말 힘들다는 점을 부각시키는 말로서 통용되고 있는 것이다. 이와 같이 시대와 영역을 뛰어넘는 소재가 설화에서 비롯되었다는 점은 고전의 매력이라고도 보인다.

6) 동화와 고전 문학

14세기의 중반부터 17세기에 걸쳐서 산문체로 된 간단한 읽을거리가 많이 만들어졌다. 이러한 작품들을 오토기조시(御伽草子)라고 하여 널리 애독되었다. 주로 교훈이나 계몽성이 짙은 내용을 담은 단편으로, 일반민중이나 부녀자를 대상으로 하였기 때문에 통속적이고 스토리도 단순했다. 또한 문장도 유치하여 문학적 가치로는 빈약하였지만, 오토기조시는 중고의 모노가타리 장르에서 근세의 산문소설인 우키요조시(浮世草子)로 이어가는 가교로서 소시(草子)문학을 낳은 바탕이 된 것이다.

현대까지 널리 알려진 작품으로, '잇슨보시(一寸法師)'와 '우라시마타로(浦島太郞)' 등 무려 사오백편을 헤아린다. 오토기조시는 민담으로 전해진 옛날이야기와 같거나 비슷한 내용이 많은데, 두 가지 모두 대개 특정 인물의 일대기 풍으로 서술되고 있다. 또한 이야기를 펼치는 형식은 대략 다음과 같은 세 가지 부분으로 나누어서 파악해 볼 수 있다.

주인공의 비정상적인 출생과 성장이라는 발단과, 특별한 재능을 발휘하여 위대한 사업을 성취하게 되는 전개부분, 그 결과 특별한 행복을 얻는다는 결말이다. 이러한 세 단락마다 갖가지 취향을 결합시킴으로써 하나의 작품이 완성된다고 한다. 예를 들어, '잇슨보시'라는 대단히 작은 영웅이야기는 이러한 구도와 일치하는 전형적인 작품이다.

그리고 '우라시마타로'는 상대에 엮어진 지방의 풍토기(風土記)로부터 내려오는 소위 신선(神仙)담의 일종으로서, 일본 전국각지에 전래된 민화로서도 유명하다. 말하자면, 시공을 초월하여 사랑받고 있는 이야기인 것이다.

덧붙여서, 근대의 민담에 '혀를 자른 참새(舌切り雀)'라는 이야기가 있다. 본래 고전작품에서 비롯된 설화가 변형된 것으로, 아주 조그만 몸집을 가진 새인데다 그것도 부리 안의 혀를 자른다는 제목만으로는 엽기적인 뉘앙스가 풍기지만, 제비의 보은 담으로 널리 알려진 한국의 흥부와 놀부이야기의 일본판으로 해석되는 설화이다.

그런데 은혜를 갚기 위해 박 씨를 물어오는 제비가 참새로 되어있고, 게다가 민담에서는 마음씨 나쁜 할머니가 참새의 혀를 자른다는 엽기적인 행위와 함께 강남(江南)으로 돌아가서 나중에 선물을 가져오는 구도가 아닌 대나무 숲에 살고 있으며, 보답으로 건네는 선물도 옷상자인 고리짝으로 그려져 있다. 따라서 부러진 다리를 간호한 마음씨 고운 인간에 대한 보답으로 은혜를 갚는다는 동물보은의 요소는 동일하지만, 그 밖의 요소는 전혀 다른 것으로 보아 일본 동화 세계의 또 다른 측면을 엿볼 수 있는 이야기이기도 하다. 이와 관련된 민화는 세키 케이고(関敬吾)가 옛날이야기를 집대성한 자료(昔話大成)에도 실려 있는데, 고전설화의 그것과 유사하게 전개되고 있다.

(1) 작은 영웅 이야기

키가 겨우 3센티여서 '잇슨보시(一寸法師)'라 불리던 아주 조그만
몸집의 주인공은 기기(記紀) 신화에서 지상왕국을 건설했다는 오호
쿠니누시(大國主神)와 함께 활약한 스쿠나히코나(少彦名神), 민담의
모모타로(桃太郎) 등과 비교할 수 있는 인물이다. 모두 소위 이상(異
常)출생담이라는 형식으로 태어난 이후에 갖가지 어려움을 겪게 되
지만, 결국 성공한다는 결말이다. 또한, 이러한 인물들은 원래 비범
한 본성을 가진 존재로서, 설화는 일종의 귀종유리담(貴種流離譚)이
라는 형식에 속한다고도 한다. 이와 같이 일본문학 속의 주인공들은
평범하지 않은 출생과 성장을 거친 끝에 행복해진다는 형식의 이야
기가 많은 것이다. 다음은 오토기조시에 실린 이러한 '작은 영웅의
이야기'인 '잇슨보시' 이야기의 전문이다.

옛날 나니와(難波)—오사카—마을에 할아버지와 할머니가 살고
있었다. 할머니는 마흔이 될 때까지 아이가 없는 것이 슬퍼서,
스미요시 다이묘진(住吉大明神)에 참배하며 아이를 가지게 해달
라고 빌었다. 다이묘진도 불쌍하다고 생각하셨는지 마흔하나가
되던 해에 임신하여 배가 불러오자 할아버지는 한없이 기뻤다.
이윽고 열 달째에 귀여운 남자아이가 태어났다. 하지만 키가 한
치밖에 되지 않아서, 이름을 '잇슨보시(一寸法師)'라 지었다. 세
월이 흘러 이미 열두세 살이나 될 때까지 키웠지만, 보통사람처
럼 자라지 않아 두 사람은 곰곰이 생각해보니, 이 아이가 평범
한 사람은 아니야, 마치 요괴 같은 놈 일거다. 우리는 무슨 죄
값으로 이런 인간을 스미요시 신께서 점지해 준 것인가? 한심한
일이라 생각되어 한탄하는 모습을 타인이 보아도 딱해보였다.
부부가 생각하기를 저 녀석을 어디든지 보내버리고 싶다고 얘

기하자, 곧바로 잇슨보시는 그것을 들어 알아채고는 부모까지 이렇게 생각하다니 참 유감스러운 일이다! 어디든지 가버리자고 결심하고, 칼이 없으면 안 되겠다고 생각하여 바늘 하나를 할머니께 부탁하여 받았다. 밀짚으로 칼자루와 칼집을 만들어 교토로 올라가야겠다고 생각했지만, 배가 없으면 안 되겠기에 또 할머니에게 밥그릇과 젓가락을 달라고 하여, 이별이 아쉬워서 만류하는 것을 뿌리치고 떠났다. 스미요시 포구에서 밥그릇 배를 타고 교토로 올라가며, '정들었던 나니와 포구를 떠나, 급히 서울로 가는 내 마음이요!' 라고 읊었다. 이리하여 도바(鳥羽)항구에 도착해 근처에 타고 온 배를 버리고, 교토로 들어가 여기저기 돌아보는 동안, 시조(四条)나 고조(五条)의 광경은 상상도 할 수 없고 말로서는 표현할 수가 없을 지경이었다. 그러던 중 산조(三條) 재상의 저택에 들러 '부탁합니다!' 라고 하자, 재상께서 들으시고 재미있는 목소리라 생각하여 마루 끝에 나가보았지만 사람은 그림자도 없다. 잇슨보시는 이대로 있으면 밟혀 죽을지도 모른다고 생각하여, 근처에 있던 굽 높은 나막신 밑으로 들어가 '부탁드립니다!'라고 하자, 재상은 뜻밖의 일이네. 사람은 보이지 않는데, 재미있는 목소리로 부르고 있으니 나가볼까 하고, 거기에 놓인 나막신을 신으려 하니, 밑에서 '저를 밟지 마세요!'라고 한다. 괴이하게 생각하면서 보니 특이한 놈이 있었다. 재상이 보고는 '아주 유쾌한 녀석이다!'고 하시며 웃었다. 이리하여 세월을 보내는 동안, 잇슨보시는 16살이 되었지만 키는 그대로였다. 그런데, 재상에게는 13살이 되는 딸이 있었다. 용모가 빼어난 미인이라 잇슨보시는 딸을 보고나서부터 사모하게 되어, 어떻게든 계략을 꾸며 내 아내로 만들어야 하겠다고 생각했다. 어느 날 신전에 올리는 공물 쌀을 내어서 차주머니에 넣고, 딸이 자고 있을 때 계략을 꾸며 입가에 쌀알을 발라 차주머니만 가지고 울고 있었다. 재상이 보고는 이유를 묻자, '따님이 제가 거두어 두었던 쌀을 빼앗아 먹어 버렸습니다!'라고 하자, 재상은 무척 화가 나서 딸을 보니, 과연 입가에 쌀알이 붙어 있었다. 틀림없이 거짓은 아니다, 이런 자를 서울에 둘 수는 없으

니 죽여 버려야겠다며 잇슨보시에게 그 역할을 맡긴다. 잇슨보
시는 그녀에게 '저의 물건을 빼앗았기 때문에 어떻게든지 조치
하라는 분부가 있었습니다!'라고 하며, 마음속으로는 한없이 기
뻤다. 아가씨는 꿈을 꾸는 듯 망연한 채로 있었다. 잇슨보시가
'빨리 빨리' 하며 다그치자, 그녀는 어둠속으로 멀리 떠나는 기
분으로 서울을 나와서 발이 향하는 데로 걷고 있는데, 그 심중
은 오로지 애처롭기만 하다. 아! 가엾게도, 잇슨보시는 그런 딸
을 앞세우고 떠나갔다. 재상은 여식이 나가는 걸 말리고 싶었지
만, 계모도 있고 해서 붙들 지도 않고 시녀들도 따르지 않았다.
아가씨는 한심한 일이라고 생각하며 이제 와서 어디에도 갈 데
는 없지만, 나니와 포구라도 가보려고 도바 항구에서 배를 탔다.
바로 그때, 바람이 심하게 불어와 이상한 섬에 도착하고 말았다.
내려 보니 사람이 살고 있는 것 같지가 않았다. 이렇게 바람이
나쁘게 불어서 이런 섬으로 밀려왔던 것이다. 어떻게 할지 고민
해 보았지만 도리가 없어서, 배에서 내려 잇슨보시는 여기저기
둘러보았다. 그러자 어디에선가 도깨비 두 놈이 다가왔는데, 하
나는 도깨비 방망이를 들고 있고, 다른 놈이 '이 녀석을 먹어버
리고 저 여자를 차지하자'라고 한다. 입으로 먹어버리자 잇슨보
시는 눈으로 나와 버렸다. 도깨비는 '이상한 녀석이다. 입을 막
아도 눈으로 나오네!'라고 한다. 잇슨보시는 도깨비에게 먹혀도
눈으로 나와서 뛰어다니니 도깨비도 두려워 떨면서, '이 녀석은
보통 놈이 아니다. 틀림없이 지옥에서 반란이라도 일으켰던 것
이야! 어이, 도망가자' 하고 말하자말자, 도깨비 방망이와 지팡
이, 채찍 등 모든 걸 다 내팽개치고, 극락정토 서북쪽의 아주 어
두운 곳에 가까스로 도망갔다. 그러자 잇슨보시는 이를 보고,
우선 도깨비 방망이를 들어서 '나의 키야, 크게 되어라!' 하고 세
게 두드리자, 곧바로 커졌다. 그래서 다시 요새 공복으로 힘들
었는데 우선 밥을 두드려 나오게 하자, 정말로 맛있는 음식이
어디에선가 나왔다. 이리하여 뜻밖에 행복하게 되었던 것이다.
그 후, 금은을 두드려 나오게 하고, 아가씨와 함께 서울로 올라
가 고조(五條)근처에 숙소를 잡고 열흘정도 지났을 때, 이 일이

두루 알려져서 궁중에서도 듣게 되자, 당장 잇슨보시를 불러들이게 하였다. 즉시 궁중으로 찾아뵙자, 대왕이 보시고 '아주 훌륭한 소년이로구나! 분명 이는 천한 신분이 아닐 것이야.' 라고 하시며, 선조가 누군지 알아보게 하였다. 부친인 할아버지는 호리카와(堀河) 주나곤(中納言)이라는 사람의 자식이다. 주나곤이 다른 사람의 참언으로 유배를 갔다가 시골에서 낳은 아들이었다. 모친인 할머니는 후시미(伏見) 쇼쇼(少將)라고 하던 사람의 자식으로 일찍이 부모를 여의었다. 이런 연유로 잇슨보시도 심지가 천하지는 않았기 때문에 천황이 궁중으로 불러들여 호리카와 쇼쇼로 임명한 것은 경사스러운 일이다. 부모도 불러서 보살피니 세상 보통사람들과는 달랐다. 그 사이 쇼쇼는 주나곤(中納言)이 되었다. 생각과 용모가 처음부터 남다르게 훌륭했기 때문에 집안의 평판도 대단했다. 산조 재상도 이를 듣고서 기뻐했다. 그 사이 자녀가 셋이나 태어나 경사스레 번영했던 것이다. 스미요시 신의 약속대로 후세까지도 크게 번창하였다. 세상에 경사스러운 예로 이보다 더 나은 일은 아마도 없으리라고 전해지고 있다.

　　상기 본문을 요약하자면, 신의 점지로 태어났지만 한 치(3㎝)에 불과한 키 때문에 '잇슨보시(一寸法師)'라 불리게 된 주인공이 부모의 원망을 듣고서 홀로 교토로 올라가 재상집에 들어갔다. 재상의 딸을 흠모한 그는 꾀를 써서 쫓게 나게 된 그녀와 함께 외딴 섬으로 가게 되었고, 거기서 도깨비를 물리치고 요술방망이를 얻어, 그 힘으로 정상인처럼 커졌고 딸과 혼인한 뒤, 궁중에 출사하여 큰 벼슬을 얻어서 행복하게 살았다는 내용이다. 동화 풍의 원화는 중세 말기에 성립된 오도기조시(御伽草子) 작품집에 수록된 것으로, 메이지시대의 소학교 교과서에도 실렸다. 본디 오사카의 스미요시 신사(住吉神社)의 영험 담에서 나온 것으로 판단되지만, 고대의 신화세계와도 관련이 있는 전형적인 일본의 동화라고 볼 수가 있겠다.

(2) 우라시마 타로의 원화

　바다 밑이거나 혹은 바다건너에 용궁이라는 별세계가 있다는 것
으로, 인간세상과 다른 이계(異界)관에 기초한 전승이 우라시마 타로
(浦島太郎)의 이야기이다. 그런데 본 전승은 고대의 보고서이자 당시
의 지지(地誌)로서, 전설이나 설화의 보고로 알려진 풍토기(風土記)에
가장 먼저 등장하고 있다. 교토의 북쪽에 위치한 단고 지방(丹後国)
에 전래되었다는 전설의 전문을 소개하면 다음과 같다.

　요사군(与謝郡) 히오키사
토(日置里)에 츠츠카와 마을
이 있고, 여기에 구사카베
노오비토의 선조로 이름을
츠츠카와의 시마코라는 남
자가 있었다. 선천적으로
용모가 수려하고 세련됨이
비길 데가 없었다. 그가 세상에 널리 알려진 미즈노에의 우라노
시마코(浦嶼子)라는 사람이다. 이 이야기는 이곳의 전임 지방관
이던 이요베노 우마카히노무라지가 쓴 것과 다르지 않다. 이에
간략하게 그 내용을 전하고자 한다. 웅략(雄略)천황 때의 일로,
시마코는 혼자 작은 배를 타고 바다가운데로 나가 낚시를 하고
있었다. 하지만 삼일 밤낮이 지나도록 물고기 한 마리도 못 낚
고, 단지 오색 거북만을 잡았다. 내심 이상하게 여기면서 거북
이를 배 안에 두고 그대로 잠에 빠지자 홀연히 여인으로 변하였
다. 얼굴 생김새나 아름다움은 비교할 데가 없었다. 시마코가
'사람 사는 동네로부터 멀리 떨어져 이 바다 위에 사람 그림자
도 없는데 당신은 도대체 어디에서 여기로 왔는가?' 라고 묻자,
낭자는 미소를 지으며, '멋진 남자가 홀로 바다에 떠 계시기에
가까이 말하고 싶어서 풍운과 함께 왔습니다.'고 대답했다. 시마

코는 또 '풍운은 어디에서 여기로 왔습니까?' 라고 물었다. 낭자
는 '천상의 선가(仙家)에 살아요. 부디 의심하지 말아주세요! 친
밀하게 대화를 나누고 싶어요.'라고 하였다. 그래서 시마코는 신
녀(神女)인 것을 알고 황송해하며 의심하는 마음을 진정시켰다.
낭자가 '내 생각은 천지와 일월이 다할 때까지 당신과 함께 하
고 싶습니다. 그런데 당신은 어떻게 생각하십니까? 좋은지 어떤
지 먼저 마음을 정해 들려주세요.'라고 말했다. 시마코는 '구태여
말할게 있겠소? 어찌 주저하겠습니까!'라고 대답했다. 낭자는 '그
럼 당신이 배를 저으세요. 도코요(常世) 봉래산(蓬萊山)으로 갑시
다.'라고 했다. 시마코는 지시에 따라 배를 저었다. 낭자는 그를
잠들게 하여 순식간에 바다 건너 넓고 커다란 섬에 도착하였다.
그 섬은 보옥(寶玉)을 깐 듯 아름다웠다. 바깥쪽의 전각도 안쪽의
궁전도 모두 찬란하게 비치어 지금까지 본 적도 들은 적도 없는
곳이었다. 두 사람은 손을 잡고 천천히 걸어가자 훌륭한 대문에
당도하였다. 낭자가 '당신은 잠시 여기서 기다려요.'라 말하고서
문을 열고 안으로 들어갔다. 거기에 일곱 동자가 와서, '아, 가메
히메(亀比売)의 남편이다!'라고 서로 말했다. 또, 여덟 동자와 와
서 같은 말을 되풀이했다. 그래서 낭자의 이름이 가메히메인 것
을 알았다. 그러던 중에 낭자가 나왔기에 시마코는 동자들의 대
화를 전했다. 낭자는 '그 일곱 동자는 묘성(昴星)이고 여덟 동자
는 필성(畢星)입니다. 그대는 이상하게 생각하지 마세요!'라 하고,
앞장서서 안내하며 안으로 들어갔다. 낭자의 부모가 함께 마중
나와 인사를 하고 자리에 앉았다. 그리고는 인간세계와 신선세
계와의 차이를 설명하고, 사람과 신선이 만난 기이한 인연에 대
한 기쁨을 이야기했다. 그래서 수백 가지 산해진미 음식을 권하
고, 형제자매들도 술잔을 들어 주고 받았고, 이웃 동네 소녀들
도 예쁘게 화장하여 자리에 어울려 함께 놀았다. 신선들의 노래
는 멀리까지 울려 퍼졌고, 선녀들의 춤사위는 요염하였다. 화려
한 향연은 인간세계와는 차원이 다른 특별한 모습이었다. 선계
(仙界)에서는 날이 저무는 것도 알 수 없었다. 다만, 해질 무렵이
되자 많은 신선들이 차례로 물러나고, 낭자만이 홀로 남았다.

이윽고 서로 어깨를 기대며, 소매를 붙여서 부부의 언약을 맺었다. 이리하여 시마코는 고향을 잊어버리고 신선세계에서 노니는 동안 3년이 지나가 버렸다. 그런 어느 날 갑자기 고향 생각이 나고 양친이 애타도록 그리워졌다. 연달아 한 숨이 나오고 탄식하는 날이 자꾸 쌓여갔다. 그러자 낭자가 '요즈음 당신 안색이 여느 때와 다르네요. 대체 어찌 된 일인지 말씀해 주세요.'라고 하였다. 시마코는 '옛사람들 말에 보통 사람은 고향을 그리워하며, 여우는 고향 산 쪽으로 머리를 두고 죽는다고 합니다. 나는 그게 지어낸 말이라고 생각했으나, 지금은 정말 그렇다는 것을 알았소.'라고 대답했다. 낭자가 '당신은 돌아가고 싶은 게지요?'라고 묻자, 시마코는 '나는 근친들로부터 떨어져 먼 신선세계에 들어왔소. 그들이 그리움을 억누를 수가 없어서 경솔하게 생각을 입 밖으로 내고 말았소. 하지만 할 수 있다면 잠시 동안만이라도 고향으로 돌아가 양친을 만나고 싶네요.'라고 말했다. 낭자는 흐르는 눈물을 닦고 한탄하면서, '우리 두 사람 마음은 쇠나 바위같이 단단해서 만년을 가리라고 약속했는데, 고향이 그리운 나머지 나를 버리고 떠난다는 것이 어찌 이토록 어이없이 다가왔는가?'라고 하였다. 두 사람은 서로 손을 잡고 생각에 잠기며 대화를 나누면서도 슬퍼했지만, 결국 옷자락을 뒤집고 돌아서면서 고향으로 향하게 되었다. 이윽고 낭자도 부모도 친족들도 모두 이별을 아쉬워하면서 송별하였다. 그때 낭자는 애용하던 아름다운 다마쿠시게 화장(化粧)상자를 시마코에게 내어주며, '당신이 정말로 끝까지 나를 잊어버리지 않고 여기로 다시 돌아오시려면, 이 상자를 단단히 잠그고 절대로 열어 봐서는 안 됩니다!'라고 일러두었다. 이윽고 서로 헤어져 배에 올라 눈을 감자, 금세 고향인 츠츠카와 마을에 도착하였다. 그런데, 마을을 돌아다녔으나 사람도 동네도 모두 변하고 달라져서 의지할 만한 데가 전혀 없었다. 그래서 마을 사람에게, '미즈노에 우라노시마코의 가족들은 지금 어디에 살고 있습니까?'라고 물었다. 그러자 그 사람은 '당신은 도대체 어디 사람인가? 그런 먼 옛날 사람을 찾고 있는 것입니까. 내가 노인들에게 들은 바로는 앞 시대에

미즈노에노 우라노시마코라는 사람이 있었는데, 혼자 바다로 나
간 뒤 다시 돌아오지 않았다고 한다. 이미 300년이나 지났는데,
어째서 갑자기 그런 일을 캐묻는 것입니까?'라고 하는 것이다.
그래서 망연자실하여 공허한 마음에 고향을 돌아다녔지만, 친족
한 사람조차 만나지 못하고 한 달여가 지나가고 말았다. 그래서
다마쿠시게 상자를 만지작거리며 신녀(神女) 생각에 잠기었다.
그리고는 시마코가 이전에 약속한 일을 잊어버리고 불현듯 상
자를 열고 말았다. 그러자 갑자기 향기로운 내음이 풍운과 함께
창공으로 날아서 하늘로 올라갔다. 시마코는 약속을 저버렸음을
알아차렸고, 또다시 만나기 어렵다는 것을 깨닫고는 머리를 감
싸 쥐고 눈물로 목이 메도록 울며불며 헤매었다. 그래서 눈물을
닦으며 다음과 같이 읊었다. '도코요(常世)가 있는 곳으로 구름
이 길게 뻗어 있네! 미즈노에노 우라시마노코가 읊은 노래를 가
지고 길게 뻗어 있구나!' (그러자) 신녀가 구름 저편을 날면서
고운 목소리로 노래하였다. 그 가사는, '야마토(倭)쪽을 향해 바
람이 불어와 그 구름과 함께 당신과 멀리 헤어졌어도 부디 당신
은 나를 잊지 마세요!'라고 한다. 시마코는 그리움을 견딜 수가
없어서 또 노래하였다. '당신에게 마음이 끌려서 아침 문을 열
어서 생각에 잠겨있었더니, 도코요 해변의 파도소리가 여기까지
들려오네!' 후세 사람이 위의 노래에 덧붙여 다음과 같이 읊었
다. '미즈노에노 우라시마노코가 아름다운 다마쿠시게 상자를
열지 않았더라면 또다시 만날 수가 있었을 텐데!' (여기에 덧붙
여서) '도코요가 있는 쪽을 향해 구름이 길게 뻗어있다. 구름은
차례로 연이어 나타나지만, 그것만으로는 낭자와 만날 수도 없
고, 나는 그것이 너무나 슬프도다!'

인용문은 단고지방 풍토기(丹後国風土記)에 실린 것으로, 이것이 전
설로서 알려진 것인지 일본서기의 웅략(雄略天皇)조에서도,「廿二年(中
略)秋七月、丹波國餘社郡管川人、瑞江浦嶋子、乘舟而釣遂得大龜。便化爲
女。於是、浦嶋子感以爲婦。相逐入海。到蓬莱山、歷覩仙衆。語在別卷」

라고 인용하고 있다. 또한 만요슈에도 그를 야유하는 와카가 실려 있는데, 작가는 오히려 선망을 담은 것으로도 보인다.

당시의 문인들에게는 신선세계의 유행도 거들어, 우라시마 이야기는 상당히 매력적인 전설이라고 생각했던 것 같다. 또한, 바닷가와 어부라는 요소는 일본전국 어디서나 볼 수 있는 풍경으로서, 고향과 같은 편안한 이미지가 있었기 때문에 유사한 설화가 오토기조시의 우라시마 타로라는 주인공으로 탄생하게 되었다. 게다가 연애담은 줄고 교훈적인 내용을 담은 보은 형식으로 재해석되어 전개되고 있는 것이다. 즉, 양자를 분석해보면, 거북의 보은과 함께 우라시마 타로의 성격도 다르게 묘사되어 있다.

앞서의 원화와 비교해 보면, 다음과 같이 여러 요소가 바뀌고 새로 추가된 부분이 들어갔다는 것을 알 수 있다.

먼저, 이름이 '우라시마'의 자식으로 '우라시마 타로(浦島太郎)'라는 것과 나이도 24, 5세로 설정되었다. 그리고 '에시마가이소'라는 물가에서 잡은 거북에 대해, '학은 천년, 거북은 만년'이라고 하며 살려주면서도 '은혜를 기억해라'는 메시지까지 담고 있다. 또한, 용궁으로 가는 시간도 열흘 넘도록 항해를 계속해서 도착했다고 하여 실제상황을 연상케 하고, 두 사람의 관계도 해로동혈(偕老同穴)과 비익조(比翼鳥), 연리지(連理枝) 원앙의 언약 등 다양한 수식어를 구사하고 있다. 그리고 보금자리가 된 '용궁 성(龍宮城)'의 묘사에서 사계의 방과 각 계절의 경치를 서술하여 신선세계를 강조하고, 나아가 체류기간이 3년은 변함없으나 지상에 머물 기간을 '30일'이라고 하였고, 또한 자신은 용궁성의 거북이며, 목숨을 살려준 은혜를 갚기 위해 부부가 되었다는 설명도 곁들인다.

이윽고 유품이라며 건네는 다마쿠시게 상자가 '다마테바코(玉手

箱)'로, 귀향해 보니 '오두막집 안에서 80세 정도 되는 할아버지'가 있었고, 게다가 주인공이 행방불명된 기간은 '7백년'으로, 그의 무덤과 석탑 및 사당까지 묘사한다. 상자의 의미도 '우라시마는 학이 되어 나이를 거북이 조치하여 상자 안에 접어 넣어둔 것'과 그로써 '칠백년의 수명을 유지'했다고도 설명하고 있다. 합리적인 장면을 그리려고 한 것으로 보이며, 이야기의 결말도 주인공은 학이 되어 봉래산에서 거북과 재회하여 천지인(天地人) 3가지 축복을 받아 해복하게 살았다고 하며, 덧붙여서 '사람에게는 인정이 있는 것이 좋다. 인정이 있는 사람은 장래에 경사스러운 일이 있다'는 교훈과 함께 주인공은 단고 지방 '우라시마 묘진(明神)'이 되었고, 거북도 같은 장소에서 부부 신이 된 것으로 마무리한다.

이상과 같은 줄거리는 아동들을 위한 교훈적인 행동과 함께 결과적으로 이야기의 짜임새가 설득력이 있도록 대폭 수정되어 있음을 알 수 있다.

오토기조시의 우라시마타로(浦島太郎)이야기는 글과 함께 그림을 그려놓아, 두루마리를 펼치면서 차례로 변하는 화면을 감상하는 소위 '에마키(繪巻)'로서도 유포되었다. 한편, 에도시대의 치카마쓰 몬자에몬(近松門左衛門)은 바닷가에서 낚은 거북을 사서 구한다는 형태로 바꾸었고, 이후 아이들이 괴롭히는 거북을 구하여 용궁의 거북공주—오토히메(乙姫)—에게 환대받는다는 남녀관계가 빠진 형태의 동물 보은(報恩)의 동화로 바뀌어 근대의 국정교과서로 소학교 독본에도 실리게 되었다. 이처럼 우라시마 타로의 이야기는 후대의 교육적인 동화와 연극으로서 확대 재생산 된 것이다. 또한, 전국각지에 유사한 전설을 전파시켜서 파생설화를 낳기도 하였다. 오늘날 우라시마타로와 관련된 곳에서는 지역문화와 어우러져 새로운 스토리텔

링의 소재가 되어 있는 경우가 많다.

7) 근세 문학과 서민

(1) 현실긍정과 향락의 문예

근세초기를 대표하는 작가인 이하라 사이가쿠(井原西鶴)는 초닌(町人)이라는 상인 출신으로 그가 창시한 장르가 우키요조시(浮世草子)이다. 중세의 구도(求道)적이고 체념적인 덧없는 '우키요(憂世)'로부터 근세에 들어서 현실 긍정의 향락적인 '우키요(浮世)'의 세계를 구현한 것이다.

근세초기의 단편소설에서 보였던 계몽과 교훈성을 버리고 현실적이고 오락적인 내용을 담았으며, 세간의 인정이나 풍속 등 도시의 초닌들이 실제 생활하는 모습을 생생하게 그리고 있다. 이하라 사이카쿠는 왕성한 활동을 벌인 서민들에게 내세보다는 현세를 긍정하는 자세가 더욱 강화되어서 이를 작품으로 성공시킨 것이다.

처음 하이쿠 작가로서 활약했던 그는 "겐지 이야기(源氏物語)"를 패러디한 "호색 일대남(好色一代男)"이 성공하자, 연이어 유곽을 비롯한 당시의 유흥세계에서 취재한 소재를 바탕으로 호색 물(好色物)을 개발했고, 이윽고 상인을 비롯한 서민들의 애환을 녹여낸 상인 물(町人物)를 창출해서 우키요조시라는 장르를 확립시켰다.

그는 오사카의 부유한 초닌 집안에서 태어났지만 가업은 다른 사람에게 맡기고, 단린(談林)파의 하이구 작가(俳人)로서 교토 산주산겐도(三十三間堂) 회랑 밖에서 행하는 유명한 활쏘기 경주를 모방하여, 하루밤낮동안에 얼마만큼 많은 구를 만들어낼 수 있는 가를 겨루는 흥행에서 23500구(句)라는 사상 최고기록을 세운 달인으로서도 유명했지만, 41세 때 출판한 호색 일대남(好色一代男)이 호평을 얻은 이후로는 우키요조시 작가로 활동하게 되었다.

처녀작의 성공에 힘입어 호색 물(好色物)을 연달아 내고, 또한 상인(町人)과 무가(武家), 잡화(雜話)로 각각 분류되는 많은 작품들을 내는 등, 우키요조시(浮世草子) 장르를 확립시켰다. 이와 같이, 사이가쿠(西鶴)의 등장은 상인출신 작가로서 그야말로 명실상부한 초닌 문학의 탄생을 의미하였다. 다음은 그가 확립한 '우키요조시'의 대표작이라 할 수 있는 두 작품에 대해 소개해 보기로 한다.

먼저, 사이카쿠가 1682년에 발표한 작가로서의 데뷔작이자 '호색물'의 대표작으로 꼽히는 "고쇼쿠이치다이오토코(好色一代男)"라는 8권 분량의 작품으로서, 주인공 '요노스케'의 54년간에 걸친 호색생활을 그리고 있는데, 이는 54권으로 이루어진 "겐지 이야기(源氏物語)"

를 의식하여 구성한 것이다. 이쿠노(生野)은광의 부호 유메스케(夢介)가 교토에서 얻은 첩에서 태어난 외아들 요노스케(世之介)의 호색 편력을 일대기풍으로 그리고 있는 소설로서, "이세모노가타리(伊勢物語)"의 실제 주인공이라는 아리와라 나리히라(在原業平)의 여성편력에 관한 풍문과 함께 "겐지 이야기"의 구성을 본떠, 주인공 히카루 겐지(光源氏)를 에도시대의 초닌으로 옮겨놓은 작품이기도 하다. 요컨대 중고시대 명작을 교묘히 이용하여, 명문 귀족의 풍류를 오로지 육체적인 사랑만을 쫓은 인물로 설정하여 철저히 패러디한 산물이기도 하다.

다음 인용문은 제1권의 첫 장면과 제8권의 마지막 장면이다. 각각 부제가 붙어 있는데, 전자는 '불을 끈 곳이 연애의 시초'라는 제목으로 주인공이 7세가 된 시점에서 시작되는 이야기이다.

> 벚꽃도 금방 떨어지고 말아 탄식거리이기도 하고, 달도 한계가 있어서 산등성이에 들어가 버린다. 그런 부질없는 경치보다도 끝없는 여색과 남색, 두 가지 색도에 몰두하여 통칭을 '유메스케(夢介)'라 일컫던 한량은 그 이름도 달빛의 '이루사야마'라는 와카의 명소가 있는 다지마(但馬)지방 이쿠노 은(銀)광산근처에서 세상일을 버리고 색도를 닦으려 교토로 나온 사람이었다. 당시 소문난 난봉꾼, 나고야 '산자'나 가가(加賀)의 '하치' 등, 양소매나 옷깃 등 일곱 군데에 놓은 마름 문양을 징표로 해서 도당을 짜고, 술에 취해 깊은 밤 '미스지마치'로부터 돌아가는 길, 이치조호리카와의 모도리바시 다리를 지나는데, 어떤 때는 나어린 젊은이로 분장했는가 하면, 또 어떤 때는 중으로 변장하기도 하고, 올림머리 가발을 쓰고 협객이 되었다가, 장소가 장소인 만큼 귀신이 지나다닌다는 말은 이런 일이다. 이러쿵저러쿵 소문이 나도 도깨비를 등에 업은 전설의 히코시치(彦七)처럼 아

무렇지도 않은 얼굴로, '다유(太夫)에게 물려죽어도'라고 줄곧
다녔기 때문에 드디어 연정이 쌓이고, 유메스케는 그 시절 특히
전성기였던 최상위급 기생인 다유 가즈라키(葛城), 가오루(薫),
산세키(三夕) 세 사람을 각각 낙적─기생의 몸값을 치르고 기적
에서 빼내는 일─을 해서 사가(嵯峨)와 히가시야마(東山)근처, 또
는 후지노모리 등지에 두어 몰래 살림을 차렸다. 부부관계를 거
듭하는 사이, 그 중 한 사람의 배에서 태어난 아들을 요노스케
(世之介)라 이름 지었다. 분명하게 쓸 필요도 없다. 이미 다들 아
실 것이다. 부모의 총애는 말할 나위도 없다. 손바닥을 치거나
머리를 흔들거나 해서 놀았던 그 머리도 굳어지고, 4살이 된 11
월에는 생후 최초로 두발을 늘리는 축의(祝儀). 다음 해 봄은 하
카마를 입는 축하연도 마치고, 신사참배의 보람이 있어서 6세
때 천연두도 가볍고, 이듬 해 7세의 여름 야밤에 문득 눈을 뜬
요노스케가 베개를 치우고 하품을 하면서 장지의 걸쇠를 풀어
보려 하는데, 옆방에서 시중을 맡고 있던 하녀가 알아채고서 손
잡이가 달린 촛대를 켜고 긴 복도를 건너갔다. 남천(南天)정원수
가 있는 동북쪽 집 뒤로 와서, 솔잎 바닥의 뜰에 소변을 보고
손을 씻으려 할 때, 툇마루의 꺾인 대나무가 끝이 잘게 갈라진
데다가 못대가리라도 나와 있으면 하고 촛불을 갖다 대었더니,
요노스케가 '그 불을 끄고 좀 더 가까이 와요'라고 했다. '발밑
이 걱정이라서 이렇게 하고 있는데, 어둡게 해서 어떻게 해요?'
라고 말을 받았더니, 요노스케는 그럴듯하게 끄덕이고서, '사랑
은 어둠이라는 것을 모르는 거야?'─연애하기에는 어둠이 좋다
는 뜻─ 라고 말하기에, 호신용 칼을 가지고 있던 다른 하녀가
원하는 대로 불어 꺼 주었더니, 왼쪽 소매를 잡아 끌면서, '근처
에 유모는 없나?'라며 조심스러워 하는 것도 우스웠다. '예를 들
어보자면, 하늘의 부교(浮橋)밑에서 만났지만 남녀 교접을 알지
못했던 이자나기와 이자나미 신의 이야기와 같고, 아직 생리적
조건은 갖추어지지 않았어도 벌써 그 기분만은 눈을 떴다'라고
숨김없이 말씀드렸는데, 사모님도 필시 기뻐하셨을 것이다. 점
차 성에 눈떠서 같은 그림책이라도 미인화 만 모으고, 너무 많

이 쌓이면 책장도 보기흉해지기 때문에, '이 국화 방에는 내가 부르지 않은 사람은 들어오지 마!'라고, 강하게 출입을 막았던 것도 얄미운 일이다. 어떤 때는 종이접이 세공을 하여, '비익조 모양은 이것이다'라고 주는 것이었다. 또 꽃을 만들어 나뭇가지 끝에 붙여서 '이것이야말로 연리지이다. 너에게 줄께!' 등등, 뭐든 이유를 끌어대어 연애의 도를 잊지 않는다. 음부를 가리는 훈도시도 남의 손을 빌리지 않고 허리띠도 자신이 앞에 묶어서 뒤로 돌리고, 비단주머니에 든 효부쿄(兵部卿)향을 몸에 뿌리고, 소매에는 향을 스며들게 하여 요염한 풍취는 어른도 부끄럽게 여자 마음을 움직이는 것이었다. 같은 나이 또래의 동무들과 노는 것도 허공에 뜬 연도 보지 않고, '구름에 가교라는 것이 있지만, 옛날은 하늘에도 밤에 구혼하는 유성인(流星人)이라도 있었던 것일까? 1년에 하룻밤 밖에 없는 칠석날 견우와 직녀의 만남이 비가 내려서 만날 수 없을 때의 기분은 어떤 것일까?'라고 면 천상세계의 일에까지 마음을 쓰고, 자신과 내 마음으로부터 사랑에 애태우고, 54살까지 희롱했던 여자가 3742명, 남색 상대가 725명 있었던 일은 일기로서 알려졌지만, 어릴 때부터 줄곧 신수(腎水)를 퍼내어 용케도 목숨이 붙어있었던 것이다.

아래 인용은 '규방의 최음(催淫)용 고문도구'라는 부제가 붙어있는 "고쇼쿠이치다이오토코" 제8권의 마지막 장면으로, 소설의 주인공이 60세가 된 환갑을 맞이한 때의 이야기이다.

도합 2만5천량―약 125억 엔―, 모친으로부터 '실컷 쓰라'고 물려받았던 돈으로 날마다 온갖 음란 질을 시작하여 지금까지 27년이나 되었다. 넓디넓은 세상의 유곽이란 남은 데가 없이 돌아다녀서, 몸은 어느새 연애에 여위고, 문득 이제는 속세에 더 이상 미련이 없어지고 말았다. 부모는 없고, 자식 없고, 정해둔 처자도 없다. 곰곰이 생각해보니 언제나 애욕에 빠져 멈출 줄은 모르고, 어느새 내년은 간지(干支)가 돌아오는 환갑 나이를 먹어서, 뽕나무 지팡이가 없어서는 불안할 정도로 다리도 약해지고, 귀도 멀어져서 점점 볼 꼴사납게 되고 말았다. 자신뿐만이 아니다. 이전부터 면식이 있던 여자가 백발이 되어 이마에 주름이 진 모습을 보고 울컥하지 않는 날이 없다. 우산을 받쳐주고 목말을 태웠던 딸도 이미 남자 눈에 들어 알뜰한 주부가 되어 있다. 세월이 지나면 바뀌는 세상이라고는 하지만, 이 이상 심하게 변하지는 않을 것이다. 지금까지 내세를 바랐던 일도 없으니까, 죽으면 지옥에 떨어져 도깨비에게 먹힐 뿐이라고 갑자기 마음을 고쳐먹어 보아도, 거룩한 불도에 그리 쉽게 들어갈 수 있는 것은 아니다. '한심한 육신의 장래, 지금부터는 무엇이 되든지 되는대로 밖에 할 수 없다'며 단념하고, 수중에 있던 재물을 팽개치고 남은 돈 6천량—약 1억8천만 엔—을 히가시야마(東山)에 깊숙이 파묻고, 그 위에 '우지이시'를 놓아 나팔꽃 덩굴을 뻗치게 해두고, "석양의 그림자, 나팔꽃이 핀 아래 6천량의 빛을 남기고"라고, 한 수 새겨 넣어 두었다. 요노스케가 그 일을 욕심많은 세상 사람들에게 말했지만 장소가 어디인지도 알 수가 없다. 그 후, 요노스케는 마음의 벗 7명에게 권하여, 나니와(오사카)의 에노코지마(江の小島)에서 배를 건조시켜 '요시이로마루(好色丸)'라 명명하고, 뱃머리에 진홍색 비단으로 만든 풍향계 깃발을 세웠지만, 이것은 옛날 이름난 명기(名妓)인 요시노다유(吉野太夫)로부터 받았던 추억의 속치마이다. 휘장은 지난날 만났던 유녀들이 기념품으로 주었던 기모노를 바느질로 이어 붙여 길게 걸어놓은 것이다. 배의 중앙 선실바닥에는 유녀평판기(遊女評判記)를 발라놓고, 선미의 굵은 밧줄은 여자 머리카락을 섞어 꼬았다. 한편, 부엌에는 수조에 미꾸라지를 풀어놓고, …중략… 그밖에 갖가지 다양한 침실의 고문도구—최음제나 최음(催淫)용 도구—를 갖추고, 그리고 또 남자의 고상한 멋을 위한 옷가지, 배내옷도 다수 마련하여, '이것으로 다시 교토로 돌아올 수 있을지 어떨지 모르지만, 자! 길 떠나는 이별의 술이다.'라고 말하자, 동승한 사람들은 놀라서 '여기로 안 돌아온다는 건 어

디로 가는 겁니까?'라고 묻는다. '그러니까, 속세에 온갖 유녀를
한 사람이라도 남겨둔 게 없다. 나를 비롯해 그대들도 이 세상
에 미련은 없을 터이니까, 지금부터 뇨고노시마(女護の島)—현실
속의 섬이 아닌 가상의 여인국—로 건너가서 손에 잡히는 대로
여자를 보여주자고!'라고 말하니, 모두 기뻐하며 '설령 신허(腎
虛)—한방의 병명으로, 과도한 성행위로 인해 발생하는 쇠약증—
해서 그곳의 흙이 되어도, 마침 호색을 위해 처자식을 거느리지
않고 일대로 끝난 일대(一代)남자로 태어났기에 그야말로 바라는
바이다.'라고 연풍(戀風)이 부는 대로 맡겨서 이즈지방에서 날씨
를 살펴보고, 떠난 1682년 10월말에 행방불명이 되고 말았다.

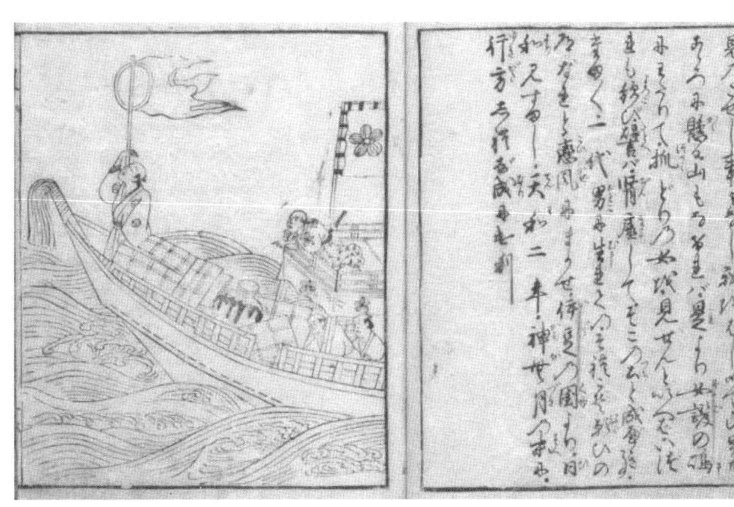

(2) 근세의 서민 생활 이야기

1692년에 발간한 "세켄무네산요(世間胸算用)"—세상 사람들의 속셈
이라는 뜻—는 5권으로 구성되어, 각 권당 4장씩 모두 20편의 이야기

를 실어놓았다. 에도시대의 세밀 풍경을 그린 작품으로 당시 서민의 생활상을 엿볼 수 있는 작품이다. 특히 각권마다 '섣달그믐은 하루 천금(大晦日は一日千金)'이라는 부제가 붙어있듯이, 한해의 마지막 날 일어나는 사건을 중심으로 서민들의 생활을 리얼하게 그려놓았다.

유통경제가 발달했던 당시, 돈이 돈을 버는 시대로 한번 전락하면 회복하기 힘든 상황이라서, 중하층 초닌이 부(富)를 쌓는 일은 그리 쉽지가 않았다. 현대와 달리 당시의 상품 거래는 외상이 많았으므로 대금을 결제해야 하는 마지노선에 해당하는 날이 섣달그믐날이다. 이 날은 팔았던 상인이나 구매자(손님)쪽의 쌍방에 있어서 어떻게 넘어갈까하는 피비린내 나는 그야말로 치열한 각축전이 벌어지기도 하였다.

오늘을 넘기면 해가 바뀐 신년이 되기 때문에 상인들에게 있어서는 최대의 수지결산일이기도 한 이 날을 어떻게 보낼 것인가 하는 시점에서, 폭넓게 초닌 생활의 갖가지 양상을 보여주고 있다.

대금변제를 독촉하는 상인을 피하기 위해 장례나 질병 등 급조한 변명을 늘어놓거나 잠적하는 등, 빚쟁이를 피할 갖가지 묘안을 짜내어 빌린 돈의 변제에 괴로워하는 서민들의 모습이 구체화되어 그려져 있다. 그런 사회사정을 배경으로 외상대금을 독촉하는 측과 이를 피하려고 하는 쪽이 지혜를 짜서 비술(秘術)을 펼치는 작태가 숨이 막힐 정도여서 유머러스하게 느껴지기도 한다. 이러한 점들이 사이카쿠(西鶴)의 상인 물(町人物)중에서 최대 걸작이라는 평을 받는 이유일 것이다. 참고로 이 작품은 그가 생전에 발행한 우키요조시 장르의 마지막 작품이라고 한다.

다음 인용문은 제3권 제3장에 실린 이야기로서, 서민들의 삶이 고달팠다는 실감을 자아내는 일화이다. 부제로서 '금화 한 돈은 잠옷

의 꿈(小判は寝姿の夢)'이라는 것처럼 꿈에서라도 부자가 되는 소망을 가진 사람들은 영혼까지도 팔 수 있다고들 하지만, 부부로서의 긍지만큼은 잃고 싶지 않다는 애틋함도 묻어난다.

'꿈속에서도 결코 살림살이는 잊지 말라!'란 부자의 말이다. 생각하는 바는 항상 꿈에서 보는 것이지만, 그 꿈에도 기쁜 일이 있고, 슬플 때가 있어서 여러 가지 중에서 돈을 줍는 꿈은 초라한 데가 있다. 실제로는 지금 세상에 돈을 떨어뜨리는 사람은 없다. 각자 목숨이라 생각하고 소중히 하는 것이다. 아무리 그래도 만일회향(萬日回向) 법회가 끝난 사찰의 경내에도, 덴마마쓰리(天満祭)―음력 6월25일, 오사카의 덴마 궁(天満宮)에서 행하는 여름축제인 덴진마쓰리(天神祭)의 별칭―다음날에도 동전한 푼조차 떨어져 있지는 않다. 여하튼 돈은 스스로 일하지 않으면 손에 들어오지 않는다. 어떤 가난한 자가 일하며 버는 세상일은 잊고, 단번에 부자가 되려고 생각해, 옛날 에도에 살았을 때 스루가초(駿河町)의 환전상 가게 앞에 종이에 싸두지 않은 은화가 산처럼 있었던 것을 지금도 잊지 않고, '어떻게든 올 세밑에 그 은화 뭉치를 가지고 싶다! 사슴가죽 위에 새 금화가 내 잠자는 모습만큼 있었지.'라고 일심으로 다른 일은 생각지 않고, 종이 외피에 볏짚 등을 넣은 이불을 덮어쓰고 잤다. 때는 섣달 그믐날의 새벽녘으로 아내는 홀로 깨어 있어서 '오늘 하루는 아무리 생각해도 무사히 보낼 수가 없겠다'라고 생계를 걱정하고, 창으로 새벽빛이 들이비치는 것을 보니, 무슨 일인지는 모르지만 금화 한 덩이가 보였다. '고맙다. 이건 하늘이 내린 거야!'라며 기뻐서, '여보! 여보!'라고 남편을 불러 깨우니, '뭐야?'라는 목소리와 동시에 금화는 사라지고 없었다. '정말 아까운 일을 했네!'라고 억울해 하며, 남편에게 이 일을 이야기하니, '내가 에도에서 본 돈을 갖고 싶다! 갖고 싶다! 하고 굳게 마음먹었던 일념이 자고 있는 사이에 잠시 금화가 되어 나타났던 것이야. 지금처럼 가난하면, 설령 극락왕생이 안 되고 지옥으로 떨어질지라도 사요 나카야마에 있었던 무겐(無間)종—시즈오카(靜岡県)의 서부 가케가와(掛川)시에 있는 조동종 관음사에 있었던 종으로, 타종하면 현세에서는 복을 얻지만 내세에서는 무간(無間)지옥에 떨어진다는 전설이 있어도 치는 사람이 끊임없어서 이 절의 스님이 땅속에 묻었다고 전한다.—을 친다고 해도 우선 이 세상에 살아남고 싶다. 눈앞에 부자는 극락이고 가난한 자는 지옥생활, 가마솥 아래 불을 지필 땔감조차도 없다. 정말 비참한 세밑이다.'라고 자연히 나쁜 생각이 일어나니, 선악의 혼이 교체되어, 조금 꾸벅꾸벅하는 동안에 흑백의 도깨비—우두(牛頭)와 마두(馬頭)형상인 지옥의 옥졸 도깨비—가 불 수레를 끌고 찾아와서 이 세상 저 세상의 경계를 넘나드는 고통을 보여주었다. 아내는 이 모습을 보고 더욱 슬퍼져서 남편을 훈계하며, '누구라도 이 세상에 백세까지 사는 사람은 없어요. 그렇다면 무의미한 소원을 비는 일 따위 멍청하고 바보 같습니다. 서로 마음만 변하지 않는다면 장래 즐겁게 나이들 수도 있겠지요. 아내인 내 입장을 생각하셔서 아마 분하겠지요. 그러나 이대로 있으면 가족 세 사람 모두 굶어죽고 말 겁니다. 외동아이 하나 훗날을 위해서도 좋은 일, 고용살이하는 곳이 있는 게 다행입니다. 아무쪼록 저 애를 손수 키워주신다면 장래의 즐거움도 됩니다. 버리는 것은 매정한 일이니까, 꼭 부탁해요'라고 말하며 눈물을 흘려서, 남자로서는 슬프기도 하고, 이렇다 저렇다 대답도 못하고 눈을 감아 아내의 얼굴을 보지 않고 있는데, 스미조메(墨染)—교토 남쪽인 후시미구(伏見区)의 북부지역으로, 와카에 자주 등장하는 메추라기와 달의 명소인 후카쿠사(深草)와 인접한 곳—근처에 사는 인력소개소(고용인이나 유녀를 알선하는 중계업자)의 아줌마가 예순이 넘은 할머니를 데리고 와서, '어제도 말한 것처럼 자네는 젖이 좋으니 급료를 선급해서 85돈, 의복도 네 차례나 지급해요. 고마운 일이라 생각하세요. 밥 짓는 덩치 큰 여자가 옷까지 수선해서 반계(半季)가 32돈, 모든 일이 젖 덕분이라 생각하세요. 그리고 자네가 싫다면 대리를 교마치의 주인에게도 선정해두었습니다. 오늘일이니까 또 나중에 대답을 들을 수는 없습니다.'라고 말한다. 아내는 기분 좋게 '무얼 하는 것도, 이 몸이 살기위해서입니다. 그건 그렇고, 귀하신 어린 도련님을 제가 맡아도 괜찮겠습니까? 나는 되도록 일하고 싶습니다.'라고 하니, 남편에게는 아무 말도 안하고, '조금이라도 빨리 그 댁으로'라며 옆집에서 벼루를 빌려와 1년 계약 증서를 쓰게 하고서 급료 전액을 건넸다. 아줌마는 재빨리 '나중에 란 것도 같은 일, 이는 세상이 이와 같다는 약속'이라고 하며, '85돈 은화 37개'이라 증서가 쓰여 있는 은화의 종이포장 속에서 알선 수수료로 정확히 8돈5푼을 제하고서, '자, 유모님, 차려입을 것도 없고'라며 데리고 갈 때, 남자도 눈물을 흘리고, 여자는 상기하여 얼굴이 붉어져서, '당신! 잘 있어요. 아주머니는 나리에게 고용살이 가서 정월엔 돌아와 만나지요.'라고 내뱉고는 무언가 옆집에 부탁하고, 또 우는 것이었다. 인력소개소의 아줌마는 당차서 '부모가 없어도 아이는 자라요. 때려죽이려도 죽지 않는 건 안 죽습니다. 남편 분, 잘 있어요!'라고만 하고 나와서 간다. 고용주인 할머니는 세상의 무정함을 생각하고 '내 손자가 귀여운 것도 같은 일, 남의 자식 젖떼기는 불쌍해'라고 돌아보니, '그건 돈이 원수인 이 세상 탓, 저 딸이 죽으면 그만이다.'라고 그 모친이 묻는 것도 괘념치 않고 데리고 갔다. 이윽고 섣달그믐날 저녁때가 되어 이 남편은 세상이 싫어져서, '나는 고액의 유산을 물려받으면서 속셈이 나빴던 탓에, 에도를 떠나 지금 후시미(伏見)마을에 사는 것도 아내와 인연이 있었기 때문, 대복차(大福茶)—설날 아침에 한해의 악기를 몰아내기 위해 매실장아찌나 검은 콩, 산초 등을 넣어 마시는 차—만으로 축복해도 경사스러운 설날에 부부 두 사람이 만나는 것이야말로 즐거움이다. 아내의 심근이 가엾다! 떡국 젓가락을 두 벌 사두었는데'라며 선반 끝에 보이는 젓가락을 잡아서 '한 벌은 필요 없는 정월이네'라며 접어 꺾어서 냄비 밑에서 태웠다. 밤이 깊도록 이 아이가 울음을 그치지 않았기

때문에, 옆집 아낙들이 찾아와 갈아 빻은 쌀가루에 지황 즙을
넣어 반죽한 조청을 거듭 조려서 대나무 대롱으로 먹이는 방법
을 가르치고, '벌써 하루 사이에 분위기 탓인지, 아래턱이 야위
었네!'라고 한다. 이 남편은 '근데 말이야, 어쩔 수가 없네!'라며
스스로 자신의 한심함에 화를 내며, 손에 들었던 부젓가락을 마
당에 던져 버렸다. '남편 분은 불쌍해, 부인은 업보! 저쪽 나리님
이 예쁜 여자를 부리는 것을 좋아해. 특히 이쪽 부인은 지난번
에 돌아가신 그쪽 사모님과 닮은 데가 있어, 정말 뒷모습이 온
순하고 귀여운 점은 그대로야!'라고 말하니, 이 남자 듣자말자
'앞서의 급료는 아직 그대로 있다. 그걸 들은 이상, 설령 굶어죽
는다 해도 괜찮다.'라며 뛰어나가서 아내를 되찾아 눈물을 흘리
며 부부로써 정월을 맞이했다.

8) 근현대 소설의 세계

일본문학에서 19세기후반의 메이지시대부터 본격적으로 펼쳐지
는 근현대 소설은 유럽의 영향을 받아 구시대 문학을 비판하면서 새
로운 길을 모색하였다. 19세기 말에 사실(寫實)주의라 일컫는 문학의
혁신운동이 일어나면서 이를 실천한 작가들에 의해 언문일치체를
시도하고, 나아가 심리소설이라는 장르를 만들었다.

이와 같이 근대초기에는 이전과는 전혀 다른 새로운 문예의 흐름
으로 이어졌지만, 한편으로 근세문학의 장점을 살린 풍속소설도 유
행하였다.

이윽고 낭만주의와 자연주의라는 유럽의 문예가 일본의 주류 문
학으로 굳어지면서 근대문학은 시대에 걸맞게 자리매김 되었다. 그
러나 유럽과 달리 개인의 추한 내면을 드러내는 것만으로 흘렀던 자
연주의 문학은 왜소한 사소설(私小說)이라는 영역에서 머물렀기 때

문에, 이에 반발한 문인들은 반(反)자연주의 계열의 문학도 활성화되었다.

근대에 들어서 더욱 증폭된 자본주의의 모순을 파헤친 작품이 등장했고, 개인주의 문학을 부정하고 사회주의와 공산주의의 정치이념에 맞물려 혁명을 위한 문학이라는 프롤레타리아문학이 등장했다. 1924년 출간된 문예전선(文藝戰線)을 중심으로 노동자문학을 발표하여 기성작가들에게 커다란 반향을 불러일으키며 1930년대 초까지 유행했지만, 당국의 혹독한 탄압으로 고문사당하거나 전향문학으로 나가는 등, 문단에서 사라졌다가 패전 이후에 민주주의문학으로 거듭났다.

한편, 프롤레타리아문학에 대항하는 움직임도 일어나, 기존문학을 개혁하려는 작가들에 의해 신흥예술파로 모아졌지만, 1930년대 후반에는 군부의 전쟁확대에 따라 문예활동이 거의 정지된 상태가 되고 말았다.

이윽고 전쟁이 종식된 1940년대 후반에 들어서자 기성 작가들의 활동이 재개되었고, 소위 전후(戰後)작가도 등장하면서 전후 시대를 이끌어 갔다.

이상과 같은 일본 근대문학은 세계적인 주목도 받게 되었다.

먼저, 가와바타 야스나리(川端康成)가 설국(雪國)등에 대해 높은 평가를 받으면서 노벨문학상을 수상하였다. 원래 일본인으로 노벨상을 수상한 사람은 1949년도에 유가와 히데키(湯川秀樹)가 물리학상에 선정되면서부터 이어졌지만, 문학 분야로서는 그가 최초였다.

이러한 흐름은 뒤이어 오에 겐자부로(大江健三郎)도 수상하게 되면서 바야흐로 세계문학의 반열에 올라섰다. 각국의 학자들에 의한 일본문학 연구가 활발해진 것은 이러한 국제적인 평가와도 무관하지 않을 것이다.

이하에서는 근대소설 중에서 몇 작품을 골라 그 내용과 창작배경에 얽힌 이모저모를 살펴보기로 한다.

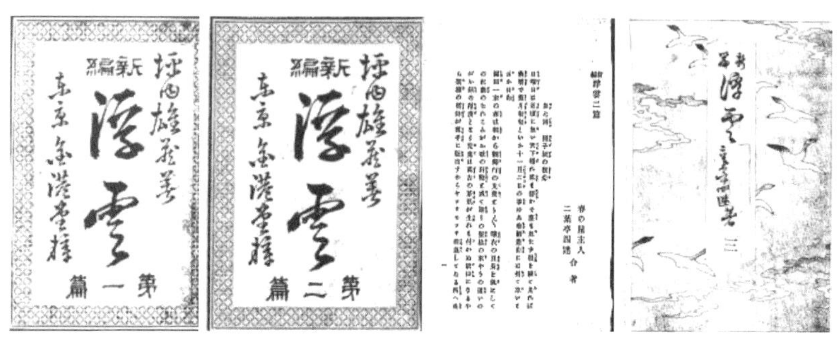

(1) 뜬 구름

신문예로 가기 위해서는 특정 이념이나 작가자신의 생각을 버리고 마치 사진처럼 그려야 한다는 소위 사실(寫實)주의를 제창한 쓰보우치 쇼요(坪內逍遙)의 "소설신수(小說神髓)"라는 평론에 자극받아 이를 소설로 실천한 후타바테이 시메이(二葉亭四迷)의 작품이 "뜬 구름(浮雲)"이다. 먼저 제1편을 1887년에 내고, 제2편을 1888년, 마지막 제3편은 1889년에 내었고, 이후 1891년에 합본이 나왔다. 메이지시대의 사실주의 문학으로서, 근대문학의 여명이 되기도 한 소설은 다음과 같은 줄거리로 펼쳐진다.

작품의 첫 장면은 1886년 10월 28일 오후, 도쿄시내 간다 미츠케(神田見附)에서 귀가 도중인 두 청년의 대화로부터 시작된다. 같은 관청에서 근무한 주인공 우츠미 분조(內海文三)와 혼다 노보루(本田

彪)로, 분조만 갑자기 이 날 면직되었던 것이다. 시즈오카(静岡)태생의 고아이자 사무라이였던 주인공 우츠미 분조(內海文三)는 에도 막부의 관료였던 부친에게 신세를 졌던 숙부를 연줄로 상경하여, 실리주의자인 숙모 댁에서 하숙하였다. 급비로 학교를 졸업하고 2년 전부터 메이지정부의 모 부처(省)의 하급관리로 근무하고 있었고, 사촌동생이 되는 오세(お勢)는 2년간의 기숙사 생활 후에 귀가하여, 올봄부터 분조와 아침저녁으로 얼굴을 보게 되면서 다정한 사이가 되었다. 오세의 어머니인 오마사(お政)도 두 사람의 결혼을 바라는 쪽으로 기울어, 올해 연말에는 분조의 모친도 도쿄로 불러, 새해 초에는 결혼하는 것으로 아직 구두로 정하지는 않았지만, 모두 마음속에 기대하고 있던 바로그때 분조가 면직당한 것이다. 타인의 비위를 맞추기보다는 자신의 신념에 따라 행동하는 것이 최선이라 생각하는 그가 상사의 신뢰를 받지 못하고 인원정리의 대상이 된 것은 어쩌면 당연하였는지도 모른다. 그러나 딸과의 결혼을 생각한 상대로서 기대가 컸던 만큼 면직을 알게 된 오마사는 융통성이 없는 분조를 힐책하고, 자주 얼굴을 내미는 처세술이 좋은 동료인 혼다 노보루를 환대하게 되었다. 그는 분조와 정반대로 경박하지만 사교성이 좋고, 만사 실수 없이 교묘하게 대처하여 오히려 한 계급위로 승진하였던 것이다. 게다가 오세도 점차 그에게 관심을 표시하게 되면서 마음이 끌려갔다. 분조는 이러한 상황에 적절히 대응하지도 못하고 같은 집안에서 점점 고립되어 갔다. 현실에 대한 적응 능력을 잃어버린 분조는 이층 방에 틀어박힌 채로, 오세에 대한 미련만이 망상이 되어서 한없이 날뛰며 점점 신경쇠약으로 치달아 갔다. 이리하여 소설은 미완성으로 끝나는데, 작가의 구상메모에 의하면 오세가 혼다 노보

루에게 결국 버림받고, 우츠미 분조는 발광한다고 되어있다.

작자는 19세기 러시아문학의 사실(寫實)을 일본문학에 실현시키려고 하였다. 내성적이며 학문을 좋아하는 우츠미 분조, 세속적 실리주의자인 혼다 노보루라는 우의(寓意)적인 명명은 정치소설의 수법을 계승하고 있다. 또한, 오세에게 국가의 대세(大勢)라는 뜻이 있다고 보면, 오세를 둘러싼 분조와 노보루의 대립은 근대국가로서 겨우 성년이 된 일본의 장래가 '상(想)'으로 향할 것인가, '실(實)'로 향할 것인가를 점치는 의미가 있는 것이 된다. 표제인 '浮雲'에 위험하다는 뜻이 이전부터 있었던 것도 무시할 수 없다. 속어를 이용한 언문일치소설이라는 점이 새롭고, 발표당시부터 사실적인 심리소설로서 주목받았다. 내레이터는 제1편에서는 소문의 화자로서 방관자의 시점에서 서술하고 있지만, 제2편에서 분조에 가까이 주체적 시점을 가지게 되어서 등장인물이 자립하고, 제3편에서는 지문과 구별할 수 없어진 분조의 내적인 말이 구어문체를 성숙시켰던 것이지만, 그 내적인 말을 재차 상대화하는 내레이터의 말은 창출되지 않은 채로 미완으로 끝나고 말았다고 해석되고 있다.

1864년생인 후타바테이 시메이(二葉亭四迷)는 본명이 하세가와 타츠노스케(長谷川辰之助)로 필명은 부친이 자신을 나무라는 말이라거나, 스스로를 비하하여 만든 이름이라고도 한다. 육군사관학교 입시에 세 번이나 낙방하고서, 러시아와 일본 사이의 외교문제에 기여하려는 포부로 도쿄외국어학교(현 외국어대학) 러시아어과에 입학하였다. 이후 평론을 발표한 쓰보우치 쇼요를 방문하여 평소 자신의 생각과 다른 점에 대해 역설했고, 이를 높이 산 쓰보우치의 권유로 사실(寫實)이론에 입각한 소설을 썼다고 한다. 하지만 당시 대학생으로 무명인인 그로서 출판은 무리였기 때문에, 소설의 속표지에만 이름을 올렸다. 이리하여 출간된 소설은 인기를 얻으면서 소설과 평론을 발표했지만, 그는 문학이 남아 일생의 사업은 아니라며 문단을 떠나 창작에서 멀어졌다. 그러나 생활이 궁핍해져서 1889년부터 1897년 말까지 내각관보국에 근무하며 영어와 러시아어 신문의 번역 등에 종사했다. 그간 교원이나 회사 고문 등 여러 직업을 전전하였고, 1908년 6월 아사히신문 특파원으로 러시아에 갔다가 폐렴과 폐결핵이 동시에 발병하여 런던을 경유하여 귀국하던 도중에 선상에서 병사하였다.

(2) 곤지키야샤

유럽의 영향을 받아 새로운 문화가 생성되기 전에 일반화 되어가던 메이지시대의 황금만능주의를 비꼬았으며, 1897년부터 요미우리(読売)신문에 연재된 장편소설이 "곤지키야샤(金色夜叉)"라는 작품이다. 폭넓게 독자들의 지지를 얻어 1903년 속편을 신소설(新小説)에 게재하였지만, 집필 중에 작가가 사망하여 미완성 작품으로 끝났다.

고등중학교 학생인 주인공 하자마 간이치(間貫一)는 일찍 고아가 되어 시기사와 가(鴫沢家)에 들어와 하숙하였고, 시기사와의 외동딸인 미야(宮)와는 서로 사랑하며 약혼한 사이였다. 그런데, 개인은행을 소유한 자산가의 아들인 도미야마 타다츠구(富山唯継)가 반해서 다이아몬드 반지를 내밀며 구혼하자, 시기사와 부부와 미야까지도 막대한 재화에 매료되어, 간이치와의 약속을 취소하고서 도미야마에게 시집가게 되었다. 미야의 변심을 믿을 수 없었던 간이치는 아타미(熱海)해안에서 다시 생각해달라고 부탁했지만, 결국 마음을 돌릴 수가 없어서 그녀를 차버리고는 행방을 감추었다. 그 후, 간이치(貫一)는 학업을 중단하고 탐욕스럽고 매몰찬 냉혹한 고리대금업자가 되었고, 동업자인 아카가시 미츠에(赤樫満枝)의 짝사랑과 폭한에게 습격당해 중상을 입은 일, 주인인 와니부치(鰐淵)부부가 실성한 여성의 방화로 소사(燒死)하여 장례를 치른다든지 하는 갖가지 체험을 겪었다. 이윽고 미야가 이제 와서는 뉘우치며 후회하고 있다는 것을 듣게 되고, 친구 아라오 죠스케(荒尾譲介)로부터 충고도 받는다. 그러나 여전히 간이치는 미야에 대해 용서하려는 마음이 없었지만, 어느 날 밤 보았던 꿈에서부터 심경도 서서히 변하고, 특히 도미야마에게 버림받은 그녀가 현재 불행한 처지라는 것을 알고부터 그녀의 진정을 호소하는 편지를 읽게 되었다. 소설은 여기서 끝나지만, 거의 결말 가까이 오고 있었다고 할 수 있는 결말이다.

이상과 같은 줄거리로 통속적인 인상이 강하지만 경제적 조건에 좌우되는 사회나 인생을 넓은 시야에서 바라보고 고뇌하는 주인공들의 세심한 심리분석과 성격묘사가 뛰어나 스케일이 큰 사회소설로 평가되고 있다. 또한, 베스트셀러가 될 정도로 인기가 높아지자 신파극이나 영화로도 여러 번에 걸쳐 제작되었다. 참고로, 이수일과 심순애의 비련으로 유명한 "장한몽(長恨夢)"은 이 작품을 번안한 것으로, 1913년 조중환이 매일신보에 게재했던 소설로서 신파극으로서도 인기를 끌었다.

(3) 키 재기

　히구치 이치요(樋口一葉)로 하여금 메이지의 문인으로 고전의 무라사키 시키부(紫式部)와 비견된다고 평가받을 정도로 최고의 찬사를 받은 여류작가로서 명성을 얻게 된 작품이 "키 재기(たけくらべ)"이다. 1885년부터 이듬해에 걸쳐 문학계(文學界)라는 잡지에 단속적으로 7회 연재된 소설로, 귀족시대의 고전인 "이세모노가타리(伊勢物語)"에 실린 츠츠이츠츠(筒井筒)단에서 어릴 적 소꿉동무인 남녀가 주고받은 사랑 노래에서 따온 제명에서도 유추되듯이, 전체 16장으로 구성된 소설은 여름부터 초겨울까지라는 계절 속에서 전개되는 소년소녀의 첫사랑 이야기이며, 줄거리는 다음과 같다.

　요시와라의 기생집 다이코쿠야(大黑屋)의 양녀인 미도리(美登利)는 미모의 14살로, 키만큼 긴 검은 머리에 생기가 넘치는 몸놀림, 거기에다 시원시원한 씀씀이로 또래들의 여왕이었다. 그녀가 사는 동네에는 대금업자의 아들 쇼타로를 중심으로 도로 쪽 오모테마치(表町)와 노무자 십장의 아들인 초기치(長吉)가 이끄는 골목 안 요코마치(橫町) 패거리가 서로 대립하고 있었다. 평소 난폭한 초기치는 오모테마치 패거리에게 지지 않으려고 류게지(龍華寺)의 상속자인 후지모토 신뇨(藤本信如)를 끌어들인다. 센조쿠 신사(千束神社)의 축제날 밤, 초기치 패거리는 오모테마치 패가 모이는 가게에 난입하여 싸움을 걸었다. 그런데 목표로 삼았던 쇼타로가 없자 요코마치에 살면서도 오모테마치 패와 어울리던 인력거꾼 아들 산고로를 양다리 걸친 놈이라며 마구 두들겨 팼고, 이에 미도리가 화를 냈지만 초기치는 오히려 그녀의 이마에 진흙 묻은 짚신을 던지면서, 우리 쪽에는 류게지의 신뇨(信如)가 가담하고 있다고 외치며 돌아갔다. 이 일이 있고부터 미도리는 신뇨를 미워하게 되지만 끝까지 원망할 수는 없었다. 두 사람은 같은 사립학교 동급생으로 미도리는 총명하고 얌전한 신뇨에게 엷은 연정을 품고 있었고, 신뇨 역시 미도리에게 끌렸지만 서로 마음은 닿지 않았던 상태였다. 한편, 신뇨는 어쩌다가 초기치 편에 섰지만, 폭행에 가담하지 않았던 그는 미안하다고 생각했지만 사과할 기회가 없었다. 어느 비오는 아침, 신뇨가 집 앞에서 나막신 (下馱)의 끈이 끊어져 당혹해 있을 때, 미도리는 말없이 다홍 색 비단 헝겊 조각을 던져 주지만, 신뇨의 곁에까지 미치지 못하고, 지나가던 초기치의 신발을 빌려 사라졌다. 결국 비단 조각은 비에 젖은 채로 되지만, 이 상징적인 묘사처럼 미도리의 신상에는 큰 변화가 일어나, 오토리 신사(大鳥神社)의 가을 축제를 경계로 명랑하고 지기 싫어하던 말괄량이 소녀는 갑자기 사람이 바뀐 것처럼 풀이 죽어 있었다. 서리가 내린 이른 아침, 신뇨는 그녀의 창가에 흰 조화로 만든 수선화 한 송이를 집어넣었다. 그것은 다음 날 승려 수행을 위해 마을을 떠나는 이별의 표시였던 것이다. 그녀는 꽃병에 꽂으면서 아련한 그리움을 느꼈다. 신뇨가 불문에 들어가면서 두 사람은 각자의 길을 걷게 되었다.

'키 재기'라는 소설은 이윽고 유녀(遊女)가 되어야하는 운명을 짊어진 미토리라는 인물 설정에서 볼 수 있듯이, 요시와라(吉原)유곽에 가까운 다이온지(大音寺)앞을 무대로 하고, 사춘기에 들어선 소년소녀의 미묘한 심리를 소위 아속절충체(雅俗折衷体)로 쓴 가슴깊이 파고드는 서정의 향기가 드높은 명작으로 평가되고 있다. 문예구락부 (文藝俱樂部)에 일괄 게재된 작품이 나오자, 모리 오가이(森鷗外)를 비롯한 여러 문인들이 절찬하였는데, 메이지시대의 입지(立志)정신에 거스르는 소년소녀를 그린 일종의 사회비평성도 담은 걸작으로서, 이치요라는 이름을 널리 알리게 되었다. 주인공 미도리가 오토리 신사의 축제를 경계로 사람이 변한 것처럼 조용하게 된 것은 종래 첫 생리가 온 것이기 때문이라고 하였는데, 유녀가 처음으로 가게에서 손님을 받는 초점(初店)에 나가야 했기 때문이라는 주장도 있어서 새로운 해석의 필요성도 대두되고 있다.

고등과를 중퇴한 작자 이치요(一葉)가 받은 학교교육은 약 3년밖에 안 된다. 큰 오빠의 병사와 집을 떠난 형제들로 인해 가독을 상속했지만, 아버지마저 사업에 실패하고 많은 부채를 남기고 세상을 떠나는 바람에 17세가 된 1889년부터는 일가의 책임자가 되었다. 약혼자까지 일방적으로 약혼을 파기하는 바람에 마음의 상처를 입었고, 이듬해 어머니와 두 살 아래 여동생과 도쿄 혼고(本鄕)에서 바느질이나 세탁 등의 삯일로 생계를 이어갔다. 이후 소설을 내어서 많은 원고료를 받은 것에 자극되어 신문이나 잡지 등에 발표했지만, 여전히 생활은 극도로 궁핍하여 1893년에 류센지초(龍泉寺町)—속칭 다이온지(大音寺)앞—로 이사하여 잡화가게를 열었다. 요시와라 유곽이 근처에 있는 이 마을에서, 사회 밑바닥에서의 생활로부터 그녀는 문학의 눈이 열렸다. 이 시기의 경험이 키 재기에 활용된 것이다. ‘키 재기’ 이후의 작품도 문호들의 격찬을 받았지만, 1896년 11월23일 좁쌀알 같은 결핵 때문에 명성이 커져만 가던 그녀는 겨우 24세 6개월이라는 짧은 생애를 마감해야 했다.

小説　たけくらべ
九十九

(4) 게 가공선

　프롤레타리아 작가인 고바야시 다키지(小林多喜二)의 소설로, 1929년 문예잡지 "센키(戰旗)"에 게재된 작품이 "게 가공선(蟹工船)"이다. 홋카이도 하코다테(函館)항에서 캄차카로 오가는 게 가공선(蟹工船)인 핫코마루(博光丸)는 일종의 떠있는 공장으로, 일반적인 선박은 아니어서 공장법이나 항해법의 적용받지 않는 고물선이다. 폐선에 가까운 누더기 배에 어부와 수부(水夫), 화부와 잡부들은 '지옥'으로 간다는 각오로 승선하였다. 하지만, 이익 지상주의로 포악무도한 아사카와(浅川)감독 밑에서 가혹한 노동만을 강요당했고, 긴급구조요청(SOS)을 보내는 동료 선박도 무시하고 내버려 두는 무도한 처사, 과로와 영양실조로 각기병에 걸린 어부가 죽자, 드디어 분노가 폭발하여 선내 파업에 돌입한다. 결국 감독에게 '요구조항'과 '서약서'를 받아내어 투쟁은 승리한 것처럼 보였으나, 우리 편이라 생각했던 제국 해군 구축함에서 승선한 수병이 지도자들을 체포해 갔다. 배에는 이전보다 더 심하고 혹독한 노동이 기다리고 있었다.

　소설은 권력의 정체가 보이지 않았던 말단 노동자들이 계급적 각성에 이르는 과정을 풍부한 일화와 다채로운 직유를 구사한 문체로서 스피디하게 그려놓고 있다. 국가와 재벌 및 군대라는 일원적 구조를 통해 권력층과 식민지적 착취의 실상을 보여주고 있으며, 또한 집단을 주인공으로 하는 창작방법의 시비도 포함해서 획기적인 작품이 되었다. 문학사상 처음으로 불경죄로 기소당하고, 초판은 삭제되고 복자(伏字)를 복원했지만 발행금지, 1929년 개정판도 역시 퇴짜를 맞았고, 1935년에는 중국어판으로도 나왔다. 1930년에 제목을 바꾼 연극이 상연되었고, 1953에는 영화로도 만들어졌으며, 소설은 초기 7종의 판본을 거쳐 1968년 전집에 수록되었다.

작가 고바야시는 1930년 6월에 검거되어 치안유지법과 불경죄로 기소되어 형무소에 수감되었다가 1931년 1월에 보석으로 출옥했다. 이후 왕성하게 집필활동과 함께 작가동맹 서기장으로, 또한 10월에는 일본공산당원이 되어 장편을 발표했지만, 1932년 4월부터 문화단체 대 탄압을 피해 지하생활로 들어갔다. 그러나 1933년 2월 거리로 나와 연락하던 중에 스파이의 밀고로 체포되어 당일 고문으로 사망했다.

(5) 이즈의 무희와 설국

이즈의 무희(伊豆の踊子)는 노벨문학상을 수상한 가와바타 야스나리(川端康成)의 초기 대표작이다. 고독에 비틀린 울적함을 안고 이즈반도(伊豆半島)로 떠나왔던 주인공은 우연히 일행이 된 유랑집단과의 인간적 교류를 통해, 인간의 따뜻함을 느끼면서 고아근성이 치유되는 경험을 하였다.

소설은 이즈반도의 아마기 고개(天城峠)길에서부터 시작된다. 홀로 낯선 곳으로 떠나온 스무 살의 명문 일고(一高)학생인 나는 앞서 목격한 유랑집단(旅芸人)과 예상했던 대로 고갯길의 찻집에서 다시 만났다. 앞서가던 일행과 만나기 위해 터널을 빠져나오면서 그들과의 교류가 시작되는데, 나는 일행 중 17세 정도로 보이는 북을 멘 무희(踊子)소녀에게 마음이 이끌렸다. 그러나 고갯길 찻집 할머니가 한 말이 머릿속에 맴돌았다. 정해진 숙소 따윈 없으니 손님이 있으면 있는 대로 어디서든지 자는 떠돌이라며 경멸하던 말에 이끌려, 그렇다면 오늘 밤 무희는 내 방에 라는 생각에 밤잠을 설쳤지만, 하룻밤이 지난 아침, 욕탕에 몸을 담근 나는 밖으로 나와 이쪽으로 발가벗은 채 손을 흔드는 소녀의 천진난만함에 가슴이 씻긴 듯했다. 예상외로 아직 그녀가 어린 애란 사실과 비천하다는 떠돌이 예능인에 대한 불안이 사라졌던 것이다. 그들은 예상외로 세파에 물들지 않고 이해득실도 따지지 않는 편안한 나그네 길로, 무희도 소중히 양육되고 있었다. 나중에 한 사람을 빼고는 모두 친척 사이라는 것도 알게 되고, 예의범절에 관한 훈육은 예능인 기개가 있어 아주 엄했다. 사람들로부터 멸시당하는 생업을 가지면서도 그들은 서로를 끌어안고 들판의 향내를 잃지 않고 절도를 지키며 살아가는 모습에 친근감이 들었다. 나는 안심하며 그들과 교류했고, 그들도 나에게 호의를 베풀었다. 온천 마을로 떠돌아다니는 일행에 삶의 소박함과 따뜻함도 느꼈지만, 여비가 바닥나서 시모다(항구)에서 돌아가지 않으면 안 되었다. 부두에 배웅 나온 채로 아무 말이 없는 무희의 모습은 나의 심금을 울렸다. 도쿄로 돌아가는 선실에서 아이를 데리고 있는 할머니와 수험생 소년과 지나치게 되고, 갑자기 나오는 눈물을 나는 흐르는 대로 닦지도 않았다. 나는 인간끼리의 따뜻한 관계에 감상적인 눈물을 흘렸던 것이다. 이제부터는 타인에게 도움을 받을 일도, 도움을 줄 일도 모두 하나가 되어 녹아내렸다.

　소설 "이즈의 무희(伊豆の踊子)"는 가와바타 야스나리가 1918년 가을에 홀로 이즈여행을 갔던 체험이 모티브가 된 작품이다. 세 살이 되기도 전에 부모를 잃고, 중학교를 졸업하기 전에 누나와 조부모까지 모두 사망하여 천애의 고아가 되었던 그는 견디기 힘든 실연까지 겪게 되었다. 우연히 카페에서 만난 여급 소녀―이토 하츠요(伊藤初代)―를 사랑하게 되었고, 1921년 가을에는 친척집에 있는 그녀를 찾아가 약혼사진까지 찍었지만 뚜렷한 이유도 없이 이별의 편지로서 파혼 당했던 것이다. 이와 같이 자신을 버린 여성과는 반대로 꾸밈없이 호의를 베풀어준 사람들에 대한 추억을 쓰는 것이 당시의 그를 구원했다고 보인다. 고아로 자라나 사랑받는 일이 드물었던 가와바타는 애정의 소중함을 민감하게 느낀 작가이지만, 그러한 자신의 생애의 원점이 소설 이즈의 무희였다. 작품의 마지막장면은 '고독한 현실로부터의 탈출'이 작품화된 초기의 모습이라 할 수 있으며, 작자의 고독이 여행지에서의 인정과 접촉하면서 회복된다는 모티브를 싱싱한 무희의 모습을 축으로 정서적으로 그린 가작으로 꼽힌다. 이는 후일 또 다른 여행지인 유자와(湯沢)온천을 무대로 고마코(駒子)라는 기생과 시마무라(島村)의 정서적 교류를 둘러싼 소설 "설국(雪國)"의 서정과도 연결된다. 작품서두에서 '국경의 긴 터널을 빠지자 (그곳은)설국이었다.'는 것처럼, 터널은 언제나 사건의 시작을 예고하고 있는데, 이는 터널이라는 공간을 통해 이쪽과 저쪽의 세계가 다르다는 인상을 주며, 독자로 하여금 이계(異界)로 들어간다는 상상을 일으킨다.

무위도식으로 세월을 보내던 시마무라가 눈이 뒤덮인 온천마을에 갔을 때, 기생(芸者) 고마코를 알게 되었다. 그녀는 일기를 쓰거나 독서노트를 적는다든지 하였는데, 도무지 자신의 인생에 조금도 도움이 되지 않을 것 같은 짓거리를 하며 아무렇지 않게 살고 있다. 스스로 헛수고인 삶을 보내면서도, 그것이 견디기 힘든 일이라고 생각한 시마무라는 자신도 모르게 '헛수고이지?'라고 내던지듯 말하고, 이에 대해서 '그러네요!'라 대답하며 헛수고인 인생에 개의치 않은 고마코를 보면, 강하게 마음이 끌리는 데가 있었다. 그러한 고마코가 좋아해도 어찌 할 수 없는 시마무라를 사랑하게 되자, 그 감정은 기쁨과 함께 심한 고통을 가져왔다. 시마무라는 더 이상 그녀를 괴롭혀서는 안 되겠다고 생각하고, 이제 헤어져 도쿄로 돌아갈 결심을 했지만, 그 때 마을에 화재가 일어나 실성한 요코(葉子)가 이층에서 떨어졌다. 요코는 고마코를 따르던 마을 처녀로, 시마무라가 처음 열차에서 중병을 앓던 고마코의 약혼자를 돌보는 모습을 보았을 때부터 관심을 가졌는데, 그녀는 결국 병사한 약혼자를 사랑했었던 것 같았다. 그러한 요코의 모습은 시마무라와 헤어져야만 하는 비통한 고마코를 그대로 체현하고 있는 것 같았다. 시마무라도 비애에 젖어 비틀거렸지만, 밤하늘의 은하수는 그러한 두 사람을 요염하게 껴안은 것처럼 생각되었다.

가와바타는 1934년부터 36년에 걸쳐 4번 정도 에치고유자와(越後湯沢)온천을 방문하여 그 때의 체험을 바탕으로 썼으며, 고마코의 모델이나 작품 속의 화재도 있었다고 한다. 그러나 소설자체는 리얼

리즘 작품이 아니고 리얼리즘을 저변에 두고, 상징적이고 초현실주
의적인 수법을 더해서 당시 작자의 중심에 있었던 문제를 해결해보
려고 시도한 작품이다.

　다시 말하자면, 소설 "설국(雪国)"에는 무력한 자신에게 절망하고 있
는 작자가 어떻게 자신을 다시 세워 나갈까, 그것을 추구하는 과정이
작품 속에 표현되어 있는 것이다. 그와 동시에, 사회적으로 사랑의 완
결이 막혀있는 자들이 만일 서로 사랑했다고 하면 그 사랑은 어떤 의
미를 가질 것인가라는 비정상적인 관계에 대한 추구도 엿보인다. 전작
인 이즈의 무희와 비교하면 복잡한 어른들의 사랑이지만, 완결이 가로
막혀 있는 사랑이라도 사랑은 역시 끝내 사람을 구하는 일이라는 사실
을 그리고 있어서, 가와바타 문학의 기본적인 주제와도 연결되어 있다.

　소설 "설국"은 일본인의 정서를 세밀하게 나타낸 소설로, 1957년
도에 처음으로 영화화 된 이래 여러 번의 영화와 무대극, TV 드라
마로도 각각 제작되었고, 28개가 넘는 외국어 번역까지 나왔다. 또
한, 설국은 노벨문학상 심사 대상 작품이었다고 한다.

(6) 모래톱의 여자

소위 전후파 작가로 관념적이며 전위
적인 작풍을 가진 작가라고 평가하는
아베 고보(安部公房)의 대표작이 "모래톱
의 여자(砂の女)"로, 1962년 신초사(新潮
社)에서 출판한 작품이다.

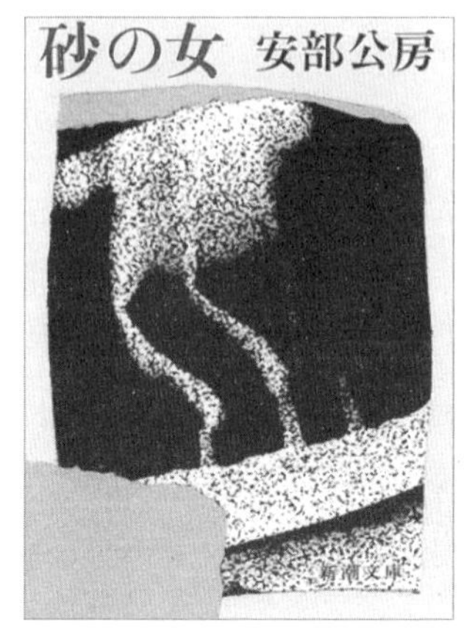

'8월 어느 날 한 남자가 행방불명이
되었다.'고 하면서 소설은 시작된다. 남
자는 곤충채집을 위해 사구(砂丘)로 형
성된 마을에 왔지만, 모래로 파묻힌 집

안에 남자는 갇혀버리고 만다. 과부가 홀로 모래와 싸우는 일이 생
활의 전부인 것 같은 그 집에 있어서 남자는 귀중한 일군이었기 때
문이었다. 남자는 틈을 보아 도망가려고 했다. 사구 밖까지 도망쳐
나온 적도 있지만, 결국 마을 사람에게 잡혀서 되돌아왔다. 얼마 후
어느 날 사구 위로 밧줄이 걸려있는 채로 있어서, 남자는 도망가려
고 생각하면 언제든지 갈 수 있는 상황이었지만 나가려고 하지 않았
다. 왜냐하면, 도망쳐서 원래 생활에 돌아간 들 어차피 같은 일의 반
복이라는 걸 깨달았기 때문이다. 남자는 우연한 계기로 발명한 물을
만드는 장치에 열중하고 있었다. 그것을 그는 '희망'이라 부르며 매
일 통에 담긴 물의 양을 재고 있었고, 이것은 남자에게 있어서 새로
운 삶의 보람이 되었다. 그때까지는 도망갈 수 없기에 이 집에서 생
활하고 있었지만, 이제부터는 그렇지 않은 것이다. '희망'을 위해 남
자는 이 집에 계속 머물러 있으려고 한다. 생각해보면 이제까지 남
자가 생활해 온 도회도 이 사구 마을과 조금도 다를 것이 없지 않는

가? 매일 아득바득 안달하며 일하고, 아주 작은 희망에 매달려 살고 있는 점에서 이곳 사람들과 도회 인간들 사이에는 아무런 차이도 존재하지는 않는다. 여기까지 생각이 미쳤을 때 남자는 도망가지 않았던 것이다.

이상과 같은 줄거리이지만, 소설에는 시사점이 많다. 갇혀있는 동안에 바뀌는 주인공의 생각은 마치 현대인이 도시에서 겪는 일상생활과도 중첩되어 보인다. 작가는 주인공의 독백을 통해 인간 본연의 모습과 사회에 대한 근본적인 질문을 던지고 있는 것이라고 생각된다.

작가 아베 고보는 반복되는 일상과 싸우는 현대인의 새로운 가능성을 소설 "모래톱의 여자(砂の女)"로 제시하였다. 우화는 문체 면에서 세세한 부분을 끄집어내어 즉물적인 동시에 감각적인 말의 시각화에도 성공한 것이다. 현실과 반 현실이 엮어져 가는 제3의 현실, 현대인의 심신에 깔려있는 삶에 대한 갈망과 시공간이 소설을 통해 전혀 새로운 리얼리즘을 울리면서 출현했다. 아베 고보는 1924년 도쿄에서 태어나 이듬해부터 의사인 부친을 따라 중국으로 건너가 봉천(奉天)에서 자랐지만, 패전으로 다시 일본에 돌아왔다. 작가에게 있어서 청소년 시기에 겪은 일들은 고향의 이중상실이라는 체험이 되었고, 이는 곧 그의 예술적 감성과 상상력의 질을 결정했다고 한다. 아베 고보가 쓴 각본과 데시가와라 히로시(勅使河原宏)감독에 의해 영화화된 작품은 1964년 칸영화제 심사원 특별상을 수상하였으며, 소설도 미국 등 세계 각국에 번역되어서, 1968년 프랑스 최우수 외국문학상을 수상하는 등 국제적인 명성도 얻게 되었다.

(7) 침묵의 기독교와 일본의 정신문화

일본에 기독교가 들어온 것은 16세기 후반이었다. 당시 오다 노부나가(小田信長)는 새로운 문물을 이용하기 위해 묵인하거나 방조했지만, 도요토미 히데요시의 박해로 순교한 이래 점차 상황이 나빠졌고, 시마바라(島原)의 난을 계기로 도쿠가와 막부에서는 쇄국과 함께 기독교 금지령(禁敎令)을 내려서 혹독하게 탄압을 가해 거의 사라지게 되었다. 19세기 후반, 메이지시대에 들어서 서양문화의 적극적인 수용과 함께 기독교 포교를 허용하여, 많은 선교사들이 들어와서 교육과 의료 등에도 힘써 근대 종교로서 자리 잡았으나, 신자는 그다지 많지 않다. 그러나 근세초기에는 신자가 70만 명에 이를 정도였다고도 하는데, 과연 일본에 들어왔던 기독교는 어떤 상황이었는지를 유추할 수 있는 소설이 있다. 소위 전후(戰後)작가로서 기독교 관련소설을 다수 집필한 엔도 슈사쿠(遠藤周作)가 1966년에 내었던 "침묵(沈默)"이 그것으로, 종교적 박해가 가장 심했던 에도시대 초기를 무대로, 선교사와 사제를 통해 종교의 본질에 대해 의문을 던진 서간문 형식의 장편소설이다. 일본 국내외에서 영화로서도 제작되어, 일본인에게 있어서 기독교는 과연 무엇인지를 생각하게 만드는 작품이기도 하다. 소설의 줄거리는 다음과 같다.

1638년 포르투갈의 청년사제 세 사람은 존경했던 스승 페레라 교부(敎父)가 기교(棄敎)했다는 진상을 파악하기 위해 로마교회의 허락을 받아 일본으로 건너간다는 서문에서 소설은 시작된다. 경유지인 마카오에서 발병한 한명을 제외하고 로드리고와 가르페는 교활한 눈을 가진 겁쟁이이자 일본인 신자라는 기치지로를 안내자로 삼아서, 거친 바다를 헤치고 규슈의 서쪽 해안으로 잠입하는 데 성공했다. 이윽고 나가사키(長崎)지방의 오도열도(五島列島)에 상륙하여 소위 '가쿠레기리시탄'(隱れキリシタン)이라는 숨은 기독교인들의 영접을 받았지만, 그곳에서 사제인 자신들만이 아니라 신자들이 겪는 격심한 종교적 박해와 순교를 직접 체험하면서 점점 흔들리게 되었다. 로드리고는 관리가 종용한 소위 후미에(踏み絵)를 비롯한 여러 가지 종교적 시험에 굴복하지 않아서 끝내 무참하게 죽임을 당하는 일을 순교라 한다면, 과연 박해에 굴하지 않고 종교를 지켜내어 찬란하게 빛나는 거룩한 순교의 이미지와 동떨어진 것이라 생각했기에 그를 끊임없이 고뇌하게 만들었다. 이러한 로드리고에게 막부의 책임자인 이노우에 치쿠고(筑後)지방관은 일본에서는 결코 기독교가 뿌리내릴 수 없다고 장담하였고, 페레라는 신자들이 믿는 것은 기독교의 신이 아니라 그들의 신이라며, 고문을 당하는 그들을 구하는 것이야말로

사랑이라고 한다. 로드리고는 감옥 속에서 신자들이 고문을 당해 끊임없이 지르는 신음소리를 들었지만 신은 여전히 침묵하였다. 만일 자신이 구른다면 즉, 개종을 결심한다면 그들을 풀어줄 것이다. 페레라는 그들을 살려내는 일이 곧 구원이라고 생각한다. 후미에의 예수는 결행에 나선 그를 향해 말한다. '밟아라! 나는 너의 고통을 함께 나눌 것이다. 그 때문에 내가 있는 것이니까!' 라고. 로드리고는 개종에 이르는 길을 똑같이 괴로워한 주의 존재를 아주 가까이 느낄 수가 있었다. 설령 자신이 속한 교회는 배반하였을지라도 신을 배반한 것은 아니다. 지금까지와는 다른 신에 대한 사랑을 나는 얻었다고 생각하게 된다. 신은 침묵한 것이 아니라 우리와 함께 고통을 나누고 있었으며, 이제부터는 지금까지와는 다른 방식으로 주를 사랑하게 되었음을 깨달았다.

청년사제 로드리고(로드리게스)와 저명한 신학자이자 장로였던 페레라―혹독한 고문 끝에 기교하여, 사와노 추안(沢野忠庵)으로 개명한 소설의 모델이 된 선교사―, 그리고 일본인 신자 기치지로의 배교(背敎)과정을 그렸으며, 이를 통해 신의 존재를 구하고 증명하려는 소설. 제명에 쓰인 '침묵(沈默)'이란 온갖 박해에도 불구하고 전혀 말이 없었던 '신(神)의 침묵'이라는 뜻이다. 기교에 이르기까지 선교사 로드리고가 겪은 내면의 변화를 그리고 있으며, 힘과 위엄에 찬 부권적인 신으로부터 괴로워하는 자의 편에 서서 머무르는 한없이 온화한 모성(母性)적인 신으로 변화한 예수 상을 나타내고 있다.

작가 엔도(遠藤)는 일본에 있어서 기독교적 수용에 대한 문제의식이 뿌리내리고 있다. 중세말기에 들어온 기독교가 일본에서 토착화하는 과정을 분석하여, 유일신에 대하여 부권(父權)적인 신앙을 강조하는 서양과 모성애(母性愛)를 바탕으로 한 일본의 정신적 풍토와의 차이를 주제로 한 작품을 썼다고 한다. 따라서 소설은 서양과 일본의 정신적 풍토의 차이에 대한 작가의 해석이기도 하다. 신의 침묵과 약하기 때문에 역사에 파묻혀 갔던 기교(棄敎)자의 침묵이 이중으로 오버랩 되어 형상화되어 있는 것이다.

어릴 적에 세례를 받았지만 몇 번이나 기독교를 버리려고 하면서도 버릴 수가 없었다는 경험과, 유럽에 유학하면서 현대문학의 이면에 숨은 심오한 전통의 깊이를 깨달은 경험이 작품의 모티브를 키운 것이다. 그러나 가톨릭교회 측에서는 이와 같은 소설의 결말에 대해 강하게 비판하였다. 특히 후미에를 밟아서 신념을 버린 사람은 배신자로서, 자신의 오만과 이익을 추구한 사욕(邪慾)일 뿐이지 그리스도와 그리스도의 사랑, 그리스도의 나라를 선택한 것이 아니라고 지적하며, 목숨을 다해 정의와 사랑과 진리를 체현한 예수의 삶이 본보기라고 한다. 이에 대해 엔도는 기교자란 교회에 있어서는 썩은 사과이고, 언급하고 싶지 않은 존재이지만, 그들이 기교하게 된 동기와 심리, 이후의 삶에 대해서는 교회의 관심 밖에 있어서 연구대상조차 안되었다. 이리하여 약자가 된 그들은 역사학자나 정치가들로부터도 침묵으로 묵살 당했지만, 그들도 인간이기에 그때까지 자신들의 이상이자, 이 세상에서 가장 선하고 아름답다고 생각하고 있었던 것을 배반했을 때의 눈물과 회한은 누군가 닦아주어야 한다고 생각했다. 그들이 개종한 이후 굽은 손가락을 모아 말로서는 표현되지 않은 기도를 올렸다고 생각하면 나의 뺨에도 저절로 눈물이 흐른다고 토로하고 있다.

기독교는 엔도 문학의 최대 주제로, 그가 신학자는 아니고 신학교

육도 받지 않았으며, 게다가 반드시 정통이라고 할 수 없는 사상이 있는데도 불구하고, 일본기독교 분야를 대표하는 인물로 되어 있다. 소설이외의 형식에서도 "나의 예수"나 "나에게 있어서 신이란" 등을 발표하고 있고, 기독교 관계자 사이에서도 자주 찬반양론을 포함한 논평 대상이 된다. 그는 집안이 가톨릭이고, 구제(舊制)중학교 때에 가톨릭세례를 받았다. 또한 프랑스 유학도 경험하고 있다. 1950년부터 3년에 걸친 유학시절에 느꼈고, 이후 그에게 있어서 인생최대의 주제가 되었던 갈등이 '일본인이면서 기독교도인 모순'이었다.

엔도는 기독교가 가진 최대의 구제능력은 성서에 그려진 골고다 언덕을 오르는 그리스도이라고 한다. 죄인으로 고문 끝에 더러워질 대로 더러워진 자신을 결박한 십자가를 짊어지고, 게다가 뭇사람들이 지독하게 욕설을 퍼붓는 모습은 역사상 가장 비참하지만, 그러나 아름다운 인간이라고 하고 있다. 누구에게도 인정받지 못하고, 더럽고 참담한 자신을 어디까지나 끝없이 곁에 있으면서 지켜주는 사람, 그것이 그리스도라고 한다. 이 특징적인 기독교 해석은 높은 평가와 함께 이단으로 간주하는 일도 있다.

그는 전국(戰国)시대로부터 에도시대에 걸쳐 소위 기리시탄 시대에 강한 관심을 가지고, 소설과 평전 등 많은 작품을 남기고 있다. 이탈리아 출신 예수회 선교사인 주젯페 치아라(Giuseppe Chiara)나 고니시 유키나가(小西行長) 등, 실재한 인물을 모델로 그린 작품도 많다. "침묵"과 "사무라이"는 당시 일본에 들어왔던 선교사를 모티브로 그리고 있다. 선교사들이 여러 해에 걸친 노력으로 신자가 늘어났는데도 불구하고 그들은 사회가 바뀌면, 혹은 공기가 바뀌는 것만으로 아주 간단히 기교(棄教)하고 만다. 이런 일은 왜 일어났을까?

기독교 사회에 있어서는 결정적으로 이해하기 힘든 일본인의 모습이었다.

기독교 원리를 이해하고 지키고 있던 일본인 신자는 실은 현세나 내세에서 단순히 행복하게 되고 싶을 뿐이고, 기독교에 있어서의 신의 가르침의 진정한 존귀함은 관계없었던 것이다. 교의(敎義)를 이해하고 있어도 참다운 신앙은 없었다. 일본인은 결국 개인, 혹은 이게 더 중요하지만, 집단으로서 현세와 내세에 불이익이라 생각하면 사상 그 자체를 크게 변경해도 괜찮다. 이 원리는 일본인에게 있어서 모든 철학이나 종교원리보다도 강하다는 것이 생생하게 그려진다. 그리고 신자—실은 믿고 있음에도 불구하고—나 선교사처럼, 일본사회 그 자체가 기교(棄敎)와 죽음 및 타락으로 귀결되고 만다. 엔도(遠藤)는 기리시탄 시대에 관심을 가진 이유로서 스스로가 전쟁을 겪어야 했던 시대에, 소위 적성(敵性)종교를 믿는 자로서 차별을 받았던 경험이 있었기 때문이라고 한다.

엔도는 일신론에 의거한 서양의 기독교가 부성(父性)원리만을 강조한 나머지 일본인의 영성(靈性)에 맞지 않는다는 불만을 가지고, 기독교를 일본의 범신론적인 정신풍토에 뿌리를 내리게 하려고 시도했다. 자신은 그것을 '일본인으로서 기독교 신도인 것이 헐렁헐렁한 서양의 양복을 억지로 입은 것처럼 답답하고, 그것을 몸에 어울리게 잘 맞도록 재단하는 것이 자신의 생애 과제였다'고 하고 있다. 만년에는 영국의 종교 철학자이자 신학자인 존 힉(John Hick)이 제창한 종교 다원주의를 접하고서 그 영향을 받아, "깊은 강"의 등장 인물인 '오츠'를 통해서 '신(예수)은 사랑, 생명의 따스함, 혹은 토마토나 양파라고 불러도 좋다'고 하고 있다. 이 때문에 그에 대한 가톨릭교회에서의 평가는 찬반이 크게 갈라지게 되었다. 엔도와 함께 프랑스에서 공부한 이노우에 신부(神父)는 '엔도 슈사쿠씨의 저작 "사해(死海)근처"와 "예수 짱의 생애"는 그러한 예수 모습에 찬성하거나 아니거나에 불구하고, 처음으로 깊게 일본의 정신적 풍토에 기독교가 꼭 맞아떨어지는 작품이라고 말할 수 있겠지요!'라고 높게 평가하고 있다. 또 가톨릭신문에도 그가 '기독교를 넓혔다'고 평가하는 기사가 게재되었다. 살레지오 수도회의 델콜 신부는 1978년의 크리스마스 TV에서, '그리스도는 기적을 행했다고 하지만, 실제로는 무력하고 아무런 기적도 하지 않았던 것이다.'라는 자설을 "침묵"에서 썼다고 그가 말했던 것에 대해서, '엔도 씨의 문학은 기독교나 성서를 주제로 삼았다고 해도 포교에 있어서 크게 마이너스이고, 특히 비(非)기독교인에게 있어서는 <삐뚤어졌던 기독교>를 소개한 것에 지나지 않는다.'라고 혹평하고 있다. 엔도가 후미에의 그리스도 얼굴이 '빨리 밟는 게 좋다. 그래도 괜찮다. 내가 존재하는 것은 너희들의 나약함을 위해서 있는 것이야!'라고 말하고 있다는 생각이 들었다고 가톨릭신문 1972년 1월23일자 기사에 썼던 것에 대해서, 페데리코 신부는 다음과 같이 반론하고 있다.

'엔도 씨의 경우, 자신이나 육친의 목숨을 구하기 위해서 후미에 위에 발을 올렸던 사람들을 향해 그리스도였었더라면 뭐라고 말했을까하고, 씨 자신 그리스도를 대신하여 답했다는 것이겠지요. 엔도 씨는 스스로의 어깨에 너무 무거운 짐을 짊어졌던 것은 아닐까? 그 짐은 씨뿐만 아니라 누구에게 있어서도 틀림없이 너무 무거웠다. 그리스도는 인간세계의 현실과 인간의 생각이나 삶의 방식에 대해서, 대개의 경우, 생각지도 않은 때로는 사람을 섬뜩하게 하고, 불안에 빠지게 하는 것 같은 냉혹하다고도 생각되는 해답을 제출하고 있다. 사실 진실을 말하자면, 우리들에게는 결코 그리스도를 완전하게 이해할 수는 없을 것이다. 그것은 그리스도의 외침의 차원이 우리들과 다르기 때문이다. 그리스도는 인간의 눈과 함께 신의 눈을, 인간의 마음과 동시에 신의 마음을 가지고 있었다. 따라서 엔도 씨가 말하는 그리스도는 그 자신의 차원에 머무르는 한정된 그리스도에 지나지 않는다고 하는 강한 인상을 나는 받고 있다.'

그렇지만, 엔도는 초기의 유학경험 등에서 서구와 자신과의 사이에 가로놓인 깊은 골, 그리고 일본인과 동양적 범신론과의 어쩔 수 없는 결합을 의식하였고, 기독교라는 종교를 문화배경에 가지지 않은 일본에 있어서, 구세주 그리스도를 일본인에게 어떻게 제시할 수 있을 까하는 문제의식을 가지게 되었다. 이러한 인식과 함께 제2공회의(公会議)에서, '모든 민족의 독자성은 전통문화에 비추어 적응시켜 받아들일 수 있다'—교회의 선교활동에 관한 교령(敎令)—라고 선언한 참의미를 고려하지 않고서, "침묵"과 "사무라이"에서 제시한 그의 모성적인 '동반자 예수'에 대한 비전은 이해하기 어렵다는 사실을 위에서 인용된 비판은 공교롭게도 분명히 밝혀주고 있는 것이다.

이상과 같이, 엔도 슈사쿠의 기독교 문학과 기독교에 대한 여러 평언들은 결국 일본의 문화와 정신적 풍토에 대한 해석과도 연결되어 설명되고 있다. 참고로, 일본의 기독교 신자 수는 불교나 신토에 비해 매우 적다. 메이지이후의 종교자유화에도 불구하고 여전히 전체 인구의 1%를 넘어선 적이 없다고 한다. 필시 기독교에 대한 일본인의 종교관과도 무관하지 않은 현상이라고 생각되며, 다신교의 애니미즘이라는 사상과도 연관이 있을 것이다.

沈黙　遠藤周作
沈黙
遠藤周作
カバー　オルテリウステイセラ作　日本古地図
（一五九五年）
扉　金箔ブロンズ製「吊り地球儀」〈十六世紀〉
〈天理図書館蔵〉
新潮社

9) 운문의 문학

(1) 일본 시가문학의 발생과 고대가요

일본의 시가(詩歌)문학에는 노동이나 축제 등 공동체의 노래에서
비롯된 고전 가요와 함께 고대 초기에 발생한 것으로서 오늘날까지
이어지고 있는 와카(和歌)가 있다. 개인의 서정을 5구 형태의 31자로
맞추어 읊는 단가(短歌)라는 일반적인 형식은 이때부터 시작되었다.
그리고 귀족시대를 지나면서 일종의 유희로서 기존 와카를 상하 2
구(句)로 나누어 여러 사람이 협력하여 짓는 렌가(連歌)가 중세에 생
겨났고, 여기서 근세에는 렌가의 첫 구가 독립된 하이카이(俳諧)가
유행하였는데, 근대 이후 이를 하이쿠(俳句)라 하여 현재까지 일본인
들뿐만 아니라 외국인에게도 많은 사랑을 받고 있다.

메이지 이후의 근대에는 서구로부터 들어온 시를 번역하면서, 기
존의 단시(短詩)형태에서 탈피한 장시(長詩)의 구어체 시가 완성되어
오늘에 이르고 있다. 참고로, 905년에 성립된 칙찬(勅撰)시가집인
"고킨와카슈(古今和歌集)"에서 와카의 효시라고 지적한 것으로, 기기
(記紀)신화에 스사노오가 논의 여신을 아내로 맞아 읊었다는 다음과
같은 노래가 있다.

'신성한 구름이 솟는 이즈모 땅에, 아내 맞으려 여러 겹이나
두른, 그 울창한 담이여!' (원문은 '夜久毛多都, 伊豆毛夜弊賀岐, 都
麻碁微爾, 夜弊賀岐都久流, 曾能夜弊賀岐袁'라 되어 있다. 한자의 뜻
과는 무관하게 음만을 빌려 기록한 1자 1음 방식의 노래이다.
후대의 단가(短歌)형식과 같은 31자로, 일본의 고전시가는 한시
처럼 글자 수에 제약을 둔 음수율 시가이다.)

노래는 신혼을 기뻐하는 내용으로서 신대(神代)이야기와 연동되고 있으나, 가체(歌體)가 후대의 와카와 동일한 5구 31자의 모양새로 되어 있어서 신화를 기록한 편자들에 의해 가공되었다고 보인다. 여하튼 이와 같은 고대의 가요는 일반적으로 부정형의 시로서 운율을 띤 음악적인 가체로 되어 있다. 농경이나 제사 같은 공적인 노래도 있지만, 주로 남녀 사이의 연애에 얽힌 가요가 많다. 이러한 면에서 학자들이 주장하는 일본문학의 발생과도 밀접한 관계에 있는 운문이 고대 가요인 것이다.

(2) 와카의 세계

고대로부터 유행한 와카(和歌)는 고전문예에 속하지만 현재까지 일본인들을 매료하는 작품이 많다. 와카의 발생기인 고대는 솔직하고 힘찬 남성적인 가풍(歌風)이 주류였지만, 귀족시대에는 왕명을 받아서 엮은 공적인 칙찬(勅撰)집을 만드는 등 보다 활발하게 유행하였음을 알 수 있는데, 오늘날까지 회자되는 작품을 통해 와카의 세계를 살펴보기로 한다. 먼저, 일본 최초의 가집이자 와카 장르의 최고작품이라고 평가받는 만요슈(萬葉集)의 편집자이자 가장 많은 작품을 실고 있는 가인(歌人)이기도 한 오토모노 야카모치(大伴家持)의 작품으로, '고개를 들어, 초승달 바라보니, 언뜻 보았던, 그녀의 짙은 눈썹, 자꾸만 생각나네!'(振り放けて若月見れば、一目見し人の眉引き思ほゆるかも。♫『萬葉集』)라는 것이 있다. 그가 젊은 시절에 읊었다고 하며, 노래 내용으로 보아 마음에 둔 사람을 떠올리는 소박한 모습이 보인다.

그런데, 일반적으로 고전에서 가인(歌人)들이 가장 즐겨 읊은 대상은 벚꽃이다. 중고시대의 대표적인 작품으로 회자되는 노래를 인용

해 보면 다음과 같다. 먼저, 오노노 코마치(小野小町)라는 여류 가인으로, 당시 가장 문예성이 높고 절세의 미모이기도 하여 귀족들의 구애가 많았다고 한다. 코마치의 작품 중에서 벚꽃을 읊은 작품으로, '함박 핀 벚꽃, 상미할 틈도 없이 죄다 바랬네! 봄장마 바라보며 생각에 잠긴 사이에!'(花の色は移りにけりな徒に、わが身世にふるながめせし間に。♫『古今和歌集』) 라는 와카가 있다. 노랫말에는 내가 사랑에 번민하며 잠시 시간을 보내는 동안, 아름다운 벚꽃이 상미할 겨를도 없이 벌써 바래지고 말았다는 내용으로, 아름다웠던 나의 용모도 떨어지는 벚꽃처럼 금방 시들해져 버렸다는 뜻도 겹치고 있다. 그리고 왕족으로 태어났지만 관직에는 희망을 버리고 오로지 풍류로서만 세월을 보냈던 아리와라노 나리히라(在原業平)도 다음과 같이 벚꽃을 읊고 있다. '세상에 전혀 벚꽃만 없었다면, 봄 맞는 마음, 한결 편안하고도 한가하였을 텐데!'(世の中に絶えて櫻のなかりせば、春の心はのどけからまし。♫『古今和歌集』) 벚꽃 때문에 설렘을 억누를 수 없다는 탄식을 담은 노래로, 봄의 서정을 역설적으로 나타내고 있다. 작자인 나리히라는 노래를 위주로 사건을 펼치는 우타모노가타리(歌物語)의 효시인 "이세모노가타리(伊勢物語)"에 등장하는 주인공의 모델로서도 알려진 인물로, 당시에 창작했던 수많은 와카도 남겨놓고 있다. 이상과 같이, 봄에 활짝 피는 벚꽃을 소재로 읊은 두 작품은 당시 최고의 가인으로 주목받은 만큼 노랫말에는 기교가 넘쳐흐른다.

한편, 후대의 문인에게도 많은 영향을 끼친 가인으로서 사이교(西行)가 있다. 원래 귀족이었으나, 떠돌이처럼 전국을 돌아다니며 자신만의 문예를 펼쳤다고 한다. 그가 읊은 작품으로 후대에는 이를 본떠서 여러 작가들이 만들었던 와카가 다음의 노래이다. '속세를 떠나 출가한 나에게도, 깊은 정취가 느껴지는 것인가! 도요새 날아오

른 늪의 가을 해질녘!'(心なき身にもあはれは知られけり鴫立つ沢の秋の夕暮れ。♩『新古今和歌集』) 이 작품은 와카 문예에서 거론된 깊고 오묘한 미적이념을 뜻하는 소위 유겐(幽玄)의 서정이 보인다고 하며, 와카의 궁극적인 예술세계에 이르고 있다.

귀족시대의 와카는 주로 연애를 위한 방편으로도 쓰였는데, 다음 일화는 벚꽃을 핑계로 삼아 접근하는 남자와 이를 살짝 되받아치며 상대의 가벼움을 힐난하고 있다. 소위 우타모노가타리(歌物語)장르에 속하는 "헤이추모노가타리(平中物語)"에 실려 있으며, '벚꽃문답(桜問答)'으로 회자되는 이야기의 전문은 다음과 같다.

바람둥이로 소문난 헤이추(平中)라는 남자가 특별한 관계는 아니지만 어떤 여성에게 계절에 덧붙여서 세련된 연애편지를 건네었다.

즉, 그녀에게 대단히 훌륭한 벚꽃 가지를 꺾어서, 거기에다 편지를 곁들여서 다음과 같은 내용의 노랫말을 보냈다. '(이제) 피었나 하고 생각하면 금방 지고 마는 꽃이라고 알았지만, 이렇게 아름답게 피어있는 것을 볼 때는 보고 지날 수도 없어서 꺾어버리고 싶은 것이네요. 변하기 쉬운 마음이라고는 알지만, 아름다운 당신을 내 사람으로 하고 싶다고 생각합니다.'(咲きて散る、花と知れるを、見る時は、心のなほも、あらずもあるかな)

이 편지를 받은 여자는 남자의 유혹에 대한 답장으로, '매년 아름답게 피는 꽃이 되고 싶네요. 당신의 노랫말처럼 바람둥이 당신 마음도 해마다 꽃이 피는 계절 동안만이라도 내 위에 머물러 줄까하고 생각되어서요.'(年ごとの、花に我が身を、なしてしか、君を心や、しばしとまると)라고 써서 보냈다.

인용된 남녀의 노래를 살펴보면, 결과적으로 보낸 상대에 대해 직접 거절한 말이 아니라 에둘러 표현함으로써, 바람둥이를 크게 한방

먹인 답장이라고도 보인다. 즉, 벚꽃에 빗대어 아무 여자나 유혹해 보려는 얄팍한 남자의 속셈을 간파하고, 노랫말을 통해 상대를 부끄럽게 만든 멋진 보복이 느껴지는 장면이다. 귀족시대의 여성들은 이처럼 귀족들의 유혹에도 진정성을 가진 남자인지 어떤지를 잘 가릴 줄 아는 지혜가 필요했다고 한다.

중세 이후 와카(和歌)가 발전하지 못한 반면, 렌가에서 비롯된 하이쿠(俳句)는 전성시대를 맞이했다. 그러나 초기에는 약간 코믹하게 만드는 것이 주류였다. 예를 들면, '사이교(西行)처럼 꽃만 바라다보니 아픈 내 턱뼈.'(ながむとて、花にもいたし、くびの骨♬『懐子』)라는 니시야마 소인(西山宗因)의 작품처럼 문학적인 이상을 추구하기보다는 유희에 가까운 노래를 만들었다. 그러나 이러한 흐름은 마츠오 바쇼(松尾芭蕉)가 등장하면서, 예술적 완성도가 높은 하이쿠(俳句)라는 새로운 문예로서 자리매김 되었다.

(3) 하이쿠의 세계

　고전(古典)문예에 속하지만 현재까지 일본인들이 애호하는 단시가 하이쿠이다. 모두 17자 3구 형태로 이루어진 가장 짧은 시가(詩歌)문학인 하이쿠는 본디 와카(和歌)라는 장르에서 비롯되었다. 중세 무렵에 유행한 장르로 대개 두 사람 이상이 협업하여 만드는 렌가(連歌)의 일종인 하이카이렌가(俳諧連歌)에서 예술성 완성도를 높인 것으로, 17세기말에 이르러 하이세이(俳聖)라고 일컫는 마츠오 바쇼(松尾芭蕉)가 대성하였으며, 오늘날까지 우여곡절을 겪으면서 성장한 고전시가이다. 근대초기의 문인들은 오늘날의 기초를 다졌는데, 특히 메이지 시대의 문인인 마사오카 시키(正岡子規)는 시가(詩歌)예술의 혁신운동을 통해 하이쿠를 근대문학에 걸맞게 발전시켰다. 현재 하이쿠(俳句)는 일본뿐만 아니라 세계적인 문학으로서, 영문(英文) 하이쿠로도 창작되고 있으며, 국내에서도 동호인들에 의해 정기적인 출판물까지 펴내고 있을 만큼 사랑을 받고 있는 장르이기도 하다. 다음은 이와 같은 하이쿠의 세계에 널리 회자되는 유명한 작품 중에서 몇 수를 소개한다.

　먼저, 하이쿠(俳句)를 예술의 경지에 올려놓은 마츠오카 바쇼(松尾芭蕉)의 작품으로, '오래된 연못, 개구리 뛰어드는 물소리 첨벙!'(古池や蛙飛込む水の音)이라는 하이쿠가 있다. 정적인 연못의 수면에 파문을 일으켜 사라지는 개구리로 인하여 정적이 더욱 깊어졌다는 것을 알 수 있다. 그리고 바쇼의 기행 문집을 대표하는 "오쿠노호소미치(奥の細道)"에 실린 작품 중에, '고요함이여, 바위에 스며드는 매미소리'(静かさや岩にしみいる蝉の声)라는 하이쿠가 있다. 동북지방인 야마가타(山形)에 자리한 릿사쿠지(立石寺)라는 산사에 들렀을 때의 작품으로서, 고요한 가운데 단속적으로 들리는 시끄러운 매미소리를 절묘하게 묘사해 놓고 있다. 그리고 '무성한 풀숲! 용사들이 꿈꾸던 들판의 흔적'(夏草や兵どもが夢の跡)이라 읊은 하이쿠는 이와테 현(岩手県)의 히라이즈미초(平泉町)라는 곳에서 읊은 것으로, 사라져간 역사의 한 장면을 보는 느낌을 자아내고 있다. 에도시대 바쇼의 서정은 메이지시대의 하이쿠로 이어지는데, 근대 하이쿠 예술의 혁신운동을 주도했던 마사오카 시키(正岡子規)는 '여섯 아이들, 사이좋게 노니는 크리스마스'(六人の子供睦ましクリスマス)라는 구(句)를 통해 가타카나를 도입하였고, '감을 먹으니 종소리가 울리네, 호류지에서'(柿食へば鐘が鳴るなり法隆寺)로 전통과 근대를 조화롭게 옮겨놓았다. 이와 같은 하이쿠는 앞서 언급한 바와 같이 세계적인 문예로서도 알려져 있는데, 한국인에 의한 활동도 활발하여 한국하이쿠연구원에서는 "담쟁이"라는 기관지를 발행하고 있다.

(4) 일본근대시의 세계

일본문학에 있어서 시(詩)란 개념은 고전에서는 한시뿐이었으므로 서양의 영향을 받았던 메이지시대이후에, 전통적인 단시(短詩)형태와 다른 장시(長詩)를 신체시(新體詩)라고 일컫던 시기로부터 시작된다. 초기에는 서양의 번역시가 유행했지만, 여전히 고전의 틀에서 모방한 7-5조 형식의 정형시였다. 예를 들어, 최초의 창작시집인 "와카나슈(若菜集)"에 실린 '첫사랑(初恋)'의 일부를 소개하면 다음과 같다.

'갓 올린 머리카락이 사과나무 아래에 보일 때, 정수리에 꽂은 꽃 비녀, 꽃다운 그대인줄 알았습니다. 상냥하게 내민 흰 손

으로 사과를 건넨 것은, 연분홍 가을 열매에 첫사랑이 열렸나 봅니다.'(まだあげ初めし前髪の、林檎のもとに見えしとき、前にさしたる花櫛の、花ある君と思ひけり、やさしく白き手をのべて、林檎を吾にあたへしは、薄紅の秋の実に、人こひ初めしはじめなり。(『若菜集』 1897)

근대 최초의 창작 시집에 실린 것으로, 작자인 시마자키 도손(島崎藤村)은 이후에 일본자연주의 소설가로서도 활약했다. 근대시도 1910년대에 이르러서는 오늘날과 같은 자유로운 운율로 만든 시가 등장하였다. 먼저, 구어자유시를 확립했다고 하는 다카무라 고타로(高村光太郎)의 시를 아래에 소개한다.

'내 앞에는 길은 없다. 내 뒤에 길이 생긴다. 아아, 자연이여, 아버지여! 나를 홀로 서게 한 광대한 아버지여! 나에게서 눈을 떼지 말고 지켜다오, 언제나 아버지의 기백을 나에게 채워 주오! 이 머나먼 도정(道程)을 위해, 이 먼 도정을 위해.'(僕の前に道はない、僕の後ろに道は出来る。ああ、自然よ父よ、僕を一人立ちにさせた広大な父よ。僕から目を離さないで守る事をせよ。常に気魄を僕に充たせよ。この遠い道程のため。この遠い道程のため…(『道程』 1914)

고타로가 최초로 엮은 "도정(道程)" 시집에 실린 같은 제목의 '도정'에서 발췌한 시(일부)로, 그는 조각가이자 순정파 시인으로서도 알려져 있다.

이와 같이 고타로가 확립한 구어자유시는 하기와라 사쿠타로(萩原朔太郎)에 이르러 달성되었는데, 그는 일본인들이 가장 좋아하는 근대 시인이기도 하다. 다음은 구어자유시로서 주로 회자되고 있는

"달을 향해 짖다(月に吠える)"라는 시집에 실린 작품 '모르는 개(見し
らぬ犬)'의 일부로 상징시 풍으로 읊은 작품이다.

'아아, 어디까지라도, 어디까지도, 이 알지도 못하는 개가 내
뒤를 따라온다. 더러운 땅바닥을 기면서, 나의 등 뒤에서, 뒷다
리를 끌고 있는 아픈 개다. 멀고, 길고, 슬픔에 떨면서, 쓸쓸한
하늘의 달을 향해서 멀리 짖는 불행한 개의 그림자이다.' (あ
あ、どこまでも、どこまでも、この見もしらぬ犬が私のあとをついて
くる。きたならしい地べたを這ひまはつて、わたしの背後・うしろで
後足をひきずつてゐる病気の犬だ。とほく、ながく、かなしげにおび
えながら、さびしい空の月に向つて遠白く吠えるふしあはせの犬のか
げだ。(「見しらぬ犬」『月に吠える』1917)

이리하여 20세기 초반에 완성된 구어자유시는 이후 여러 형태를
시도하면서 오늘에 이르고 있다.

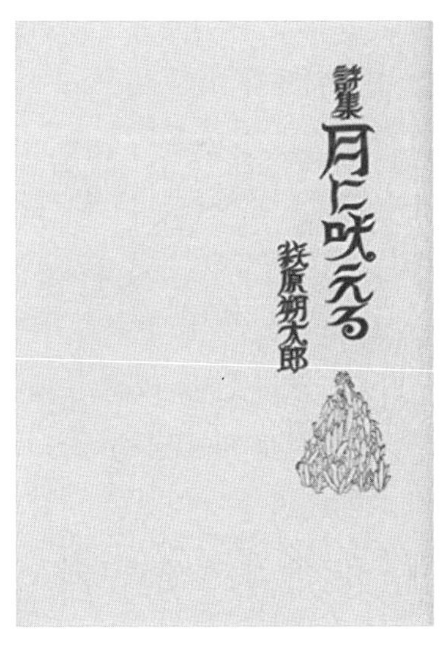

2. 전통연극과 현대

1) 일본 연극의 기원

일본문학에서 연극은 중세에 이르러 완성된 노가쿠(能樂)에서 시작된다고 설명한다. 그러나 장르의 효시는 고대로부터 존재했다. 일찍이 기기(記紀)가요 중에서 신대(神代)의 오호쿠니누시노카미(大国主神)신화에 삽입된 이야기로, 야치호코노카미(八千矛神)가 신붓감을 맞이하기 위해 읊었다는 제2, 제3, 제4번가는 극문학의 발생에 관하여 중요한 시사를 주고 있는 것이다. 왜냐하면 각 가요마다 그 끝을 모두 '사건의 발단은 이런 것이었다.'라고 마치 후렴처럼 맺고 있기 때문이다.

이와 같이 고대의 극(劇)은 거의 신들의 행위나 의식 등을 표현한 신사(神社)의 제의와 관련되어 있어서, 후대사람들에게도 전하고 싶어 하는 의지가 있었던 것으로 이해할 수 있다. 그리고 만요슈(萬葉集)에 자주 등장하는 연회에서의 노래는 반드시 춤(舞)을 동반한 것이고, 때로는 연극적인 몸짓도 있었을 것임에 틀림없다. 또한, 산문의 영역에서도 뛰어난 문학작품일수록 대개 연극적 요소를 내포하고 있으며, 뛰어난 극은 한편으로 예능(藝能)의 세계와도 깊이 연관되어 있었다. 그러나 극문학은 희곡(드라마)이라고도 하며, 연극의 토대가 되는 문학적 작품을 의미한다. 이것은 배우가 일정한 공간이 마련된 무대에서 문학적 구성에 의거한 희곡을 가지고, 관객을 대상으로 하여 연기를 하는 무대연극이 확립되고 나서야 비로소 이루어지는 장르이다. 그러한 의미에서, 희곡은 일본에서는 무로마치(室町)시대에 들어선 14세기후반 사루가쿠(猿楽)의 노(能)와 교겐(狂言)이 중세 연극으로써 완성되기까지 기다릴 수밖에 없었던 것이다.

연극은 주지와 같이 배우와 관객, 희곡이라는 세 가지 요소를 갖추어야 한다는 것이 일반적인 연극론이다. 여기서 희곡이란 소설이나 시와 구별할 때, 주로 대사를 갖춘 연극의 대본을 뜻한다면, 중세에 성립된 노가쿠(能樂)가 상한점이 된다. 그러나 그러한 희곡이 없어도 연극 자체는 기기(記紀)의 신화시대부터 존재하였다. 다카아마노하라(高天原)의 아메노이와야도(天岩屋戸) 동굴 앞에서 아메노우즈메(天宇受賣命)가 천상의 신들이 지켜보는 가운데, 신들린 상태로 빈통을 거꾸로 눕혀 놓고 그 위에 올라서서 젖가슴을 드러낸 야릇한 행색으로 발을 구르며 춤을 추었다는 신화에서 연극의 뿌리를 찾을 수도 있을 것이다. 또한, 우미사치히코(海幸彦)와 야마사치히코(山幸彦) 형제의 신화에서도 형이 동생의 면전에서 물에 빠져 허우적거리는 흉내를 내며 연기한 것도 고대 연극의 흔적이라 하겠다.

이러한 토지의 민속적 흉내극도 대륙으로부터 도래한 제반 악극(樂劇)에 영향을 받아서 발달해 갔다. 그중의 하나가 고대 한반도를 경유하여 불교와 함께 들어온 기악(伎樂)이라는 가면극이다. 그러나 기악에도 연기내용을 나타내는 대본은 없었다. 그것은 기악이 즉흥적이거나 혹은 사찰의 행사에 부속된 것이었기 때문일 것이다. 기악은 연극적 내용보다도 오로지 출연자가 기예(技藝)에 고심하고 정진을 다한 것이었다.

그밖에 곡예(曲藝)적인 연기와 함께 기술(奇術)이나 요술적인 예능을 중심으로 이루어진 산가쿠(散楽)가 있었는데, 흉내 연기는 물론 가무(歌舞)연기도 포함되어 이후의 민중 예능에도 큰 영향을 미쳤다.

(1) 노가쿠

신사(神社)와 사원(寺院)의 제례를 바탕으로 흉내 극이 융합된 형태로 완성된 일본최초의 가무극(歌舞劇)을 노가쿠(能樂)라고 한다. 노가쿠는 원래 노(能), 사루가쿠노(猿樂能) 혹은 사루가쿠(猿樂)라고도 하였는데, 메이지시대에 노가쿠사(能樂社)가 설립된 이래 노가쿠(能樂)라고 불리게 되었다.

노가쿠의 유래와 역사를 살펴보면, 먼저 고대에 시작된 민중예능인 엔넨마이(延年舞)―법회를 마치고, 여흥으로 승려나 아이들이 행한 예능 춤―가 있었고, 또한 모내기 신사(神事)에서 제례예능 춤인 덴가쿠(田樂), 흥을 돋우던 가무(歌舞)와 함께 상연하여 유행했던 흉내 극으로, 당나라에서 들어온 산가쿠(散樂) 등을 기원으로 하는 사루가쿠(猿樂)― '申樂'로도 표기―에서 발전한 연극으로, 여기에 유녀

(遊女)인 시라뵤시(白拍子)의 춤이 합쳐져서 발전한 장르이다.

남북조시대부터 무로마치시대 초기가 되면서 사루가쿠를 직업으로 하는 여러 단체가 나타났다. 그 가운데 가장 두드러지게 활동한 집단—자(座)—이 야마토(大和)의 사루가쿠시자(猿楽四座)—간제(観世), 호쇼(宝生), 곤파루(金春), 곤고(金剛)로, 현재는 '기타(喜多)'를 더한 다섯 유파가 있다—로, 간제자(觀世座)의 지도자였던 간아미(観阿弥)와 제아미(世阿弥) 부자에 의해 사루가쿠 노(能)가 완성되었다.

각종 노래나 춤 등 종래의 제반 예능들을 섭취 흡수하여, 중세의 무가(武家)문화가 한층 성숙되었던 무로마치막부 제3대 쇼군(将軍) 아시카가 요시미쓰(足利義満)의 비호 아래, 간아미는 '유겐(幽玄)'과 '하나(花)'의 미를 예술이념으로 하는 노가쿠를 완성하였고, 그의 아들 제아미는 부친과 함께 유현의 미를 중심으로 하는 노가쿠를 예술로써 대성시켰다. 귀족문화를 도입하여 작품성을 높임으로써 무가(武家)사회로부터의 호응도 컸던 것이다.

간아미(観阿弥)와 제아미(世阿弥)가 활약했던 전성기 이후, 간제자(観世座)의 온아미(音阿弥)—간아미의 손자이자 제아미의 조카로서 관제류(観世流) 4세의 대표 예능인인 다유(太夫)—는 제6대 쇼군 아시카가 요시노리(足利義教) 및 그 아들 8대 쇼군 요시마사(足利義政)의 후원을 받는 등, 막부와의 관계를 지속적으로 유지하였고, 제아미의 사위인 곤파루젠치쿠(金春禅竹)는 야마토(大和)에서 활약하는 한편, 독특한 노가쿠 론을 전개하고 예술성이 높은 작품들을 남겼다.

전란이 이어진 중세를 연명한 야마토의 사루가쿠시자(猿楽四座)는 오다 노부나가(織田信長)와 도요토미 히데요시(豊臣秀吉)의 비호 아래 연명하였고, 도쿠가와(德川)시대에 들어서는 이에야스(家康) 산하에 들어가 보호를 받았다. 막부처럼 각지의 다이묘(大名)들도 노(能)를 우대하여 무사와 초닌(町人) 사이에 우타이(謠)까지 유행하면서, 우타이본(謠本)의 간행도 활발히 이루어졌다. 그러나 메이지 이후 신극(新劇) 등 새롭게 일어난 근대극으로 큰 타격을 받고 세력이 급격히 약해졌으나, 전통을 보존하자는 움직임과 함께 1983년에는 국립극장인 노가쿠도(国立能楽堂)가 완성되어 국가사업으로써 보호받고 있다.

노가쿠의 대본을 요쿄쿠(謠曲)라고 하며, 문장은 운문형식으로 이루어져 있어 노래처럼 읊는다. 여기서 비로소 극문학으로서의 요쿄쿠의 성립을 보게 되는 데, 순수한 희곡이라고 할 수 없는 점도 없지는 않다. 왜냐하면 요쿄쿠는 배우의 회화 외에 '지우타이(地謠)'라고 부르는 것이 있고, 한 곡의 줄거리를 읊을 뿐만 아니라 등장인물의 대사 부분까지 노래할 경우가 많기 때문이다. 요쿄쿠는 고전적인 제재가 많고, 지문은 고전시가나 왕조시대의 소설(物語) 등 고문에서 따온 유려한 글귀를 인용하고 있으며, 문학적인 수사를 다용한 것으로, 내용은 초현실적이며 장중하고 우미(優美)한 가운데 유겐(幽玄)을 나타내고 있다. 중세 전란을 소재로 한 전기(戰記) 작품 등, 미사여구를 구사한 7·5조 중심의 운문으로서, 그 속에 평문(平文)이나 주로 공문서에 쓰였던 소오로 문장(候文)으로 표현된 대사가 배치되어 있다.

노가쿠는 극의 흐름에 따라 피리와 소고, 북 등의 악기 반주자인 '하야시카타(囃子方)'와 함께 성악 적 리듬을 띤 '우타이(謠)'라는 가사에 맞추어, '마이(舞)'가 춤을 추며 연기하는 가무극으로 상연되는 무대예술이다. 연기자(演者)인 '마이'는 '오모테(面)'라는 탈을 쓰고 호화스런 의상이 사용되지만, 유겐(幽玄)을 중심으로 한 상징적이고 몽환적인 내용이 많다. 요쿄쿠는 주역인 '시테'와 상대역인 '와키', 그리고 조연역의 '쓰레'―주연과 상대역 어느 쪽에 속하느냐에 따라 각각 '시테즈레' 및 '와키즈레'로 구분한다―가 있으며, 아역인 고야쿠(子役)—고카타(子方)라고도 한다—로 구성되며, 극의 대사와 창(唱)을 하는 지우타이(地謠)의 대본으로 이루어진다. 중세의 사루가쿠에는 삼천 곡(曲)이 넘는 작품이 있었다고 한다.

제아미(世阿弥)는 유훈에 따라 선친의 가르침을 바탕으로 이를 체계화하여 노가쿠의 정수를 설파하고 있다. 노(能)의 중심을 '유겐(幽玄)'—몸짓·말·춤을 통한 예능의 구체적인 장면에서 나타나는 것으로, 우미(優美)하고 부드러우며 반들반들하고 윤기를 지닌 아름다운 모양새—에 두고 있는데, 여기서는 예능의 기본으로서 '하나(花)'의 중요성을 역설하고 있다. 그가 말하는 '하나(花)', 즉 '꽃'이란 무대에서의 표현 효과로 관객의 마음을 끌어당기는 예능의 매력을 가리키는데, 관객으로 하여금 항상 신선한 아름다움과 재미를 느끼게 하는 완성된 재주와 예능을 뜻한다. 연기자의 나이나 역량에 따라 이러한 '꽃'이 표현되며, '참된 꽃'은 예능의 힘에서 탄생하는 본격적인 미적 감동의 극치이다. 아울러 이는 배우가 어떻게 궁리하는가 하는 문제이고, '꽃'을 피우게 하는 씨앗은 예능의 힘이라고 하고 있다.

1400년경에 성립한 제아미의 예술론인 "후시카덴(風姿花伝)"에는 노의 생명인 '하나'를 포착하는 비결을 체험을 통해서 정리해 놓은 것으로, 일생동안 터득해야 할 올바른 예도(芸道)의 수행(修行)법과 함께 연기의 연습과 실행과정에 대해 다음과 같이 설명하고 있다. 즉, 7세 때에는 연습을 시작하지만, 아이의 생각대로 맡기는 것이 좋으므로 함부로 간섭해서 예능의 싹을 자르지 않도록 주의해야 하며, 12~3세부터는 기본 기술을 정확하게 몸에 익히도록 한다. 17~8세부터는 심신이 모두 어른이 되는 과도기이므로 무리한 연습은 피하며, 24~5세 때는 예능의 매력이 발휘되는 시기이지만, 자만하지 말고 초심으로 되돌아가 충실히 연습하는 일이 매우 중요하다. 34~5

세는 예능의 절정기에 달하고, 마음먹기에 따라 '참된 꽃'을 터득한 명인이 될 수가 있으며, 44~5세는 노의 기술은 쇠퇴하지 않아도 육체는 노령으로 다가서기 때문에 좋은 조연 배우를 가지도록 하는 것이 바람직하다. 50세를 넘기면 조심과 함께 한층 능숙한 '꽃'이 보이도록 마음에 새기는 편이 좋을 것이다. 이상과 같이 나이에 맞춘 노의 연습법은 인간의 신체와 심리적 발달 단계에 들어맞는 뛰어난 교육론으로 평가받고 있는데, 한편으로 연령에 적합한 기예의 습득과 예능에 있어서의 '꽃'의 본질에 대한 설명은 비단 노가쿠에만 한정된 것이 아닌 인생의 교훈서와도 같은 성격을 가지고 있다고 보인다. 제아미가 구축한 노의 예술이론은 무가(武家)의 교양이 되어 아시카가 쇼군에게 받아들여져서, 그 비호를 받은 예도(藝道)는 널리 수용되어, 그 결과 각지에 노가쿠 전용무대(能舞台)가 만들어졌다. 또한, 일반인에게는 요쿄쿠의 우타이(謠)를 연습하는 일이 서민의 교양으로서도 퍼지고, 마이(舞)를 배우고 무대에 서기를 바라는 사람들도 나타났으며, 상가(商家)나 농가에까지 전파되어 갔다. 에도시대에는 전통이 고정되고, 노가쿠의 연기시간도 길어졌다. 끊임없는 동란 가운데, 고요하고 정적인 분위기를 바라는 마음이 중세에 이러한 예능을 탄생시켰을 것이다.

노가쿠는 상연내용에 따라 다섯 가지로 나뉘는 5막 극으로 공연하는 것이 근세 이후 정식적인 순서가 되었다. 즉, 가미노(神能)를 시작으로, 슈라노(修羅能), 온나노(女能), 겐자이노(現在能), 오니노(鬼能)라고 하며, 내용은 다음과 같다. 먼저 와키노(脇能)라고도 하는 신에게 봉헌하는 제1막의 가미노는 대개 신을 주인공으로 하는 경사스러운 내용을 담은 신화나 전설로, 신사와 사원의 제사나 유래담(緣起譚)을 주제로 하며, 신을 축복하는 내용의 소위 신지모노(神事物)이다. 그리고 제2막은 슈라모노(修羅物)라고도 하는데, 대개 군키모노가타리(軍記物語)에서 취재한 내용으로서, 겐지와 헤이시(平氏)의 장수가 수라도(修羅道)에 빠져 괴로워하는 것을 주제로 하여 무사가 주역이다. 제3막은 가즈라모노(鬘物) 혹은 온나모노(女物)라고도 하며, 여성을 주역으로 한 곡(曲)이다. 유겐(幽玄)의 풍정을 주로 하여 사랑의 망집을 그리고 있다. 이어지는 제4막은 겐자이모노(現在物) 혹은 교조모노(狂女物)라고도 하며, 광녀가 등장하여 현실에서 일어나는 사건을 다루고 있는데, 주로 여성의 광란을 다룬 이야기가 많다. 마지막 제5막은 기치쿠모노(鬼畜物)라 하여, 짐승(畜生)들이나 도깨비(鬼), 귀신 등이 등장하여 대단원을 장식한다.

(2) 쿄겐

노가쿠와 같은 무대에 상연되는 연극으로, 노와 노 사이에 연출하
는 일본 최초의 대사(台詞)극을 쿄겐(狂言)이라 한다. 노가쿠의 진행
에 관여하여, 공연의 일부로서 혹은 독립적으로 사실적이며 즉흥적
인 흉내를 중심으로, 배우(役者)들의 연기를 주체로 한 대사 극이다.

가무(歌舞)를 중심으로 진행하는 상징적이며 몽환적인 노가쿠에 비해,
같은 사루가쿠에서 비롯되어 익살과 흉내로서 발달한 쿄겐은 등장하는
인물의 회화를 중심으로 하여 성립한 것으로, 거의 희곡에 가까운 형
태로 되어 있다. 그러나 사실(寫實)적 내용을 담은 풍자극인 쿄겐은 사
원(寺院)이나 지배계급의 제약을 받아, 현실을 직시하고 비판을 기조로
한 정통파 연극으로서는 성장하지 못하고, 단지 웃음을 얻기 위한 익
살 정도의 수준에서 그치고 말았다. 결국 전문 예능집단인 자(座)를 비
호한 무로마치 쇼군의 왕조적 정취를 동경하던 회고 미(懷古美)에 영합
하여, 몽환극(夢幻劇)화된 노가쿠의 부속적인 존재가 되어 버린 것이다.

쿄겐의 대본인 사장(詞章)은 '쿄겐키(狂言記)'라고도 하는데, 익살
과 함께 경묘함을 가지면서 당시의 세태를 제재(題材)로 하여, 서민
적이고 사실(寫實)적인 요소가 강한 내용이 되었다. 언어유희나 모
순, 풍자, 과장 등을 중심으로 한 다분히 풍자적이고 희극적인 것으
로서, 당대의 권력자를 욕보이는 등 익살과 비속을 표현하는 것이기
에 제아미(世阿弥)시대는 이를 '오카시(をかし)'라 부르기도 하였다.
노가쿠 무대의 긴장되고 딱딱한 분위기를 부드럽게 하는 역할을 겸
하고 있었던 것이다. 노가쿠가 엄숙한 예술로 발달하고 고전적이고
상징적인 방향으로 완성된 것과는 대조적으로, 골계비속(滑稽卑俗)의
흉내를 내는 예능에서 성장한 쿄겐은 구어체의 가볍고 밝은 빈정거

림과 기지 및 풍자로 서민성을 표현했다.

남북조(南北朝)시대에서 무로마치 초기에 걸쳐 성립된 노가쿠에 비해, 쿄겐은 무로마치시대에 들어서서 만들어졌다. 그리고 노가쿠가 요쿄쿠 형식의 사장(詞章), 음곡(音曲), 춤(舞), 흉내라는 네 가지 요소가 어우러진 종합 연극이지만, 쿄겐은 배우의 대화와 연기로서 이어가는 무대극이다. 또한, 노가쿠의 문장이 운문의 가락과 산문이 서로 잘 어우러져 표현되어 있지만, 쿄겐의 대사—세리후(科白)—는 무로마치시대의 구어에 가까운 말로 되어있다.

(3) 분라쿠

분라쿠(文樂)는 근세초기 조루리(浄瑠璃)라 일컫던 인형극으로, 전용극장 이름에서 장르의 명칭이 바뀌었다. 원래 인형을 놀려서 인간과 같은 흉내를 통한 꼭두각시놀음에서 비롯된 것이며, 시정의 연애에 얽힌 사건이나 시대나 역사 등에서 따온 소재를 각색하여 극화한 무대 예술이다.

장르의 역사를 살펴보면 다음과 같다.

먼저, 부채로 박자를 맞추어 가락을 붙여 낭독하던 12단의 단편(十二段草子)의 주인공으로, 우시와카마루(牛若丸)—미나모토 요시츠네(義經)의 아명—와 조루리히메(浄瑠璃姫)의 연애전설(浄瑠璃姫物語)을 조루리라 했으며, 여기에 붙인 가락은 조루리부시(浄瑠璃節)라 하였다. 곡절(曲節)에서 생겨난 이야기로, 서사(敍事)문예계통에 속하지만, 중세후기부터 비파법사(琵琶法師)가 이러한 조루리히메(浄瑠璃姫) 전설을 퍼뜨리며 유행하였다.

이윽고 유구(琉球)—오키나와—에서 전래된 샤미센(三味線)을 에도(江戸)초기부터 반주악기로 사용하게 되었고, 또한 꼭두각시 인형과 결합하면서 닌교조루리(人形浄瑠璃)라는 무대예능으로 발전한 것이다.

17세기후반 오사카의 다케모토 기다유(竹本義太夫)는 다케모토자(竹本座)를 열어, 극단 전속작가로서 치카마츠 몬자에몬(近松門左衛門)을 맞이했다. 1685년 치카마츠(近松)가 다케모토(竹本)와 협력하여 역사를 소재로 만든 "슛세카게키요(出世景清)"는 조루리 약진의 계기가 되었다. 더욱이 오사카의 신주(心中)사건을 소재로 한 "소네자키 신주(曾根崎心中)”라는 작품이 폭발적으로 인기를 끌게 되자, 이후부터는 '기다유부시'로 불리게 되었다.

두 사람이 호흡을 맞추어 공연한 조루리는 예술로서 성장했을 뿐만 아니라 이전과 다른 새로운 개념이 되었기 때문에, 이를 구별하기 위해 일반적으로 다음과 같이 구분한다. 즉, 교토에서 인형을 도입한 닌교조루리(人形淨瑠璃)가 일어나 약 80년간에 걸쳐 유행한 것은 '고 조루리(古淨瑠璃)'라 하며, 다케모토(竹本)가 오사카에서 치카마츠(近松)에게 각본을 부탁한 1685년 이후로는 '신 조루리(新淨瑠璃)'라고 일컫는다.

덧붙여서, 조루리(淨瑠璃)는 18세기말엽 오사카의 도톤보리(道頓堀)에서 창설한 꼭두각시인형극 전용의 공연장인 '분라쿠자(文楽座)'라는 극장이름을 따서 '분라쿠(文楽)'라고도 하였는데, 오늘날에는 이 명칭이 통용되고 있다.

에도 시대에는 많은 명작들이 나와 대중적인 인기와 유행을 낳았지만, 가부키(歌舞伎)의 활약과 함께 근대연극까지 나오면서, 고전극의 반복으로 새로운 작품을 창출하지 못하고 생기마저 잃었다. 그러나 1984년에 국립 분라쿠 극장(文樂劇場)도 생기면서 안정된 지위를 얻었지만, 노가쿠와 마찬가지로 전성기에 비해 전통예능이 되고 말았다.

(4) 가부키

‘가부키(歌舞伎)’란 평형을 잃은 ‘가부쿠(傾く)’라는 동사에서 나온 말로, 연기자가 괴상하고 야릇한 옷차림으로 이상한 언동과 함께 대담하게 풍속을 드러낸 춤과 흉내를 연출한데서 비롯되었다. 같은 무대 예술이면서도 궁극적으로는 우아함을 목표로 한 노가쿠와는 본질적인 차이가 있었던 것이다.

에도 막부가 개설되던 1603년, ‘이즈모타이샤(出雲大社)’의 무녀(巫女)라 일컫던 ‘오쿠니(阿国)’가 신전의 수리비용을 마련한다며 교토로 나와, 남장을 하고 고우타(小歌)를 읊으며 가슴에 십자가를 달고 허리에는 표주박을 달아 춤을 추었다고 하는 일화가 ‘가부키’라는 장르의 기원이 되었다. 당시 이 춤은 대중들의 이목을 끌었고, 열광적으로 환영받아 차츰 전국으로 퍼지면서 많은 추종자를 낳았는데, 유곽 여성들이 사미센(三味線)의 연주에 맞추어 군무를 펼치며 연출한 유녀 가부키(遊女歌舞伎)가 유행하였다. 세간에는 이를 ‘온나카부키(女歌舞伎)’라 하였는데, 막부에서는 풍속을 어지럽힌다고 하여 1629년부터 금지시켰다. 그러자 앞머리를 딴 미소년을 내세운 ‘와카슈카부키(若衆歌舞伎)’로 공연하였고, 이 또한 남색(男色)의 대상으로 풍기를 문란하게 만든다는 이유로 단속되자, 모두 성인 남성들 만에 의한 ‘야로카부키(野郎歌舞伎)’로 바뀌었다. 이후 초창기의 호색(好色)성을 버리고 가무(歌舞) 중심에서 예능 중심으로 전환하였고, 또한 각본을 개량하여 연극을 보강시키고, 배우(役者)들의 세련된 연기와 함께 회전무대 등 다양한 변화를 꾀해, 오늘날까지 인기를 유지하고 있는 전통무대연극으로 발전하였다.

본래 가부키는 풍류 춤이나 염불 춤, 또는 뇨보쿄겐(女房狂言)이라 불렸던 온나사루가쿠(女猿樂)를 계승한 소위 오쿠니(阿国)가부키로부터 일어난 것으로, 가무(歌舞)를 동반한 상투적인 말로써 진행하는 연극적인 요소를 가지고 있었다. 처음에는 전문적인 각본작가는 없었고, 배우나 조루리(浄瑠璃)의 작가가 겸해서 쓰고 있었는데, 이윽고 가무극에서 대사극으로 연극의 중심이 옮아가면서, 17세기말의 '겐로쿠카부키(元禄歌舞伎)'라는 사실(写実)적인 작풍이 완성되었다. 이와 같은 큰 변화를 일으킨 작가가 치카마쓰 몬자에몬(近松門左衛門)으로, 그는 조루리(浄瑠璃)와 함께 가부키(歌舞伎)의 양면에 걸쳐 활약하면서, 두 장르의 교류와 각각의 성격을 모두 확립시켜 놓았다.

겐로쿠 시대(1688-1704)의 가부키는 치카마츠(近松)와 명배우로 이름을 날린 사카다 도주로(坂田藤十郎) 및 이치카와 단주로(市川団十郎)에 의해 인기를 독차지하였다. 그러나 치카마츠의 사후에는 당시 전성기였던 조루리에 눌려 그다지 떨치지 못했다. 그러다가 18세기 중반부터 교토와 오사카를 지칭하는 소위 가미카타(上方)에서 활약한 나미키 쇼조(並木正三)에 의해 본격적인 연극으로 성장하였다. 나미키(並木)는 웅대한 구상과 복잡한 줄거리를 특히 잘 소화해냈을 뿐만이 아니라, 공연장에 회전무대를 만들어 무대장치에도 획기적인 전기를 마련했고, 조루리의 기교를 받아들여서 우수한 각본도 썼는데, 작품으로는 "산짓코쿠요후네노하지마리(三十石艦始)"가 있다. 19세기에 들어서자 가부키의 중심지는 가미카타에서 에도(江戸)로 옮겨왔다. 이 시기에 활약한 대표인물이 가와타케 모쿠아미(河竹黙阿弥)로, 괴담 물의 대가인 츠루야 난보쿠(鶴屋南北)의 사후, 그는 에도(江戸)가부키를 집대성하였다. 모쿠아미(黙阿弥)는 에도말기부터 메이지에 걸쳐 활약하여, 가부키를 예술의 경지에까지 이르게 하였던 연출가로서, 시라나미모노(白波物)라 하여 도적들의 이야기를 잘 그렸고, 항간의 남녀가 펼치는 애정 담을 소재로 한 세와모노(世話物)와 메이지이후 시정의 유행 풍속을 바탕으로 새로운 문화를 빗댄 잔기리모노(散切物) 등으로 대중적인 인기와 함께 가부키 역사에 새로운 한 획을 그었다.

한편, 가부키의 대표적인 연기자로서, 연애나 치정을 다룬 소위 '와고토(和事)' 연기의 대가인 사카다 도주로(坂田藤十郎/1645-1719)는 가미카타에서 '게이세이호토케노하라(傾城仏の原)'로 크게 인기를 얻어서 일인자가 되었지만, 사후에는 '와고토'가 한동안 침체되었다. 이에 반해 에도에서는 초대 이치카와 단주로(市川団十郎)가 나루가미(鳴神)라는 작품에서 거친 무사나 귀신 등을 연기하는 '아라고토(荒事)'라는 예풍을 내세워 인기를 얻었다. 이후 제7대 이치카와 단주로는 소위 가부키 18번으로서, '시바라쿠(暫)'와 '칸진초(勧進帳)'를 수립했다. 치카마츠의 조루리 작품인 '코쿠센야캇센(国性爺合戦)'과 '슛세카게키요(出世景清)' 등은 가부키에서도 공연하였는데, 조루리의 3대 걸작인 '스가와라덴주테나라이카가미(菅原伝授手習鑑)' '요시츠네센본자쿠라(義経千本桜)' '카나데혼추신구라(仮名手本忠臣蔵)'는 가부키에서도 상연되어, 오늘날까지 인기를 얻고 있는 작품이기도 하다.

조루리와 가부키에는 작자와 연기자, 그리고 무대와 함께 음곡을 담당하는 샤미센(三味線) 연주자와 곡조를 읊조리는 다유(大夫)가 있다. 그리고 가부키에는 무대 왼쪽에 하나미치(花道)라는 배우(役者)가 등장하는 통로와 그 중간에 '슷뽕(スッポン)'이라는 지하—나락(奈落)—에서 등장할 수 있는 장치가 있으며, 장막은 흑색·감색·녹색이라는 3색으로 정해져 있다.

가부키의 명작으로서 현재도 상연되고 있는 츠루야 난보쿠(鶴屋南北)의 "토카이도요츠야카이단(東海道四谷怪談)"은 1825년에 초연한

작품으로 괴담물이다. 세와물(世話物) 중에서 특히 서민의 생활을 세밀하게 그린 것을 기세와모노(生世話物)라 부르는데, 이 방면의 대표작으로 내용은 오이와(お岩)라는 여성이 질투 때문에 광사(狂死)하였고, 그녀의 원령(怨靈)이 남편에게 재앙을 입혔다는 소문을 각색한 것이다. 작품 소재는 18세기 초반에 일어난 사건에서 비롯된 요츠야 괴담(四谷怪談)이라는 전설이다. 도쿄의 조시가야(雜司ヶ谷)를 무대로 한 것으로, 정숙한 아내였던 오이와가 남편(伊右衛門)에게 버림받은 뒤, 유령이 되어서 복수한다는 괴담. 연극과 영화에서도 괴담의 전형이 되어, 이후 다양한 작품이 창작되었다.

(5) 라쿠고

　에도시대부터 내려오는 요세(寄席)라는 전용 공연장에서 상연하는 전통예능의 하나가 라쿠고(落語)이다. 만담과 같이 말로서 풀어나가는 가락을 붙인 이야기로, 재치 있는 화술로 남을 즐겁게 하는 예능의 대표적인 장르이기도 하다. 서민들이 즐긴 고전의 무대예술로서 오늘날에도 여전한 인기를 얻고 있는 라쿠고는 에도(江戶)와 가미카타(上方)―교토와 오사카―의 번화가에서 시작되어 전국으로 퍼졌는데, 하나시카(噺家)라고 불렸던 것이 메이지시대 이후에 '라쿠고'라는 이름으로 바뀌었다.

　라쿠고에는 에도시대로부터 이어진 것은 고전 라쿠고(古典落語) 혹은 가마카타 라쿠고(上方落語)라 하고, 새로운 화제를 채택한 것은 신작 라쿠고(新作落語)라 하며, 일반적으로 3부 형식으로 진행된다. 먼저 '마쿠라'라는 도입부가 있다. 대개 자기소개나 본론에 들어가기 전에 이야기의 분위기를 끌어올리는 역할을 한다. 그리고 본론에 들어가서 예고된 제목에 맞추어 이야기를 풀어나간다. 마지막은 '오치' 혹은 '사게'라고 하여 웃음으로 끝맺는데, 현재는 골계뿐만 아니라 세상의 인정이나 괴담 등을 내용으로 한 작품(演目)도 있어서 다양화되었다고 한다. 라쿠고의 전문 예능인(演者)이 되기 위해서는 도제봉공(徒弟奉公)이라는 형식으로 전통이 있는 스승(師匠)의 제자로 들어가서 예능을 전수받아, 스스로 독립할 수 있는 자질과 실력을 갖추게 되면 라쿠고카(落語家)로서의 이름을 지어서 부르게 된다. 이와 같이 자신의 이름을 내걸 수 있기까지는 지위에 따라 다른 명칭으로 불리는데, 먼저 견습생은 미나라이(見習い)라 부르며, 젠자(前座)와 후타츠메(二つ目)를 거친 뒤, 신우치(真打)에 오르게 되면 예명을 얻어서 독립할 수 있게 된다. 또한 공연 간판에 올리는 이름이나 옥호 (屋號)는 스승으로부터 계승하는 형태로 이어져 왔다.

오늘날 전문 라쿠고카에서 출발한 소설가나 연예인, 혹은 정치가 등의 유명인도 다수 있어서, 여전히 주목받고 있는 예능이기도 하다.

(6) 근대 연극

메이지시대에 들어서서도 한동안은 에도시대로부터 이어진 가부 키(歌舞伎)가 연극계의 주류였다. 그러나 모리 오가이(森鴎外)는 희곡 의 필요성을 역설하였고, 쓰보우치 쇼요(坪內逍遥)는 셰익스피어의 희곡을 번역하는 등 연극계에 강한 자극을 주었다. 한편으로 1890년 대 초기, 당대의 문제나 세태와 인정 등을 사실적으로 연출한 소위 신파극(新派劇)이 일어났다.

이미 베스트셀러 소설로서 유명한 오자키 고요(尾崎紅葉)의 "곤지키야샤(金色夜叉)"와 도쿠토미 로카(德富蘆花)의 "호토토기스(不如帰)"를 가부키와는 다른 신파극으로 각색하여 상연하였는데, 이를 통해 기존의 가부키를 넘어 신파극의 시대를 열어 나갔다. 신파극이란 이전의 가부키에 대해 새로운 극파(劇派)라는 뜻으로, 뒤에 나온 신극(新劇)과 가부키의 중간적인 위치로서 크게 유행하였던 것이다.

한편, 일본근대문학에 지대한 영향을 끼친 자연주의를 중심으로, 서구 근대극(近代劇)의 영향을 받게 되었던 19세기 말엽부터 근대 연극을 만들려는 소위 신극(新劇)운동이 일어났다. 영국과 독일에 유학했던 시마무라 호게쓰(島村抱月)는 쓰보우치 쇼요(坪内逍遥)와 더불어 1906년에 창설된 문예협회(文芸協会)에서 연극 지도자로 활약하였다.

여기서 입센의 "인형의 집", 셰익스피어의 "햄릿", 톨스토이의 "부활" 등의 작품을 가지고, 마쓰이 스마코(松井須摩子)라는 당대 최고의 여배우와 함께 상연하여, 근대 연극에 큰 발자취를 남겼다. 이후 스마코와 호게쓰는 문예협회를 탈퇴하고, 새로운 극단인 예술좌(芸術座)를 만들어 전국을 순회하면서 많은 번역물을 상영하였다.

그리고 1924년에는 도쿄 도내의 쓰키지(築地)에 신극(新劇) 전문의 쓰키지 소극장(築地小劇場)이라는 극장이 생겨났고, 오사나이 가오루(小山内薫)와 히지카타 요시(土方与志) 등이 주재한 같은 이름의 극단이 신극운동을 이끌면서, 근대연극은 새로운 시대를 맞이하였다. 전후에는 민게이(民藝)나 시키(四季) 등 여러 극단이 결성되어 오늘에 이르고 있다.

カチューシャの唄
（復活唱歌）
唄：松井須磨子
オリエント A757

3. 일본의 3대 종교

연말연시가 되면 일본에서는 주변의 신사(神社)나 사찰(寺刹)에 삼삼오오 가족이나 친구들과 함께 참배하는 풍경을 흔히 볼 수 있다. 또한 예배를 드리지 않는 교회에서 결혼식을 올리는 신랑신부도 가끔 목격된다. 이러한 일본인들의 종교관을 논할 때 흔히 언급되는 말로서, 어릴 때는 신사에서 축복을 받고, 결혼식은 교회에서 올리고, 장례는 승려의 인도로 치루고 49재를 올리는 것처럼, 특정 종교나 종파에 구애 받지 않는 편의적인 태도를 보이는 경우가 많다. 이처럼 종교를 대하는 방식이 우리의 상식과는 사뭇 달라서, 다(多)종교 혹은 무(無)종교의 나라라고 일컬어지기도 한다.

그러나 한편으로 신토(神道)계 신자가 1억 2천만 명, 불교계 9천만 명, 기독교계 294만 명, 기타 906만 명 등, 일본인구보다 무려 2배에 가까운 종교인구—일본문화청의 2013년도 종교통계조사—가 있다고 한다. 물론 개개인을 대상으로 조사한 종교 질문에서는 전체 국민의 30%미만으로 떨어지므로, 관련 단체에서 필시 자신들에게 유리한 주장을 하고 있다고도 추정되지만, 이와 같은 현상은 그들 스스로 어떤 종교이든 한 쪽에는 들어있다는 강박관념이 작용한 것인지도 모른다.

그런데, 원래 일본에서는 야오요로즈노카미(八白萬神)라 하여 모든 사물에는 정령 혹은 신이 깃들어 있다고 하는 소위 애니미즘사상이 있었다. 의식의 밑바닥에 자리한 이러한 사상이 오늘날까지 회자되는 것

도 무종교 혹은 다종교라는 모순된 현상의 원인이라고도 생각된다.
여하튼 일본인의 종교로서, 불교와 신토(神道) 및 기독교가 있다. 그
밖에 유교와 이슬람교 등도 있으나 극소수이기 때문에 여기에서는
대표적인 세 가지 종교의 발생과정과 현재의 상황에 대해 살펴보기
로 한다.

1) 불교

일본인에게 있어서 고대로부터 현재까지 가장 크게 영향을 미친
종교는 불교이다. 일본불교의 기원에 관해서, 일본서기(日本書紀)에
는 백제 성명왕(聖明王)이 552년에 경전과 불상을 보내왔다고 하지
만, 원흥사(元興寺)의 가람연기(伽藍緣起)와 성덕태자 전기(聖德太子伝
記)에서는 538년으로 되어있다. 이와 같이 전래 연도는 불명확하지
만, 대략 6세기 중반에 백제로부터 전파된 것으로 보이며, 도입될 당
시 토착신앙과 마찰도 있었다고 생각된다. 일본서기에 따르면, 야마
토(大和)지역의 호족으로서 조정의 유력씨족인 모노노베 씨(物部氏)
는 외래의 만신(蠻神)이 재앙을 가져왔다고 하여 사원을 태우고 불상
을 훼손했다. 그러나 소가 씨(蘇我氏)와 성덕태자(聖德太子) 측에서는
오히려 불교를 숭상함으로써 역병을 물리칠 수 있다고 주장하여, 결
국 양측은 군사를 동원한 충돌로 이어졌다. 그 결과, 숭불을 주장한
성덕태자가 승리하여 사천왕사(四天王寺)를 세우고 불교 입국(立國)
을 표방하면서, '17조(條) 헌법'이라는 불교사상이 들어간 고대 법률
체계도 정비하였다.

이와 같이 초창기는 호족과 왕족의 주도로 진행되었는데, 이후
724년부터 749년까지 재위한 성무(聖武) 천황은 전국 각지에 국분사

(國分寺) 및 국분니사(國分尼寺)를 설치하도록 지시하였다. 그리고 743년에 서원(誓願)을 세우고 도다이지(東大寺)조영에 착수했는데, 대불(大佛)제작에 필요한 금을 구하지 못해 애를 태우다가, 당시 혼슈 동북지방(陸奧国)의 관료였던 백제왕족 출신의 경복(敬福)이 황금을 캐내어 봉헌하였기 때문에 불상은 무사히 완성할 수가 있었다. 성무는 너무 기쁜 나머지 749년에는 연호까지 감보(天平感寶)로 개칭하였으며, 발원부터 9년이 지난 752년에 비루사나불상(廬舍那大仏像)의 개안(開眼)식을 올렸다. 현존 불상은 높이가 14.7m, 기단 주위가 70m에 이르며, 대불전의 크기는 창건 당시보다 약간 줄어들었지만 고대 최대의 가람이며, 또한 가장 오래된 목조건축물이라는 평가와 함께 현재 국보로 지정되어 있다. 덧붙여서, 규슈의 우사하치만(宇佐八幡)신이 불사의 조영에 힘을 보태기위해, 나라(奈良)의 다무케야마하치만(手向山八幡)으로 권청(勸請)되어 도다이지(東大寺)의 수호신이 되었다는 기록이 있다. 이는 하치만(八幡)신사의 분사(分社)로서는 첫 사례이자 신토(神道)사상과 관련이 깊은 소위 '신불습합(神仏習合)'의 효시로 해석되고 있다. 참고로 '신불습합'이란 인도의 부처나 보살의 권화(權化)로 간주하는 '본지수적(本地垂迹)'이라는 논리로서 일본 불교의 특색이기도 하다.

고대불교는 호족들에 의한 사적인 종교에서 조정(朝廷)의 통제라는 국가불교의 특징을 가지고 있었다. 또한, 왕궁이 자리한 나라(奈良)지역에 구축되었기 때문에, 후대에는 남도(南都)불교라 일컬으며, 왕권에도 영향을 미치는 큰 세력을 형성하게 되었다. 이와 같은 남도불교를 일으킨 고대의 승려들과 관련 종파의 성립과정을 살펴보면 다음과 같다.

먼저, 현장(玄奘)법사에게서 사사(師事)한 도소(道昭:629-700)가 전한 법상종(法相宗)이 있다. 나라의 약사사(薬師寺)―680년에 창건되어 이후 718년에 현재 위치로 옮김―와 소가(蘇我)씨 일족인 성덕태자의 아카루가(斑鳩)궁이 있었던 법륭사(法隆寺)가 이에 속한다. 참고로 도소가 입적한 후, 제자들이 고인의 유지를 받들어 처음으로 화장(火葬)했다고 하며, 지통(持統)여왕이 그 뒤를 이었지만, 오히려 그녀가 최초라는 주장도 있다. 그리고 약사사(薬師寺)의 사문(沙門)으로 당에 건너가 직접 현장법사로부터 법상종을 배운 행기(行基)는 빈민구제와 치수(治水) 및 가교(架橋) 등, 민중포교와 사회사업을 동시에 진행했던 승려로, 전국각지에 불교사원도 많이 건립하였다. 당시의 기록―대승정사리병기(大僧正舎利瓶記)와 속일본기(続日本紀)―에 의하면, 그는 백제왕자 왕이(王爾)의 후손인 고시(高志)씨 출신으로 수많은 중생들을 교화시켰는데, 따르는 자가 너무 많아 거리를 메울 정도였다고 한다. 조정에서는 대승정(大僧正)의 직위를 내려 제도권으로 끌어들이려 했으며, 사람들은 그를 행기보살(行基菩薩)이라 칭송했다고 한다.

인도의 용수(竜樹)가 일으킨 것으로, 서역의 승려인 구마라주(鳩摩羅什)가 후진(後秦)에 전한 삼론종(三論宗)이 있다. 대승(大乗)불교에 속하며, 일본에는 고구려승려인 혜관(慧潅)이 전했다고 한다. 아스카데라(飛鳥寺)라는 원흥사(元興寺)와 구다라데라(百済大寺)의 별칭을 가진 대안사(大安寺)의 교의로서, 혜관은 원흥사에서 성덕태자에게 삼론(三論)을 강의했다고 한다. 그리고 702년에 당(唐)으로 건너가 삼론경(三論経)을 터득하고 718년에 귀국한 도자(道慈)율사는 대반야경(大般若経)을 소리 내어 읽는 전독(転読)회를 열어 재난을 극복하였고, 이때부터 시작된 대반야경회(大般若経会)는 국가행사였는데, 이후 민간법회로까지 번져 유행하였다. 또한 성실종(成実宗)은 백제의 도장(道蔵)이 721년에 건너와 강론한 성실론(成實論)이 효시이지만,

이후 삼론종의 부속 종파가 되었다.

나라(奈良)의 당초제사(唐招提寺)를 본산으로 하는 일본 율종(律宗)은 소승(小乘)불교 계열로서, 득도(得度)를 위한 수계의식(受戒儀式)과 수백 가지의 계율—비구 250계, 비구니 348계—인 구족계(具足戒)를 지켜야 하는 엄격한 수행이 따르는 종파이다. 개기(開基)로서 감진(鑑真:687-763)을 초빙하기 위해 에이에이(栄叡)와 후쇼(普照)를 당에 파견하였고, 다섯 번이나 실패를 거듭하다가 754년에 드디어 일본에 초빙하는데 성공하였다고 한다. "덴표의 용마루(天平の甍)"라는 이노우에 야스시(井上靖)의 역사소설은 당시 중국의 저명한 고승이었던 '감진'의 도일(渡日)과정을 극명하게 그려낸 것으로, 순문학과 대중문학의 중간 장르인 소위 중간(中間)소설로 평가되고 있다.

대승(大乘)불교에 속하며, 신라의 의상대사가 퍼뜨린 것으로 유명한 화엄종(華厳宗)은 신라의 심상(審祥)이 양변(良弁:689-773)의 초대를 받아, 도다이지(東大寺)에서 화엄경(華厳経)을 강론한 데서 시작되었다. 이후 양변은 일본 화엄종을 확립하였고, 가마쿠라시대에 고변(高弁)과 응연(凝然) 등이 나와서 교단 개혁을 일으키는 등, 새로운 교의를 전개하기도 했다.

참고로, 일본고대문화와 관계가 깊은 담징(曇徴)은 610년에 건너온 고구려 승려로서, 유교경전인 오경(五経)과 회화 채색(絵画彩色)법 및 종이—일본 전통종이인 와시(和紙)의 원조—와 먹(墨) 등 지필묵의 제법과 농기구를 전했다. 그리고 602년에 백제로부터 건너온 관륵(観勒)은 일본최초로 승정(僧正)이 되었는데, 그는 역본(曆)과 천문, 지리서, 병법의 일종인 둔갑과 방술 등을 전했다고 한다.

고대는 불교가 정착된 시기인 동시에 왕실에도 영향력을 가지고 있었기 때문에, 간무(桓武) 천황은 왕도를 옮겨서 벗어나려고 하였다.

이리하여 교토(京都)로 천도한 헤이안(平安)시대 초기에는 불교세력이 약해졌으나, 사이초(766-822)―시호는 전교대사(傳教大師)―와 구카이(774-835)―시호는 홍법대사(弘法大師)―라는 뛰어난 승려가 나와 새로운 전기를 맞이하게 되었다. 두 사람은 804년 당나라 유학승으로 건너갔던 인물들로서, 먼저 805년에 귀국한 사이초(最澄)는 천태종(天台宗)을, 그리고 806년에 돌아온 구우카이(空海)는 진언종(眞言宗)을 각각 열었다. 귀족시대인 헤이안(平安)불교를 이끈 두 개조(開祖) 및 종파에 대해 살펴보면, 먼저, 사이초(最澄)는 부패한 남도 불교를 배격하기 위해 교토 북쪽의 히에이 산(比叡山)기슭에 일본 천태종(天台宗)의 본산이 된 엔랴쿠지(延曆寺)를 788년에 창건하였다. 천태종의 수행은 법화경(法華經)의 관심(観心)에 중점을 둔 '마가지관(摩訶止観)'― '摩訶'는 크다는 뜻이며, '止観'은 자신의 관상(觀想)을 멈추고 좌선(座禅)하는 것―에 있으며, 나중에 염불의 원조로 발전한 것이기도 하다. 엔랴쿠지는 선(禪)과 염불뿐만 아니라 밀교(密教)도 도입하여 다양한 대승(大乘)의 교학을 융합한 요소를 갖추어 놓았기 때문에 불교학문의 중심 도장으로서 중세의 가마쿠라 신 불교를 일으키게 된 모태가 된 것이다. 또한, 그의 제자인 원인(円仁)과 원진(圓珍)은 당(唐)에서 새로이 밀교(密教)를 학습하여 '태밀(台密)'을 열었는데, 이는 구카이(空海)가 들여온 밀교가 교토의 도우지(東寺)를 근거지로 하였기 때문에 동밀(東密)이라 하여 천태종의 밀교와 구분한 명칭이다. 구카이의 진언밀교(眞言密教)는 대일여래(大日如來)를 본존으로 하는 교의이지만, 태밀(台密)에서는 석가여래(釋迦如來)를 법화경의 본존(本尊)으로 하는 교의를 전개했다.

한편, 구카이(空海)는 사이초와 같이 유학했지만, 귀국을 늦추어 장안(長安)에 머무르면서 불공(不空)의 제자인 혜과(惠果)로부터 진언

밀교(眞言密敎)를 전수받아, 밀교를 기반으로 하여 고야산(高野山)의 곤고부지(金剛峰寺)에서 진언종(眞言宗)을 열었다. 그는 진언(mantra) 염송(念誦)의 힘으로 부처로부터 삼밀(三密)의 가지(加持)를 받아 부처의 세계로 들어가는 것을 설파했는데, 이를 '즉신성불(即身成佛)', '즉사이진(即事而眞)'이라 표현하였고, 기도(祈禱)에 의한 현세이익(現世利益)을 추구한 점에서 귀족부터 민중에 이르기까지 폭넓은 지지를 받았다. 구카이는 62세가 된 835년에 고야산(高野山)에서 입정(入定)하였는데, 좌선한 채로 입적했다는 전설이 있다. 또한, 천황의 호지(護持)승려였던 사이초와 달리 사도승(私度僧)으로 고행(苦行)한 그는 남도의 화엄종과도 친밀하였고, 행기(行基)처럼 민중교화나 중생구제에도 관심을 기울였다. 그러한 연유로 구카이의 연고지인 시코쿠(四国) 여든여덟 곳의 관음(觀音)성지를 차례로 참배하는 시코쿠 순례(四国巡禮)라는 대사(大師)신앙이 되어 오늘날까지 이어지고 있다.

중고시대의 주류가 된 두 종파는 이후 10세기경에 구야(空也)와 겐신(源信)이 전한 정토(淨土)계의 염불과 11세기의 아미타(阿彌陀)신앙이 퍼졌고, 전란이 이어지던 12세기 후반 이후 호넨(法然)이 타력(他力)신앙을 기본으로 하는 정토종(淨土宗)을 열었으며, 그의 제자인 신란(親鸞)에 의해 정토진종(淨土眞宗)으로 발전하였다. 이와 같이 중세에 들면서 정토교를 중심으로 소위 가마쿠라(鎌倉)불교라 일컫는 신불교가 일어나게 된 것이다.

전술한 바와 같이, 백제를 통해 전래된 이후 왕실과 조정을 중심으로 국가적인 보호를 받던 불교는 9세기이후 귀족의 지지를 통해 성장하다가, 12세기 후반에 들어 막부정권으로 이행하던 시대로부터 이전에 없었던 새로운 종파로서 소위 정토종(淨土宗)이라는 신불교가 탄생하였다. 기존 불교에서 벗어나 염불을 통해서만 구제받을

수 있다는 타력(他力)신앙을 설파한 법연(法然)이 일으켰으며, 그의
제자인 신란(親鸞)은 아미타불에 의존하는 것만으로 왕생성불 할 수
있다는 타력 본원(本願)의 정토진종(浄土真宗)으로 진화시켜, 수많은
중생들의 마음을 사로잡았다.

그런데, 정토종의 발원 배경에는 말법(末法)사상이 있었다. 부처가
입적한 이후에는 불법(佛法)이 '정법(正法)·상법(像法)·말법(末法)'으
로 바뀐다는 소위 삼시(三時)사상에 입각한 것으로, 일본에서는 이를
1500년으로 보았기 때문에, 불멸(仏滅)로부터 1722년이 흘러서 이미
말법에 들어갔다는 것이다. 이를 기준으로, 1052년은 불멸 후 2001
년째에 해당하여, 파계승(破戒僧)이 나타나 불법이 바뀐다고 보았다.
즉, 불법이 변하기 때문에 그 시대에 맞는 법이 사람들을 이끌며, 말
법의 세상에는 기본적인 계(戒)도 지킬 수 없는 파계승이 도사(導師)
가 되어 중생을 인도한다는 것이다.

이와 같은 가마쿠라(鎌倉) 신불교가 탄생하게 된 역사적 배경으로,
학자들은 내적요인과 외적요인을 지적한다. 먼저, 내적요인으로서
불교가 퇴폐하게 된 이유는 다음과 같은 네 가지이다. 첫째, 당시 엔
랴쿠지(延暦寺)의 엔닌(円仁)계열인 산문(山門)계와 미이데라(三井寺)
의 엔친(円珍)계열인 사문(寺門)계에 의한 내부 항쟁이다. 같은 천태
종(天台宗)사원이지만 서로 주지(座主)가 어느 파벌에서 나오는 가로
항상 다투고, 심지어 사찰을 불태우는 사태까지 벌어졌다. 둘째, 남
도의 흥복사(興福寺) 승려가 도노미네(多武峰)—메이지 이후 단잔진자
(談山神社)로 개칭—에 난입하여 경내의 불탑을 태운 사건처럼 폭력
화된 일로서, 특히 이 두 가지는 말법(末法)이 나타난 것이라고도 하
였다. 셋째, 수행을 쌓지 않고 깨달음의 세계에 들어가는 본각사상
(本覚思想)과 수행을 쌓음으로서 득도하여 부처가 된다는 시각(始覚)

사상이 등장했다.

　참고로 본각사상은 헤이안(平安)말기부터 나와서 가마쿠라(鎌倉)불교와 신토(神道)에도 영향을 미쳤다. 넷째, 정토(浄土)사상의 영향으로, 겐신(源信)—恵心僧都—은 "왕생요집(往生要集)"을 통해 마음속으로 부처를 생각하면서 염불을 외우면 된다는 정토(淨土)교리의 기초를 만들고, 그 영향을 받은 법연(法然)에 의해 정토종을 일으킨 일로서, 관상(観想)염불이라 하여 마음속으로 부처를 생각하고 염불을 외우기만 하면 된다고 풀이하였던 것이다. 그리고 외적요인으로서, 무사(武士)계급이 대두됨에 따라 곧바로 가르침이 실현될 수 있는 교의(教義)를 원했다. 거기에 입으로 외는 구칭(口称)염불과 좌선(座禅)이 가마쿠라 신불교가 된 정토종파의 탄생 기반이 되었다.

　정토종(淨土宗)과 정토진종(淨土眞宗)의 개조와 종파의 논리를 살펴보면 다음과 같다. 먼저, 정토종을 일으킨 법연(法然)—속명은 원공(源空)—은 다른 수행방법은 모두 버리고 오로지 염불만 외우라는 전수염불(専修念仏), 혹은 '칭명염불(称名念仏)'이라고도 일컫는 교의(教義)로, 타력역행(他力易行)의 문(門)이라고 주장했다. 그는 겐신(源信)의 정토사상—観想(観念)念仏—에 영향을 받고, 선도(善導)의 "관무량수경소(観無量寿経疏)"에 이끌리어 염불에 귀의하였다. 천태(天台)의 교의로 학습과 수행을 거듭함으로써 비로소 깨달음이 열린다는 난행도(難行道)인 자력본원(自力本願)을 부정하고서, 일체의 잡행(雑行)을 버리고 역행도(易行道), 즉 아미타 부처에 의존하는 타력본원(他力本願)으로 미타(弥陀)의 본원력(本願力)인 제18원에 의해 정토(浄土)의 문이 열린다는 구칭염불(口称念仏)—칭명염불(称名念仏)—을 주장했다. 여기서 '염불'이란 '아미타여래(阿弥陀如来)'의 명호(名号)인 '나무아미타불(南無阿弥陀仏)'을 염송(念誦)한다는 뜻이다. 애당초 천태의 가르침은 어려운 수행을 강조하였기 때문에, 이를 거부하고 부처의 구원만을 믿으며 오로지 염불만을 외라는 주장인 것이다.

이와 같이 말법의 세상에서는 만인이 평등하게 이루기 쉬운 왕생정토로서, 법연이 설파했던 교의를 담은 법어가 "센자쿠혼간넨부츠슈(選択本願念仏集)"(1198)로, '전수염불(專修念仏)'을 주장하고 있다. 법연의 가르침에 따르면, '보제심(菩提心)'을 일으키지 말 것이며, 정토 관념(観念)을 하지 말고, 계율은 불필요하고, 경전(経典)은 읽을 필요가 없다는 네 가지를 들고 있다. 자신에게 매달리는 자를 극락정토에 끌어올려 주겠다는 미타(弥陀)―阿弥陀仏―의 본원력(本願力)인 제18원(願)에 따르는 것이며, 이를 달성하지 않으며 부처의 지위에는 오를 수 없다는 48원(願)과 다르다는 주장으로서, 48원을 내어서 이를 달성하여 부처가 되었다는 법장보살(法蔵菩薩)로부터 나온 것이다. 법연은 아미타만을 비는 정행(正行)과 칭명(称名), 즉 염불을 행하고 부처의 본원(本願)에 매달리라고 하였다.

그리고 법연은 몇 번이든 외치라는 다념의(多念義)이었지만, 제자인 신란(親鸞)은 한 번만이라도 된다는 일념의(一念義)이었다. 참고로 인도에서는 빛(光)이 전능이었지만, 중국에 들어와 신선사상의 영향을 받으면서 빛이 수(寿)―명(命)―로 바뀌었다. 정토인 서방극락(西方極楽)에 계신 아미타(阿弥陀)를 번역하면서 무량수(無量寿)가 된 것이라고 한다.

이상과 같은 신불교의 주장에 대해 기존 불교계에서는 매우 비판적이었다. 먼저, 법상종(法相宗)의 정경(貞慶)은 흥법사진상(興福寺奏状)을 통해, 일본의 신을 배례하지 않고 오로지 미타(弥陀)에게만 기대며, 또한 정토(浄土)를 잘 모르고, 게다가 염불도 틀렸다고 비판하였다. 이 주장을 수용한 가마쿠라막부는 1207년에 염불을 금지하는 명령―念仏停止令―을 내렸고, 75세 고령이었던 법연(法然)은 붙잡혀서 시코쿠(四国)로 이송되었다. 제자인 신란(親鸞上人)도 에치고(越後)로 귀양을 갔으며, 사형당한 제자들도 많았다. 1211년에 풀려나서 교토(京都)로 돌아왔지만, 이듬해 80세가 된 때에 사망했다. 이어서 화엄종(華厳宗)의 명혜(明恵)도 추사륜(推邪輪)이라며 신불교에 대해 비난하자, 1227년 재차 염불정지를 포고하면서 혹독한 탄압을 가했는데, 심지어 법연(法然)의 무덤까지도 파헤쳤다고 한다.

신란(親鸞)에 의한 정토진종(浄土真宗)의 교리는 제자 유이엔(唯円)이 필록한 "탄니쇼(歎異抄)"를 통해 타력본원(他力本願)을 전하고 있다. 여기서는 소위 '악인정기(悪人正機)'라 하여, '선인(善人)은 수행을 통해 왕생한다. 하물며 부처가 구원하려는 악인(悪人)은 더욱 그러하리라'는 역설적인 논리를 펼치고 있다. 신란이 정의한 '선인'이란 스스로 노력하여 부처가 되기 위해 수행하는 사람이라는 뜻으로 구제의 필요가 없으며, '악인'은 스스로 수행할 힘이 없어서 오로지 타력(他力)에만 의지하여 기대려는 사람이다. 종교를 초월한 철학사상까지 담고 있어서, 오늘날 불교신도가 아닌 민중에게까지 널리 읽히고 있으며, 공영방송(NHK)의 시민강좌에 채택되어 교재로 쓰이고 있다.

한편, 신란은 에치고(越後)로 유배되었을 때에 스승인 법연(法然)의 허락을 받아 결혼하였고, 환속해서는 후지이 젠신(藤井善信)으로 개명하였다. 부부사이에 여러 명의 자식을 두었으며, 유배가 풀리고 나서, 도치기 현(栃木県)에 전수사(専修寺)를 세웠고, 이바라키 현(茨城県)의 이나다(稲田)로 들어가 "교행신증(教行信証)"(6권)을 집필하고서, 스스로를 '우열신란(愚劣親鸞)'이라고 칭하였다. 신란의 사후, 막내딸인 가쿠신니(覚信尼)는 그의 초상을 안치한 미에이도(御影堂)를 교토시내에 조영한 혼간지(本願寺)에 두어 정토진종(淨土眞宗)의 본산이 되었다. 또한, 렌뇨(蓮如:1415-1499)는 교의를 더욱 간편하게 풀어놓은 오후미(御文)를 만들어 정토진종을 중흥시켰으며, 전국(戰國)시대 신도들의 저항운동을 상징하는 종교 세력인 잇코잇키(一向一揆)도 이끌었다.

달마대사(達磨大師)를 개종조(開祖)로 하는 선종(禅宗)은 중국에서 돌아온 에이사이(榮西)가 퍼뜨린 것으로, 유학(儒學)과 시문을 대표하는 교토와 가마쿠라의 주요 선원(禪院) 다섯 곳을 총칭한 소위 오산문학(五山文学)과 함께 금각사(金閣寺)로 상징되는 북산(北山) 및 동산(東山)문화의 원류가 되었다. 에이사이(1141-1215)는 임제종(臨済宗)의 승려로, 28세 때 히에이 산(比叡山)에서 천태를 배웠는데, 송(宋)에서 인도까지 가려고 했지만 단념하고, 중국에 머무르면서 임제(臨済)의 승려인 회창(懷敞)을 만나 선종(禅宗)을 알게 되었다. 귀국하여 규슈 하카다(博多)에 일본 최초로 선사(禅寺)인 성복사(聖福寺)를 건립하였고, 이후 교토의 건인사(建仁寺)를 중심으로 각지를 다니며 포교했다. 선(禅)이야말로 불교의 극치이라고 풀이한 "흥선호국론(興禅護国論)"과 약(藥)으로서의 차의 효능을 서술한 "끽다양생기(喫茶養生記)" 및 재배법(栽培法) 등을 저술했다. 그러나 일본에 차를 전파한 사람은 분명하지 않아서 학자들은 사이초(最澄)가 최초라고도 한다.

선종(禪宗)의 한 갈래로서 일본 조동종(曹洞宗)을 세운 도겐(道元)도 처음에는 히에이 산(比叡山)에서 불교를 배웠는데, 1223년 스승인 명전(明全)―건인사(建仁寺) 승려로 에이사이(栄西)의 제자―을 따라 송에 들어가서 천동산(天童山)에서 천동여정(天童如浄)을 만나 조동종을 학습했다. 불립문자(不立文字)라 하여 경전에 매달리지 않으며, 지관타좌(只管打坐)로 모든 것을 덮고 오로지 좌선(座禅)을 통해 스스로 길을 열어가라는 두 가지를 권했다. 1233년 교토 후카쿠사(深草)에 흥성사(興聖寺)를 세웠으며, 1243년에는 영평사(永平寺)―1898년에 소실되어 1911년 쓰루미(鶴見)의 소지지(総持寺)로 이전—를 건립하여 이주했다. 조동종의 교의에 관한 것으로, 도겐(道元)이 32세부터 23년간에 걸쳐 저술한 "쇼보겐조(正法眼蔵)"는 일본인에 의한 최초의 철학서다운 작품으로서도 평가받고 있다.

일련종(日蓮宗)의 개종조인 니치렌(日蓮)은 불법(仏法)의 진수는 오로지 법화경(法華経)에만 있으며, 3대 서원(三大誓願)과 함께 사악한 불법을 깨부수고 잘못을 깨닫도록 하는 절복(折伏)을 주장했다. 이를 통해 그릇된 신앙을 가진 자를 깨우쳐 일련종에 귀의하도록 했던 것이다. 히에이 산(比叡山)에서 배운 니치렌은 치바 현(千葉県)남부 세이초산(清澄山)에 올라 불교의 진수(真髄)는 법화경(法華経)에 있다는 깨달음을 처음으로 얻었다. 즉, 법화경만이 구원이기 때문에 그것만 창도하면 된다는 최상이자 유일무이한 전수(専修)사상을 가지게 되었고, 1253년에 일련종으로 독립하여 법화전수(法華専修)를 열었다. 니치렌은 1260년 가마쿠라(鎌倉)에서 '입정안국론(立正安国論)'—안국(安国)이란 호국(護國)론의 일종—을 집필했는데, 여기서 정토종을 사법(邪法)이라고 신랄하게 비판하고서, 정법(正法)인 법화경(法華経)을 바로세워야만 세상이 다스려진다고 주장하였다. 이 문서를 당시의 싯켄 쇼군(執権将軍)인 호조 도키요리(北条時頼)에게 헌상했다. 문서에는 외국의 침략을 받을 것이라는 몽고(蒙古)의 난까지 예언해 두었지만, 정치 비판을 이유로 1261년에 이즈(伊豆)반도로 유형을 갔다. 풀려난 이후에도 막부와 타종교를 계속 비난했기 때문에, 1271년 가나가와 현(神奈川縣)의 다키노구치(竜ノ口)에서 처형당하게 되었다. 그런데, 제자들은 다수 참수되었지만 사형집행인의 칼에 벼락이 떨어지는 바람에 집행이 중지되었고, 이후 면책되어 3년간 사도(佐渡)섬으로 귀양을 갔다. 실제 몽고군이 규슈로 내습한 때는 막부에 응하지 않고,

1282년 미노베산(身延山)의 구온지(久遠寺)에 은거했지만, 중병에 걸려 양생(養生)을 위해 이동하던 중에 사망했다. 입멸한 뒤, 일련종(日蓮宗)의 본산인 도쿄 이케가미혼몬지(池上本門寺)에서 화장되었다.

정토 관(浄土観)에 대해 에이사이(栄西)나 도겐(道元)은 서방정토라고 풀이했지만, 니치렌은 "관심본존초(観心本尊抄)"를 통해 법화경을 외우는 것만으로 정토는 만들어지며, 현세야말로 정토라는 여파세계(如婆世界)로 해석하여, 현세를 좋게 함으로써 정토가 된다는 것이었다. 그리고 유배가기 전에 썼던 "수호국가론(守護国家論)"에서 대승계단(大乗戒壇)이 '염리예토(厭離穢土)' '흔구정토(欣求浄土)'이라 하였던 헤이안 시대 정토교의 말법(末法)을 부정하고, "입정안국론(立正安国論)"에서 정토는 이미 정해졌다고도 주장했다. 이를 위해서는 오로지 법화경(法華経)─남무묘법연화경(南無妙法蓮華経)─만을 창제하라는 것이었다. 이와 같이 니치렌(日蓮)으로 대표되는 가마쿠라(鎌倉)시대의 호국(護国)은 이전과는 다른 내용으로 변했다. 즉, 귀족시대는 진호국가(鎮護国家)로서 국가는 곧 천황을 의미했다. 8세기 중반에 조정에서 각 지방마다 국분사(國分寺)를 설치한 이유도 이러한 '진호국가'를 위한 방편이었다. 따라서 불법은 곧 왕법(王法)이며 왕도(王道)였던 것이다. 그러나 니치렌 계통의 승려들은 현실사회가 곧 정토(浄土)라 하여 호국은 법화경(法華經)을 창제하기 위한 의미로 쓰이게 된 것이다.

그밖에 중세 신불교의 하나로 전국을 떠돌며 민중에게 소위 '염불춤(踊念仏)'을 권장한 유교쇼닌(遊行上人)이라 일컫는 잇펜(一遍:1239-1289)의 시종(時宗)이 있다. 그는 법연(法然)의 문하생인 쇼쿠(証空)의 제자 쇼타츠(聖達)로부터 배우고, 구마노(熊野)로 들어가 수행하던 중에 중생 왕생의 계시(霊告)를 받아서 구야(空也)가 창제한 '염불 춤'

이라는 수행법을 펼쳤다. '시종'은 '시중(時衆)'이라 하여 일시적으로 민중들이 모여서 만든 교파라는 말처럼, 특정 지역에 고정된 교단은 아니었다. 잇펜은 아미타(阿弥陀) 명호의 표(算)를 배부하면서 지방 각지를 돌아다녔기 때문에 유행(遊行)의 염불행자(念仏行者)라고도 한다.

이상과 같이, 가마쿠라시대에 들어서서 활발하게 진행된 신 불교는 귀족이 일반 민중을 대상으로 교단의 기초를 두고 일본의 풍토에 밀착한 토속종교가 되었다. 또한, 고대로부터 내려온 기성 종파를 개혁한 점에서 주목받았지만, 전국(戰國)시대에 이르러 천하통일을 이룬 오다 노부나가(織田信長)와 도요토미 히데요시(豊臣秀吉)에 의한 종교세력 무력화로 세속적인 권력은 사라졌다. 그러나 기독교 탄압과 연동되어 진행된 민중통제용 종교정책인 강제개종(宗門改)에 따라, 에도(江戸)막부의 관리체제에 편입된 형식화된 불교로 전락하였다. 기독교 금교령에 동반되어 시행된 강제개종은 주민들에게 의무적으로 불교사원의 신자(信者)증명을 받도록 하였다. 이에 따라 주민들은 어쩔 수 없이 특정 사원의 소위 단가(檀家)가 되었고, 각자 귀의한 사찰인 단나데라(檀那寺)가 일반화된 것이다. 막부에서는 이를 통제할 부교(寺社奉行)까지 두어 제도화했다. 이와 같이 근세에는 중세와 같은 새로운 불교에 대한 관심과 여건이 사라짐으로써 기득권 세력처럼 종교가 세속화의 길을 걷게 되었다. 현대일본인들이 관례적으로 치루는 사십구재처럼 의례에만 치중한 종교로서만 인식된 이유도 여기에서 찾을 수가 있을 것이다.

그러나 기득권 세력으로만 안주했던 불교는 근대에 들어서 위기에 빠졌다. 즉, 메이지정부의 신토(神道) 국교(國敎)화 정책에 따라 사찰의 특권을 폐지하고, 이와 더불어 일어난 배불(排佛)운동과 연동되어 사찰과 불상을 훼손한 소위 '페불훼석(廃仏毀釈)'사태까지 겪었던 것이다. 하지만, 기독교 금지령 해제와 아울러 포교 자유화에 자극받아서 불교의 근대화를 꾀하고, 교육과 사회복지 등 다양한 활동을 통해 새로운 길을 모색하면서 오늘에 이르고 있다.

　참고로 한국에 전파된 일본불교의 하나로, 일련정종(日蓮正宗)을 강회로 하여 1930년 마키구치(牧口常三郎)등이 일으킨 재가(在家)불교단체인 창가학회(創價學會)가 있다. 니치렌(日蓮)은 말법시대의 부처로, 법화경의 창제—南無妙法蓮華経—를 실천하고, 법화경 사상의 포교를 선언—광선유포(廣宣流布)—하며, 세계평화의 실현을 교의로 삼고 있다. 1960년 제3대 회장에 취임했던 이케다 다이사쿠(池田大作)에 의해 교세는 크게 신장하여 세계적인 종교 단체(SGI)로 성장하였는데, 일본 국내에만 6백만 명(1995년)에 가까운 신자가 있다고 한다. 기관지로 성교(聖教)신문을 매일 발행하고 있으며, 또한, 이 단체를 모체로 하여 1961년에 종교정당으로 출발한 일본 공명당(公明党)이 있다. 현재 공명당은 자민당과 함께 일본의 제2여당으로 자리 잡고 있다.

2) 신토

일본의 전통신앙으로서, 산천초목에는 정령(精靈)이 깃들어 있다는 소위 애니미즘(animism)이라는 정령신앙과 조상의 신령을 모시는 선조제사(先祖祭祀)라는 두 가지를 기반으로 생성된 종교가 신토(神道)이다. 따라서 신토는 원래 민중들이 가졌던 자연신앙이나 민속에 가까운 성격으로, 경전이나 교리에 입각한 체계적인 틀을 가진 일반적인 종교와는 다르다.

종래의 학설에 따르면, 천신지기(天神地祇)에 대한 제사(祭祀)를 관장하던 궁사(宮司)들에 의해 체계화가 진행된 800년 전후에 성립되었다고 하며, 이는 본디 여성 사제인 미코(巫女)의 전통을 조정의 관리 아래에 두면서 조직화되었던 것으로 보고 있다. 고대 조정의 제사는 거의 기기(記紀)신화에 의거하고 있고, 나아가 성문(成文)화된 신토는 14세기 남북조시대라는 혼란기에 남조에 충신이었던 기타바타케 치카후사(北畠親房)의 "진노쇼토키(神皇正統記)"가 이론적 토대가 되었다고 보인다. 요컨대 문헌에 채록된 고대신화를 근거로 14세기 중반의 남북조시대에 남조(南朝)의 충신들이 역사적 정통성을 주장하기 위한 새로운 사료 해석에서 출발하여, 근세의 소위 국학(國學)자들이 제창한 이론에서 발전한 것이다. 이후 메이지유신을 이끈 존왕양이(尊王攘夷)논자들의 주장을 받아들여, 메이지정부 내에 공식적인 관청 조직을 만들어 국가 신토(國家神道)로서 천황제의 정신적 기반을 구축해 놓았다.

신토의 신들은 앞서 언급한 바와 같이, 고대 문헌에서 분류된 것처럼 천신(天津神)과 지신(国津神)으로 나뉜다. 전자는 주로 왕실과 관련이 있는 씨족들의 조상신인 경우가 많으나, 별도의 독립된 신도 있으며, 후자는 이즈모 대사(出雲大社)의 오호쿠니누시 신(大國主神)을 비롯한 지방의 토지신과 함께 나라(奈良)지역에 자리한 미와야마산(三輪山)의 오호모노누시 신(大物主神) 등과 같이, 고대 왕도의 주변에 자리한 신들도 있다. 그리고 헤이안(平安)시대의 정치인으로 중앙에서 밀려나 규슈지방으로 좌천당했던 스가와라 미치자네(菅原道真)의 혼령인 어령신(御靈神)을 진혼(鎭魂)하기 위한 덴진(天神)신앙에서 비롯된 것으로, 교토의 기타노텐만구(北野天満宮) 및 규슈의 임지였던 다자후(太宰府)에 덴만구(天満宮)가 있다. 제신인 덴진(天神) 신은 전국 각지로 권청되었고, 높은 직위와 학식을 가졌던 인물에 빗대어 학문의 신으로 일컬어지면서, 입시를 앞둔 수험생들의 합격기원을 위한 참배가 많다. 그리고 생전에 덕망이 높아서 민중들의 추앙을 받던 사람의 혼령을 모신 신사도 있다. 그중에서도 특히 메이지(明治)천황을 혼령을 모신 메이지진구(明治神宮)는 국민적인 지지가 컸기 때문인지 가장 많은 참배객으로도 유명하다. 또한, 교토의 야사카진자(八坂神社)를 총본산으로 하는 기온진자(祇園神社)는 기원정사(祇園精舎)를 지키는 고즈텐노(牛頭天王)라는 고대신화에 등장하는 스사노오를 제신으로 하는 기온(祇園)신앙을 배경으로, 전국적인 분포를 보이고 있는 신사이다. 기온진자의 유래로서, 역병을 막아준다는 치노와(茅の輪)의 기원을 담은 소민장래(蘇民将来)의 전설은 현재 히로시마(広島縣) 동쪽 지방의 지리지인 '빙고(備後)'풍토기에 실려 있기도 하다.

　이와 같이, 전국적으로 계열 신사가 많거나 특정한 성격을 띤 곳도 있지만, 일반적으로 볼 수 있는 것은 산신과 수신(水神)처럼 민중들의 일상생활과 밀접한 제신이 많다. 예를 들면, 전국적으로 가장 많은 신사의 제신인 이나리(稲荷)신은 곡령의 성격을 띠고 있으며, 두 번째로 많다는 하치만(八幡)신은 응신(應神)천황의 전설에서 비롯되어 무사들의 제신으로 모셔지고, 또한 신불습합의 첫 사례가 되기도 하였다. 그밖에 다이고쿠텐(大黒天)이나 칠복신(七福神)과 같은 도래(渡來)한 신이나 표착(漂着)신도 있다.

앞서 언급한 스가와라 미치자네(菅原道真)를 모신 덴만구(天満宮)는 전형적인 고료(御靈)신앙으로서, 역사적으로 6세기 말부터 시작되었다고 한다. 고대로부터 신령에 대한 해석으로서 죽은 자의 영혼인 사령(死靈)은 인간을 지켜준다는 믿음이 있었다. 예컨대 조령(祖靈)은 사령이 수십 혹은 수백 년이 지나면 수호신으로 변해 우지카미(氏神)라 하여 조상 신 혹은 지역의 신이 되지만, 원한을 가지고 죽으면 '고료(御靈)'라는 원령(怨靈)―살아있는 사람이 저주하면 생령(生靈)―이 되어 모노노케(物の怪)로 나타나 재앙을 일으킨다. 밀교(密教)에서는 기도(祈禱)의 힘으로 귀신을 억눌러 활동을 막는데, 원령을 잘 누르는 승려는 '겐자(驗者)'라고 하였다. 일본서기의 기록에 의하면, 모노노베 모리야(物部守屋)의 부하인 도토리베 요로즈(捕鳥部萬)를 죽일 때 시신을 8등분으로 잘라서 꼬챙이에 끼워 팔방으로 버렸다고 한다. 이는 잔학행위가 아니라 재앙이 두려웠기 때문에 취한 것이었지만, 그래도 천둥이 울리고 비가 쏟아졌다고 한다. 또한, 나가야 왕자(長屋王)가 모략에 휘말려 원한을 품고 죽었는데, 시체를 태워 재를 뿌리자 그것이 남방의 시코쿠(四國)바닷가까지 흘러가 재앙을 일으켰다고 한다. 역사상 가장 유명한 사례는 간무(桓武)천황의 친동생이 천도(遷都)책임자를 암살했다는 누명으로 유폐되었다가 귀양을 가서 죽자 교토에 각종 재앙이 빈발하였고, 이를 억누르기 위해 능과 신사를 만들어서 진혼하고, 등극한 적도 없는 왕자였지만 스도(崇道)천황이라는 시호(諡號)까지 내렸다고 한다. 이와 같이 역사적 사건과 연루되어 사망한 경우는 죽은 자의 진혼을 위해 신사를 조영하고 있는 것이다.

야오요로즈노카미(八百万神)라는 온갖 신령들을 모신 곳을 신사(神社)라 하지만, 왕실이나 왕실과 밀접한 관계에 있는 신사는 특별히 신궁(神宮)이라고 하며, 고대부터 규모가 크고 역사에서 중요한 역할을 가지고 있었던 신사는 대사(大社)라고 한다. 참고로 현재 신궁으로는 왕실의 조상신인 아마테라스(天照大御神)를 모신 미에 현(三重県) 이세시(伊勢市)에 위치한 이세진구(伊勢神宮)와 왕실의 보검(布都御魂剣)신을 모신 나라(奈良) 텐리시(天理市)의 이소노카미진구(石上神宮), 3종의 신기의 하나인 구사나기 검(草薙剣)을 신체(神體)로 하는 나고야(名古屋市)의 아츠타진구(熱田神宮) 등이 있다. 그리고 대사로는 앞서 인용한 이즈모타이샤(出雲大社)를 가리킬 경우도 있지만, 오사카의 스미요시 대사(住吉大社), 규슈의 무나카타 대사(宗像大社) 등은 예부터 조정에서 공물을 봉헌했던 별격(別格)신사인 관폐 대사(官幣大社)에 속하는 곳이다.

오늘날 일본인들이 하츠모우데(初詣)라 일컫는 행사로서, 정월 초에 참배하여 한해의 행복과 안녕을 기원하거나, 시치고산(七五三)이라 하여 구지(宮司)로부터 자녀의 성장나이에 맞추어 건강과 행복을 축원받기도 한다. 또한, 혼례의식을 올리기도 하고, 각종 시험에 임하여 합격기원을 목적으로 참배하기도 하지만, 실제 정기적인 종교 행사는 직무에 종사하는 사람들만을 중심으로 행해지고 있다.

신사에서 제신을 모시는 신직(神職)인 간누시(神主)는 신사에 따라 다르지만, 일반적으로 구지(宮司)와 네기(禰宜) 등으로 불리며, 미코(巫女)라 부르는 여성은 신직에는 포함되지 않지만, 신사의 제반 행사(神事)나 남성 신직을 보좌하는 역할을 수행한다. 그런데, 원래 미코는 신사의 제신과 불리할 수 없는 관계로, 가구라(神楽)라 하여 신에게 봉헌하는 춤을 추거나, 앞서 설명한 바와 같이 신탁(神託)을 받아 전하는 핵심적인 존재였지만, 근대 이후에 보조적인 존재로 변했다고도 한다. 그리고 미코(巫女)는 흰 저고리에 분홍색 치마라는 동일한 복장을 하고 있지만, 남성 신직은 정장과 예장, 상장(常裝) 등, 용도와 신분에 따라 각각 다르다.

일반적인 종교와 달리 신토에는 특정한 교리가 없다고 하지만, 신전이나 신사의 장식물 등은 상당 부분 불교와 닮은 데가 많다. 이는 신토의 형성과정에 불교가 지대한 영향을 끼친 것으로서, 역사적으로 보아 불교와 불가분의 관계로 성장해 왔음을 알 수 있다. 그러한 양자의 관계는 앞서 일본불교의 역사에서 보았듯이 소위 신불습합(神仏習合)이라는 사상에서 비롯된 것이다. 이하에서는 이러한 신불습합의 발생과 전개에 대해서 살펴보기로 한다.

불교의 신과 신토의 신이 같은 영역으로 들어와 하나의 체계로서 엮어지고, 그것이 인간세계에 영향을 주고 있다고 설명되는 것이 신불습합(神仏習合)사상이다. 고대일본에 들어왔던 불교에서도 볼 수 있는 요소로, 변재천(弁財天)이나 비사문천(毘沙門天)처럼 원래 인도의 신들이 불교 안으로 들어온 것을 보면, 본디 포용력이 강한 종교였다고도 생각된다. 여기에 절조(節操)가 없는 일본인들의 감각에 따라 잡다한 요소가 모두 불교 속으로 들어왔다고 한다. 이와 같은 사례로 먼저 '간조(勧請)'라는 형태로, 타지의 부처나 신(神)의 혼을 불러 모아 함께 모시는 신사(神社)가 전국에 퍼져 있다. 그중에서도 이나리(稲荷)계열의 신사가 가장 많다고 하며, 이어서 하치만(八幡)신사의 순으로 본사(本社)의 신을 모셔와 각 신사의 제신으로 두고 있다. 이러한 사상과 닮은 주장이 소위 본지수적(本地垂迹)설이다. 즉, 고대불교가 들어와서 정착한 시대에는 불본신적(仏本神迹)의 구도로, 높은 지위의 부처가 화신(化身)하여 일본의 신으로 나타났다는 것이었다. 따라서 일본의 신은 신전독경(神前読経)을 받고서 보살(菩薩)이 되었다. 예를 들면, 본래 인도의 부처(本)는 대일(大日)여래인 노사나불(盧舍那佛)이지만, 일본에 현현(顯現)한 신(迹)으로 천황가의 조상신이기도 한 아마테라스(天照大神)가 되었다는 식의 해석이었다. '본지수적'에서의 '습합'은 고유한 본질을 잃지 않고 있는 것이 특징이다. 그런데, 중세를 거치면서 부처와 신이 대등한 관계로 바뀌고, 드디어는 부처(迹)는 일본의 신이 인도에 나타난 것이라는 입장이 역전된 사상이 등장했다. 소위 '반 본지수적(反本地垂迹)'설로, 천태종의 승려였던 자편(慈遍)-츠레즈레구사(徒然草)의 저자인 요시다 겐코(吉田兼好)의 친형-은 "삼교지엽화실설(三教枝葉花実説)"에서 최초로 이러한 논리를 펼치면서 신토(神道)로 개종하였다. 당시 몽고군의 침입 등을 겪으면서 일본은 '신국(神國)'이라는 주장에 힘이 실리게 되면서 '반 본지수적'은 한층 강조되어 갔다. 특히 요시다 가네토모(吉田兼倶)는 1484년 자택에 일본의 신들을 모두 불러 모은 신전(大元宮)을 만들고, 이와 같은 주장을 담은 유일신도(唯一神道)의 교리서 명법요집(名法要集)을 통해 요시다신토(吉田神道)를 일으켰다.

종교로서의 신토(神道)는 근대이후에 크게 신장하게 되었다. 무엇보다도 메이지정부가 주도한 국가신도(国家神道)정책으로, 신토를 국교(国教)화하려는 정책이 시행되면서 핵심과제인 황실신도(皇室神道)를 추진함에 따라, '아라히토가미(現人神)'라 하여 천황의 신격화가 진행된 것이다. 또한, 신불분리령(神仏分離令)에 따라 신사(神社)내부의 신불습합(神佛習合)사상과 이에 관련된 시설을 폐지하였는데, 이를 빌미로 전국각지에서 '폐불훼석(廃仏毀釈)'이라는 불교배척운동이 일어나, 사원과 불상을 파괴하는 일도 번졌다. 정부의 취지가 잘못 전달되었음을 주지시켰지만, 이러한 민중들의 폭거는 불교사원에 대한 반감 등, 여러 요인이 복합적으로 작용한 결과로 분석되고 있다.

근세이후 신토(神道)에서 파생된 신흥종교도 발생했다. 교파(教派) 신토로서 분류되는 소위 13파에 속하는 천리교(天理教)는 나카야마 미키(中山みき:1798-18870)가 일으킨 것으로, 1838년 나카야마의 '신 내림'에서 시작되었는데, 1867년 신토의 종가(宗家)인 요시다(吉田家)로부터 천륜왕명신(天輪王明神)으로 허가를 받아, 이를 기회로 '미카구라우타'와 '오후데사키'를 만들어 교의의 기본이 완성되었다. 이에 따르면, 인간 본위와 현세 중심의 휴머니즘, 인간의 평등, 부부 중심의 가족관 등을 담고 있어서 신종교의 성격이 나타난다. 현재 나라(奈良)시에 본부를 두고 있는 천리교(天理教)는 덴리시(天理市)에 대학(天理大學)도 만들어서 운영하고 있다.

구로즈미 교(黑住教)는 오카야마(岡山) 이마무라구(今村宮)의 네기(禰宜)였던 구로즈미 무네타다(黑住宗忠:1780－1850)가 1814년에 일으킨 신토이다. 무네타다(宗忠)는 아마테라스(天照大神)의 신덕을 설파하고, 기도와 주술에 의한 치료를 통해 교단을 넓혔다.

가와테 분지로(川手文治郎:1814－1883)의 곤고교(金光教)는 1859년에 오카야마(岡山縣) 서부의 농민이었던 아카자와 분지(赤澤文治)에 의해 개설된 신토이다. 분지는 음양도 계통에 속하는 곤진(金神)을 깊게 신봉하여 신의 계시를 받아서 중병을 극복하고, 곤진(金神)을 '덴치카네의 신(天地金の神)'으로서 파악했다. 그는 이를 금광대신(金光大神)이라 칭하고, 온종일 신 앞에 앉아서 신자들의 소원을 중재하여 신의 말씀을 당사자에게 전했다.

단바(丹波)의 데구치 나오(出口なお)교주에 의한 오모토쿄(大本教)가 있다. 1892년에 영능(靈能)자인 나오는 우시도라(丑寅)의 곤진(金神)이라고 하는 신—구니노도코다치(國常立尊)라는 고대신화에 등장하는 창

조신一이 빙의한 일로부터 시작되며, 1898년에 데구치 와니사부로(出
口王仁三郎)와 만나 교단을 조직하였다. 빙의한 신으로부터는 신의 계
시가 붓끝으로 전해진다고 한다. 이러한 교의는 천황에 대한 불경죄
(不敬罪)로 탄압을 받아 치명적인 피해를 입었다. 전후에 들어서서는
예술과 평화로 노선을 바꾸었지만, 후계자 문제로 분열된 적도 있다.

미키 도쿠이치(御木德一)와 도쿠치카(德近)부자가 1924에 창시한
히토노미치(ひとのみち)교단이 있다. 1931년에 부소쿄히토노미치(扶
桑教ひとのみち)로 고치고, 1974년에는 다시 퍼펙트 리버티(perfect
liberty)로 개명하였다. 1936년 도쿠이치(德一)가 교단 지부장의 딸을
강간했다는 혐의로 경찰에 구인되고, 이듬해 37년에 해산명령이 내
렸다. 배경에는 교의가 불경죄라는 이유가 있었다고 한다. 전후에
들어서 무죄가 되었고, 이후 'PL교단'으로 재건되어 '인생은 예술이
다'를 교리로 표방하여, 도쿠치카(德近)를 교주로 오사카의 도미다바
야시(富田林)시에 본부를 두어 부흥했다.

그밖에, 다니구치 마사하루(谷口雅春:1893－1985)가 교조인 '생장
의 집'이 있다. 다니구치가 1929년에 '물질은 없다' '생명의 실상(實
相)을 알라' 등의 계시를 얻고서 교의를 확립하였고, 1930년에 "생장
의 집(生長の家)"이라는 잡지를 창간하였는데, 교의에 관한 주장을
모아 "생명의 실상(生命の實相)"이 간행되고, 이 책을 읽으면 병마로
부터 해방된다고 설파했다.

이상과 같이, 신토(神道)에서 비롯된 신흥종교는 모두 민중들에게
현세 이익을 주장한 교파로서, 20세기 이후의 새로운 흐름을 제시하
고 있다.

한편, 근세이후 다수의 교파 신토(教派神道)가 생기기도 하였지만,
패전과 함께 군국주의의 폐해를 가져온 국가 신토는 배제하고, 개정

된 헌법에 따라 신앙의 자유를 보장하는 정책으로 전환되었다. 이를 계기로 1946년 이세진구(伊勢神宮)를 본종(本宗)으로 하는 종교 법인이 자 신토(神道)계의 최대 단체인 신사본청(神社本廳)을 설립하여 도쿄에 본부를 두었다. 또한, 새로운 종교정책과 아울러 신토의 중앙관리에 따라 현재는 주로 신사신도(神社神道)가 주류로서 자리 잡고 있다.

신사에서 내세우는 슬로건으로 엔무스비(緣結び)라고 하는 결연 (結緣)과 절연(絶緣)을 뜻하는 엔기리(緣切り)가 있다. 이 두 가지를 이룰 수 있는 신사로 유명한 곳이 교토의 기후네 신사(貴船神社)이다. 수신(水神)을 제신으로 하며, 소원을 적어서 경내에 걸어두는 사각의 판자로 된 '에마'―원래 말을 봉헌하였지만, 이를 대신하여 그림으로 변했기 때문에 '에마(繪馬)'라고 한다―의 발상지라고도 한다.

다른 신사보다 유명한 것은 이곳에는 절연의 효험이 있다고 하는 저 주(咀呪)신을 모시고 있어서, 한밤중인 오전 2시경에 참배하여 빌면 이 루어진다는 것이다. 이러한 특별한 참배 유래는 헤이안(平安)시대 중 엽인 서기 1000년경의 가인(歌人)이자 연애 편력도 많았다는 이즈미 시키부(和泉式部)가 남편의 바람기를 끊었다는 전설로부터라고 한다.

문헌에 의하면, 기후네(貴船)신사에 참배하여 읊었다는 와카(和歌) 가 "고슈이와카슈(後拾遺和歌集)"라는 가집에 수록되어 있는데, 그 내 용은 다음과 같다. 재혼한 남편인 후지와라 야스마사(藤原保昌)가 찾 지 않아서 잊혀가던 무렵, 기후네 신사에 참배하여 신사 옆의 냇물 인 미타라시가와(御手洗川)에 반딧불이 날고 있는 모습을 보고서, '그 리움에 괴로워하였더니, 늪 근처를 날아다니는 반딧불도, 내 몸에서 빠져나간 혼이 아닌가하고 보이네!'라고 읊었다. 그랬더니 기후네 묘 진(貴船明神)이 듣고는, '깊은 산중에 소용돌이치며, 세차게 떨어지는 폭포수 물방울처럼, 혼이 흩날려버릴 정도로 외곬으로 생각마라!' 라고 화답했다. 후대에 편찬된 "샤세키슈(沙石集)"에는 이때의 참배 모습이 상세히 기록되어 있다. 즉, 이즈미시키부(和泉式部)가 미코(巫女)에게 결연 제(縁結び祭)를 올리게 하였는데, 예법의 일환으로 무녀는 옷자락을 젖혀서 음부가 노출되도록 강요했다. 하지만, 그녀(和泉式部)는 이를 거부했고, 그 모습을 남편인 야스마사(保昌)가 기후네 신사의 그늘에서 보고 있다가, 그녀의 태도에 감복하여 이후로는 부부 원만을 이뤘다고 한다.

덧붙여서, 유서 깊은 결연(縁結び)의 효험이 많은 신사로 알려진 시마네 현(島根縣)의 이즈모타이샤(出雲大社)는 기기(記紀)신화에 그려진 지상신의 동량 오쿠니누시(大國主神)가 제신이다. 그는 미남자로서 자녀가 181명이나 있었다고도 하여, 아이를 갖기 원하는 부부에게 인기가 많다고 한다. 또한, 남녀의 인연을 맺어준다는 유래에 대해서는, 천손강림신화에도 등장하는 사루타히코(猿田彦命)신과 아메노우즈메(天宇受命)여신을 맺어주었던 일에서 비롯되었다고 설명되고 있다.

3) 기독교

일본의 기독교는 중국 남부지역
을 거점으로 했던 유럽 선교사(宣
敎師)들에 의해 전파되었다. 기록에
의하면, 포르투갈에서 파견된 예
수회 소속의 사제(司祭)인 프란시
스코 자비엘(Francisco de Xavier)
은 중국을 거쳐 1549년 8월 일본
에 최초로 들어와, 가고시마(鹿児
島)와 야마구치(山口), 교토(京都),
오이타(大分)등지를 다니며 포교

하다가, 2년 후 다시 중국으로 떠났다. 뒤를 이어 루이스 프로이스
(Lius Frois)등 예수회 선교사들이 연달아 들어와 포교한 결과 신도
도 많이 늘어났는데, 한때 오토모 소린(大友宗麟)이나 오무라 스미타
다(大村純忠), 고니시 유키나가(小西行長) 등과 같은 규슈의 유력한 영
주(大名)들까지 신자가 되었다. 1582년에는 이토 만쇼(伊藤滿所) 등 4
명의 소년사절단이 파견되어, 로마 법황(교황)을 알현하기까지 했다.
오다 노부나가(小田信長)는 선교사들에게 우호적이어서 교토에 남만
사(南蠻寺)건립도 허용하며 보호했지만, 도요토미 히데요시(豊臣秀吉)
는 신자들이 신사와 사찰에 불을 지르는 등 여러 문제가 발생하자,
선교사들을 추방하고 나아가 사제와 신자 등의 26명에 대한 십자가
처형까지 단행하였다. 처형지로 선택한 나가사키(長崎)언덕에는 당시
의 순교자들에 대한 기념비와 유물이 전시되어 있는데, 1862년 로마
교황청에서는 이들을 순교자로 인정하고 성인(聖人)으로 추서하였다.

기독교도에 대한 탄압은 히데요시에 이어 도쿠가와(德川)의 에도시대에 들어서자 극단으로 치달아, 기독교 자체를 없애는 정책으로 전환되었다. 그 계기가 된 사건이 1637년에 일어난 시마바라의 난(島原の乱)이다. 즉, 규슈 북부에서 일어난 대규모 농민들의 반란으로, 여기에 기독교도가 합세하여 일으키는 바람에 놀란 에도막부는 전도(傳道)금지와 선교사 추방, 모든 신자의 개종(改宗) 등, 철저하게 기독교를 봉쇄하였다. 또한, 소위 후미에(踏み絵)를 이용하여 신자를 색출해내고, 기교(棄敎)하지 않으면 목숨을 빼앗는 등, 혹독하게 탄압을 가해 기독교 자체를 와해시키고 말았다.

에도막부에서는 이를 계기로 일부 국가―네덜란드와 중국 및 조선―를 제외한 외국과의 통상을 일체 금지하는 쇄국정책도 단행하였다. 대외 접촉은 오로지 나가사키의 데지마(出島)라는 곳에서만 허락하는 등, 외국인이 국내로 상륙하는 일을 금하였다. 그러나 기독교 신앙을 여전히 버리지 못하고 지키고자 했던 신자들은 나가사키(長崎) 지방의 오도열도(五島列島) 등지의 외딴 섬에 숨어들거나, 동굴이나 지하에 비밀 교회를 만들어 신앙을 지켜갔다고 한다. 당시의 유물로 전해오는 성모관음상(マリア観音)이나 성모지장(マリア地蔵) 등은 이러한 시대상을 잘 대변하고 있다.

이와 같이 비밀리에 신앙을 유지한 사람들을 잠복한 기독교신자라는 뜻인 '가쿠레 기리시탄(隱れキリシタン)'이라고 한다. 그들의 존재는 메이지시대에 이르러 세상에 드러나게 되었는데, 중세 기독교의 변형된 형태로 남아있었다고 한다. 사제도 없이 신앙을 지켜온 가쿠레 기리시탄의 경이로움은 기독교 역사에서도 특이한 사례로 거론되고 있으며, 로마 교황청에서도 그들을 독실한 기독교인으로서 높이 평가하였다.

서구문명을 적극적으로 수용하여 근대화를 추구하고자 했던 메이지정부는 1873년에 기독교 금지령을 해제하였다. 그 결과, 가톨릭 및 개신교계의 선교사들이 연달아 입국하여 포교에 힘썼고, 신자도 점차 늘어났다.

또한, 당시 서구세계로 직접 들어가서 기독교의 영향을 받은 일본 지식인들도 다수 있었는데, 그중에서 니이지마 죠(新島襄)는 동지사(同志社)영어 학교―현 동지사대학(同志社大學)―를 설립하였고, 나카무라 마사나오(中村正直:1832-91)는 유학중에 세례를 받아 귀국 후 일본의 사상계에 큰 영향을 미쳤다. 그리고 우치무라 간조(內村鑑三)는 부조리한 사회와 러일전쟁을 비판하였고, 또한 일본의 독자적인 무(無)교회주의를 내세웠다.

그밖에 일본에 들어온 기독교단체는 상지대(上智大), 입교대(立教大), 성심여대(聖心女大) 등의 교육기관을 설립하여 기독교 정신을 전파했다.

근대에 들어온 기독교는 성서(聖書)와 찬미가(찬송)를 통해 포교했는데, 성서는 일본어에 영향을 주었고, 찬미가는 가사와 멜로디로 메이지 시대의 초등음악에 활용되었다. 그리고 근대 문인들 중에는 기독교의 영향을 받은 작가가 많은데, 특히 시라카바파(白樺派) 작가들은 기독교적인 인도주의를 표방하였다. 또한, 전후(戰後)작가로서 제3의 신인(新人)이라 일컫는 엔도 슈사쿠(遠藤周作)와 소노 아야코(曽野綾子) 등, 기독교를 소설의 주제로 한 작품을 발표한 가톨릭계의 작가도 여럿 등장하였다.

맺는 말

일본은 참으로 불가사의한 나라이다. 본서에서 살펴본 바와 같이, 한국과 가장 가까운 외국이어서 유사 이래 빈번하게 사람들이 오가는 곳이기도 하고, 언어도 비슷하고, 마을 풍경이나 주민들의 생활도 크게 다르지 않는 것처럼 보인다. 하지만, 국민성이나 개인의 사고방식은 넘어설 수 없는 벽처럼 느껴지기도 한다. 역사적으로 좋든 싫든 수많은 사건을 통해 서로 잘 알 수 있는 관계가 지속되었는데도 불구하고, 여전히 낯선 인상을 지울 수가 없는 것이다. 흔히 그 원인을 문화와 역사의 차이에서 찾기도 하지만, 현대에 들어서도 양국은 비슷한 경로를 걸어가고 있다. 특히 경제상황이나 노인이나 출산율과 같은 인구문제 등에서는 수년 후의 미래를 예측하기 좋은 국가로서 일본을 들고 있는 것이다. 마치 반면교사처럼 인용하는 것은 양국의 제반요소가 이질적이기 보다 유사하게 형성되어 있음을 뜻한다.

이에 대해, 혹자는 긴 식민지 기간에 조성된 제도와 문화가 사회 저변에 깔려있기 때문이라고도 한다. 그러나 이를 식민지 경험이나 사회제도에서만 찾을 수는 없을 것이다. 특히 식민지의 유산이라 치부하기에는 같은 경로를 답습했던 대만이나 여타 사례와 다르기 때문에, 여기에서 원인을 찾기에는 풀어야 할 문제가 많다. 사견으로는 한일관계의 첫 단추였던 고대의 주민이동과 함께 고유문화의 뿌리가 된 정신세계가 동일한 데서 기인한 것이 아닌가 한다. 하지만, 이후 외국과의 소통이 단절된 상태에서 전혀 다른 길을 걸어왔던 고립된 일본열도의 환경은 독특한 문화를 만들었고, 그것이 결과적으로 개인의 사고방식이나 국민정서로서 굳어졌을 것이라고도 생각된다. 여하튼 오늘날에 이르러 양국은 이웃으로서 많은 갈등이 존재하지만, 노력여하에 따라 얼마든지 극복할 수도 있을 것이다.

끝으로 본서는 교재로서의 기능을 염두에 두고 서술한 관계로, 깊이 있는 분석보다는 일반적인 개념을 설명하는데 초점을 두어서 미흡한 점이 많다. 게다가 일본의 전반적인 분야를 다룬 관계로, 일본어 백과사전을 비롯한 여러 문헌과 인터넷 등에서 인용하거나, 이해를 돕기 위한 사진이나 그림을 웹사이트에서 내려 받은 부분도 있다. 모두 공개된 것이지만 필자의 자료 수집에 한계가 있었음을 양해바라며, 또한 일본인과 일본문화에 대한 종합적인 이해를 돕기 위해 사람과 문화를 중시하였기 때문에, 일본의 정치와 경제면은 거의 다루지 못하였다. 이러한 부분에 대해서는 차후 보완할 예정이다.

【참고 및 인용문헌】

◎전집 및 사전

日本古典文學大系, 岩波書店, 1967

柳田国男, 定本柳田国男集, 筑摩書房, 1971

日本を知る事典, 社会思想社, 1971

折口信夫, 折口信夫全集, 中央文庫, 1976

日本文學史辭典, 角川書店, 1982

広辞苑, 岩波書店, 1983

日本文學名作事典, 三省堂, 1984

日本古典文学大辞典, 岩波書店, 1985

新しい国語表記ハンドブック, 三省堂, 1985

國史大辭典, 吉川弘文館, 1986

日本の歴史(週刊朝日百科), 朝日新聞社, 1987

源氏物語事典・別冊国文学, 学燈社, 1989

日本現代文學大事典, 明治書院, 1994

新日本古典文學大系, 岩波書店, 1997

日本神話事典, 大和書房, 1997

日本民俗大辭典(上・下), 吉川弘文館, 1999

日本國語大辭典, 小學館, 2001

新編日本古典文學全集, 小學館, 2002

◎단행본

김영심, 일본영화 일본문화, 보고사, 2006

박용구 외, 교양으로 읽는 일본사회와 문화, 제이앤씨, 2006

정형, 日本語で読む日本文化, 다락원, 2007

정형, 일본 일본인 일본문화, 다락원, 2009

허인순 외 공저, 이미지로 읽는 일본문화, 어문학사, 2009

김상규, 일본문학의 이해와 감상, 도서출판 책사랑, 2012

김상규, 일본문학의 흐름, 도서출판 책사랑, 2014

佐藤喜代治編, 新版国語学要說, 朝倉書店, 1987

佐伯有清, 新撰姓氏錄の研究(研究編), 吉川弘文館, 1963

森元哲朗, 日本語 表と裏, 新潮文庫, 1988

所功, 「国民の祝日」の由来がわかる小事典, PHP研究所, 2003

菅原信海, 日本人と神たち仏たち, 春秋社, 2008

上野和男외 공저, 圖說 日本民俗學, 吉川弘文館, 2009

依田弘作 編輯, 入門 心に響く日本語, 洋泉社, 2012

◎웹사이트

wikipedia 위키백과 (인터넷백과사전)

구글(https://www.google.com)

青空文庫(http://www.aozora.gr.jp)

国文学研究資料館(http://www.nijl.ac.jp)

김상규 ———————————————————

*문학박사
*와세다 대학 대학원 문학연구과 수료
*부경대학교 일어일문학부 교수

일본의 이해

초판인쇄 2018년 4월 10일
초판발행 2018년 4월 10일

지은이   김상규
펴낸이   채종준
펴낸곳   한국학술정보㈜
주소   경기도 파주시 회동길 230(문발동)
전화   031) 908-3181(대표)
팩스   031) 908-3189
홈페이지 http://ebook.kstudy.com
전자우편 출판사업부 publish@kstudy.com
등록   제일산-115호(2000. 6. 19)

ISBN   978-89-268-8414-0 13340